南懷瑾

作品

楞伽大义今释

南怀瑾／著

人民东方出版传媒
東方出版社

编者的话

南怀瑾先生是近年来享誉国内外，特别是华人读者中的文化大师、国学大家。先生出身于世代书香门第，自幼饱读诗书，遍览经史子集，为其终身学业打下了扎实的基础；而其一生从军、执教、经商、游历、考察、讲学的人生经历又是不可复制的特殊经验，使得先生对国学钻研精深，体认深刻，于中华传统文化之儒、道、佛皆有造诣，更兼通诸子百家、诗词曲赋、天文历法、医学养生等等，对西方文化亦有深刻体认，在中西文化界均为人敬重，堪称“一代宗师”。书剑飘零大半生后，先生终于寻根问源回到故土，建立学堂，亲自讲解传授，为弘扬、传承和复兴民族文化精华和人文精神不遗余力，其情可感，其心可佩。

一九六〇年中秋时节，南怀瑾先生所著《楞严大义今释》出版，因缘凑合，先生即乘兴开始译述《楞伽经》。作为一部对唯识、禅宗乃至整个中国佛教影响至深的佛经，其经文之难读一如其意为“难入”的“楞伽”之名。北宋文豪、精研佛法的苏东坡尚言其“义趣幽眇，文字简古，读者或不能句，而况遗文以得义，忘义以了心者乎”，更不用说今天与古文“隔”了又“隔”的现代读者了。先生发心译经，实是以过来人的所得为读者入《楞伽》而披荆斩棘。

先生认为，《楞伽经》是一部佛法哲学化的典籍，它系统分明，陈义高深，需深思明辨，严谨分析、归纳而融会于心，方能理出头绪。因而先生的译述，也是慎之又慎，综合参考《楞伽》刘宋译、北魏译、唐译三种中译经文，“互采其长，以求信达”；释义之外，遇有觉得须加申述之处，加附论说明一己所得、一己之见，以便后学参考；又将经义的纲要整理出一张体系表，方便读者梳理思路。先生抱持“天下为公”的胸怀，不计毁誉，将自身所得一一贡献，可谓用心良苦。

本书保留先生《凡例》原文，但体例实与当年的繁体字原版小有差别：原版中加注章节用的眉批，在本书中直接改作各卷中的小标题，此一调整不与先生初衷相违。另外，为方便读者了解和理解这部经，先生当年特将《楞伽经大乘性宗顿教四十一法门》及经文刘宋译本之蒋序、苏序奉于篇首，又检出唐玄奘法师《八识规矩颂》、近代范古农居士作《八识规矩颂贯珠解》，与《八识规矩颂法相表》《八识规矩颂总表》一并置于正文前，今为本书编排体例顾，其次序稍有调整。

我社与南怀瑾先生结缘于太湖大学堂。出于对中华优秀传统文化的共同认识和传扬中华文明的强烈社会责任感、紧迫感，承蒙南怀瑾先生及其后人的信任和厚爱，独家授权，我社遵南师遗愿，陆续推出南怀瑾先生作品的简体字版，其中既包括世有公论的著述，更有令人期待的新说。对已在大陆出版过的简体字版作品，我们亦进行重新整理和修订，力求贴近原讲原述，还原作品原貌。作为一代国学宗师，南怀瑾先生“通古今之变，成一家之言”，毕生致力于民族振兴和改善社会人心。我社深感于南先生的大爱之心，谨遵学术文化“百花齐放，百家争鸣”之原则，牢记出版人的立场和使命，尽力将大师思想和著述如实呈现读者。其妙法得失，还望读者自己领会。

东方出版社
二〇一九年八月

目　录

序

佛经难读，佛经中《楞伽经》尤难读，苏子瞻曾言："《楞伽》义趣幽眇，文字简古，读者或不能句，而况遗文以得义，忘义以了心者乎。"传曰："君子尊德性而道问学，致广大而尽精微，极高明而道中庸。"中土儒家，由汉及宋，程朱陆王，聚讼纷纭及于千载。譬之佛学，其犹去佛而禅，离义而玄，所谓"胜义有"与"毕竟空"者，门户主奴，至今未尝稍戢者乎。昔达摩西来，既已传心印于二祖，且言吾有《楞伽经》四卷，亦用付汝，即是如来心地要门，令诸生开示悟入。盖《楞伽》奥义，本为融通性相，指示空有不异，不仅唯识学者，必须精究深习；性宗大德，更应体察达摩印心之语，勤为修证。吾尝言文学与宗教，其体与质常为术与用所朦胧掩蔽，而不易窥其真正面目。若宗教文学中佛典高文，迷离放诞，其弊尤甚。曩者童蒙授读《两京》《三都》诸赋，每言如入山阴道上，应接不暇。昏沉徜徉，莫知究竟。若以佛典中《华严》《楞伽》诸经观之，则汪洋千顷，浩浩乎不知其畔岸，盖视庄马扬班诸子尤云泥焉。虽然，先圣微言大义，爬梳抉剔，皮脱骨露，精微要旨，无不莹然照耀，使学者取之不尽，悟证无穷。南居士怀公今继《楞严大义今释》，续著是书，盖为未来千百世有心求道者尽其锄耰之力，为悉去其荆棘稊稗，将以良田万顷，金珠玉粒，贻传于后之来者。大善智识之愿力，所以觉世而宏道者，功德为无量矣。六年前《楞严大义今释》付梓之日，予既为文跋其书末。六年以来，奇岩精舍之经筵不辍，顽钝如予，曾不以忧患稍挫其精进，而辱公不弃以为可进于道者，徬徨顶礼，因纪其因缘于书端云。

一九六五年十一月沧波居士程中行序

自　　叙

（一）

《楞伽经》，它在全部佛法与佛学中，无论思想、理论或修证方法，显见都是一部很主要的宝典。中国研究法相唯识的学者，把它列为“五经十一论”的重心，凡有志唯识学者，必须熟悉深知。但注重性宗的学者，也势所必读，尤其标榜传佛心印、不立文字的禅宗，自达摩大师东来传法的初期，同时即交付《楞伽经》印心，所以无论研究佛学教理，或直求修证的人，对于《楞伽经》若不作深入的探讨，是很遗憾的事。

《楞伽》的译本，共有三种：

（1）宋译（公元四四三年间刘宋时代）：求那跋陀罗翻译的《楞伽阿跋多罗宝经》，计四卷。

（2）魏译（公元五一三年间）：菩提流支翻译的《入楞伽经》，计十卷。

（3）唐译（公元七〇〇年间）：实叉难陀翻译的《大乘入楞伽经》，计七卷。

普通流行法本，都以宋译为准。

本经无论哪种翻译，义理系统和文字结构，都难使人晓畅了达。前人尽心竭力，想把高深的佛理，译成显明章句，要使人普遍明白它的真义，而结果愈读愈难懂，岂非背道而驰，有违初衷。有人说，佛法本身，固然高深莫测，不可思议，但译文的艰涩，读之如对海上三山，可望而不可即，这也是读不懂《楞伽经》的一个主要原因。其实，本经的难通之处，也不能完全归咎于译文的晦涩，因为《楞伽》奥义，本为融通性相之学，指示空有不异的事理，说明理论与修证的实际，必须通达因明（逻辑），善于分别法相，精思入神，归于第一义谛。同时要从真修实证入手，会之于心，然后方可探骊索珠，窥其堂奥。

无论中西文化，时代愈向上推，所有圣哲的遗教，大多是问答记录，纯用语录体裁，朴实无华，精深简要。时代愈向后降，浮华愈盛，洋洋洒洒，美不胜收，实则有的言中无物，使人读了就想忘去为快。可是习惯于浮华的人，对于古典经籍，反而大笑却走，真是不笑不足以为道了。《楞伽经》当然也是问答题材的语录体裁，粗看漫无头绪，不知所云，细究也是条分缕析，自然有其规律，只要将它先后次序把握得住，就不难发现它的系统分明，陈义高深。不过，读《楞伽》极需慎思明辨，严谨分析，然后归纳论据，融会于心，才会了解它的头绪，它可以说是一部佛法哲学化的典籍（本经大义的纲要，随手已列了一张体系表）。他如《解深密》《楞严经》等，条理井然，层层转进，使人有抽丝剥茧之趣，可以说是佛法科学化的典籍。《阿弥陀》《无量寿》《观》及密乘等经，神变难思，庄严深邃，唯信可入，又可以说是佛法宗教化的典籍。所以研究《楞伽》，势须具备探索哲学、习惯思辨的素养，才可望其涯岸。

《楞伽经》的开始，首先由大慧大士随意发问，提出了一百多个问题，其中有关于人生的、宇宙的、物理的、人文的，如果就每一个题目发挥，可以作为一部百科论文的综合典籍，并不只限于佛学本身的范围。而且这些问题，也都是古今中外，人人心目中的疑问，不仅只是佛家的需求。倘使先看了这些问题，觉得来势汹涌，好像后面将大有热闹可瞧，谁知吾佛世尊，却不随题作答，信手一搁，翻而直截了当地说心、说性、说相，依然引向形而上的第一义谛，所以难免有人认为大有答非所问的感觉。实则，本经的宗旨，主要在于直指人生的身心性命与宇宙万象的根本体性。自然物理的也好、精神思想的也好，不管哪一方面的问题，都基于人们面对现实世界，因现象的感觉或观察而来，这就是佛法所谓的相。要是循名辨相，万汇纷纭，毕竟永无止境。即使分析到最后的止境，或为物理的，或为精神的，必然会归根结底，反求之于形而上万物的本来而后可。因此吾佛世尊才由五法、三自性、八识、二无我，加以析辨，指出一个心物实际的“如来藏识”作为总答，此所以本经为后世法相学者视为唯识宗宝典的原因。

（二）

自佛灭以后，唯识法相之学，随时代的推进而昌明鼎盛，佛法大小乘的经论，也可以纯从唯识观点而概括它的体系。不幸远自印度，近及中国，乃至东方其他转译各国的佛学，却因此而有“胜义有”与“毕竟空”的学术异同的争论，历两千余年不衰，这诚非释迦当初所乐闻的。殊不知如来藏识，转成本来净相，便更名为“真如”，由熏习种性，便名为“如来藏”，此中毕竟无我，非物非心，何尝一定说为胜义之有呢？所以在《解深密经》中，佛便说：“阿陀那识甚深细，一切种子如瀑流。我于凡愚不开演，恐彼分别执为我。”同一道理，佛说般若方面，一切法如梦如幻，无去无来，而性空无相，又真实不虚，他又何尝定说为毕竟的空呢？倘肯再深一层体认修证，可谓法相唯识的说法，却是破相破执，才是彻底说空的佛法。般若的说法，倒是老实称性而谈，指示一个如来自性，跃然欲出呢！

但无论如何说法，佛说的说心说性，说有说空，乃至说一真如自性，或非真如自性，它所指形而上的体性，如何统摄心物两面的万有群象？乃至形而上与形而下物理世界的关联枢纽，始终没有具体的实说；而且到底是偏向于唯心唯识的理论为多，这也是使人不无遗憾的事。如果在这个问题的关键上，进一步剖析得更明白，那么，后世以至现代的唯心、唯物哲学观点的争辩，应该已无必要，可以免除世界人类一个长期的浩劫，这岂不是人文思想的一件大事吗？唐代玄奘法师曾经著《八识规矩颂》，归纳阿赖耶识的内义，说它“受熏持种根身器，去后来先作主公”。而一般佛学，除了注重在根身和“去后来先作主公”的寻讨以外，绝少向器世界（物理世界）的关系上，肯作有系统而追根究底的研究，所以佛法在现代哲学和科学上，不能发挥更大的光芒。也可说是抛弃自家宝藏不顾，缺乏科学和哲学的素养，没有把大小乘所有经论中的真义贯串起来，非常可惜。如果稍能摆脱一些浓厚而无谓的宗教习气，多向这一面着眼，那对于现实的人间世和将来的世界，可能贡献更大。我想，这应该是合于佛心，当会得到吾佛世尊的会心微笑吧！倘使要想向这个方向研究，那对于《华严经》与《瑜伽师地论》等，有关于心识如何建立而形成这个世界的道理，应该多多努力寻探，便会不负所望的。

反之，说到参禅直求修证的人，最容易犯的毛病，就是通宗不通教，于是许多在意根下立定足根，或在独影境上依他起用，就相随境界而转；或著清静、空无，或认光明、尔焰；或乐机辩纵横；或死守古人言句。殊不知参禅，也仅是佛法求证的初学入门方法，不必故自鸣高，不肯印证教理，得少为足，便以为是。这同一般浅见误解唯识学说者，认为“诸法无自性”或“一切无自性”，自己未加修证体认，便说禅宗的明心见性是邪说，都同样犯了莫大的错误。须知“诸法无自性”“一切无自性”，这个观念，是指宇宙万有的现象界中，一切形器群象，或心理思想分别所生的种种知见，都没有一个固定自存，或永恒不变的独立自性。这些一切万象，统统是如来藏中的变相而已，所以说它“无自性”。《华严经》所谓“一切皆从法界流，一切还归于法界”，便是这个意思。如有人对法相唯识的著作或说法，已经有此误解者，不妨酌加修正，以免堕在自误误人、错解佛法的过失中，我当在此合掌曲躬，殷勤劝请。

（三）

一九六〇年，月到中秋分外明的时候，《楞严大义》的译述和出版，初次告一段落，又兴起想要著述《楞伽大义》

的念头。有一天，在北投奇岩精舍讲述《华严》会上，杨管北居士也提出这个建议，而且他的夫人方菊仙女士，发心购赠两支上等钢笔，回向般若成就。因缘凑泊，就一鼓作气，从事本书的译述。自庚子重阳后开始，历冬徂春，谨慎研思，不间寒暑昼夜，直到一九六一年六月十二日，夏历岁次辛丑四月廿九日之夜，粗完初稿。在这七八个月著述的过程中，覃思精研，有难通未妥的地方，唯有宴坐入寂，求证于实际理地，而得融会贯通。那时我正寓居一个菜市场中，环境愦闹，腥臊污秽堆积，在五浊陋室的环境里，做此佛事，其中况味，忆之令人哑然失笑！处于这种情景十多年来，已能习惯成自然，而没有净秽的拣别了。只有一次冬夜挥毫，感触正法陵夷、邪见充斥、人心陷溺的现况，却情不自禁，感作绝句四首，题为《庚子冬夜译经即赋》，虽如幻梦空花，姑录之以为纪念。其一：“风雨漫天岁又除，泥涂曳尾说三车。崖巉未许空生坐，输与能仁自著书。”其二：“灵鹫风高梦里寻，传灯独自度金针。依稀昔日祇园会，犹是今宵弄墨心。”其三：“无著天亲去未来，眼前兜率路崔嵬。人间论义与谁证，稽首灵山意已摧。”其四：“青山入梦照平湖，外我为谁倾此壶。彻夜翻经忘已晓，不知霜雪上头颅。”

本书的著述，参考《楞伽》三种原译本，而仍以流通本的《楞伽阿跋多罗宝经》为据，但译义取裁，则彼此互采其长，以求信达。遇有觉得须加申述之处，便随笔自加附论标记，说明个人的见解，表示只向自己负责而已。后来有人要求多加些附论，实在再提不起精神了。这次述著，除了杨管北居士夫妇的发心外，还有若干人的出力，他们的发心功德，不可泯灭。台大农化系讲师朱文光，购赠稿纸千张，而且负责誊清和校对，查订附加注解，奔走工作，任劳任怨。虽然他向来缄默无闻，不违如愚，但这多年来，旦夕相处，从来不因我的过于严格而引生退意，甚之，他做了许多功德事，也是为善无近名的。但到本经出版时，他已留学美国，来信还自谓惜未尽力。其余如师大学生陈美智、汤珊先，都曾为誊稿抄写出过力。“中国文化研究所”的研究生吴怡，也曾为本书参加过润文和提出质疑的工作。韩长沂居士负责出版总校对。最后，程沧波居士为之作序。这些都是和本书著述完成及出版，有直接关系的人和事，故记叙真相，作为雪泥鸿爪的前尘留影。

本书述著完成以后，对于文字因缘，淡到索然无味，也许是俱生禀赋中的旧病，素来作为，但凭兴趣，兴尽即中途而废，不顾任何诟责，或者因人过中年，阅历愈深，遇事反易衰退，故原稿抄好一搁，首尾又是四年了。在这四年中间，也写作过儒、道两家的一些学术著作，但都是时作时辍，兴趣索然。甚之，觉得著述都是多余的事，反而后悔以前动笔的孟浪。每念德山禅师说的：“穷诸玄辩，若一毫置于太虚。竭世枢机，似一滴投于巨壑。”实在是至理名言，很想自己毁之为快。引用佛家语来说，可谓小乘之念，随时油然而生，故对本书的出版，一延再延。今年春正，禅集法会方毕，杨管北居士又提出此事，并且说，为回向他先慈薛太夫人，要独自捐资印刷本书五千部，赠送结缘，藉资冥福，所以今日才有本书的问世。始终成其事者，为杨管北居士。经云：“孝子不匮，永锡尔类。”我但任兴而为，得失是非，都了不相涉，只是对本书的译文，仍然不如理想的畅达，确很遗憾。倘使将来触动修整的兴趣，再为本书未能尽善的缺憾处，重做一番补过工夫。但排印中间，又为误罹目疾而耽搁了七八个月，深感业重障深，蒇事之难。本来要替本经与唯识法相的关系，及性相两宗的互通之处，作一篇简单的纲要，但又觉得多事著述，徒费笔墨纸张，于人于世，毕竟没有多大益处，所以便懒得提笔。唯在前贤著述中，寻出范古农居士述《八识规矩颂贯珠解》，附印于次，以便学者对唯识法相，有一基本认识，可以由此入门，研究性相的异同，契入经藏。

一九六五年（乙巳）十一月南怀瑾自叙于金粟轩

凡　例

一、译述的原文，是以台湾台北市善导寺、台湾印经处出版的《楞伽经》为根据。

二、本书只取《楞伽经》的大意，用语体述明，以供研究者的参考，并非依据每一文句而译。希望由本书而通晓原经的大意，减少文字与专门术语的困难，使一般人都能理解。

三、特有名词的解释，力求简要明白；如要详解，可自查佛学辞典。

四、原文有难舍之处，就依旧引用，加引号以分别之。遇到有待疏解之处，自己加以疏通的意见，就用圆括号，表明只是个人一得的见解，提供参考而已。

五、本书依照现代方式，在眉批处加注章节，既为了便利一般的阅读习惯，同时也等于给《楞伽经》列出一个纲要。只要一查目录，就可以明了各章节的内容要点，并且对全部《楞伽》大意，也可以有一个概念了。

六、本书译述大意，只向自己负责，不敢说就是佛的原意。读者如有怀疑处，还请仔细研究原经。

七、为了小心求得正确的定本，本书暂时保留版权，以便于汇集海内贤智大德的指正。待经过慎审考订，决定无疑义时，版权就不再保留，俾广流通。

楞伽经大乘性宗顿教四十一法门

浙水慈云沙门续法　述

一诸识生灭　二藏识境界　三有无妄计
四顿渐净流　五常不思议　六建立诽谤
七空无生性　八如来藏性　九四大修行
十诸法因缘　十一言说分别　十二远离四句
十三大般涅槃　十四分别缘起　十五常声依幻
十六四果差别　十七圣智一乘　十八意成身相
十九五无间业　二十诸佛体性　廿一四等密意
廿二依二密法　廿三法离有无　廿四宗趣言说
廿五虚妄分别　廿六善于语义　廿七迷执解脱
廿八智不得境　廿九勿习世论　三十涅槃差别
卅一如来觉性　卅二不生不灭　卅三拣别无常
卅四入灭现证　卅五常无常义　卅六蕴处生灭
卅七四法差别　卅八佛如恒沙　卅九诸法刹那
四十如来变化　四一遮断食肉

颂曰　四十一门离　一百八句遣
　　　法相非非尽　真性顿然显

楞伽阿跋多罗宝经序

朝议大夫直龙图阁权江淮荆浙等路制置盐矾
兼发运副使上护军赐紫金鱼袋蒋之奇　撰

之奇尝苦楞伽经难读。又难得善本。会南都太子太保致政张公施此经。而眉山苏子瞻为书而刻之板．以为金山常住。金山长老佛印大师了元．持以见寄。之奇为之言曰。佛之所说经．总十二部。而其多至于五千卷。方其正法流行之时。人有闻半偈得一句而悟入者．盖不可为量数。至于像法末法之后。去圣既远。人始溺于文字。有入海算沙之困。而于一真之体．乃漫不省解。于是有祖师出焉。直指人心。见性成佛。以为教外别传。于动容发语之顷。而上根利器之人．已目击而得之矣。故云门至于骂佛。而药山至戒人不得读经。皆此意也。由是去佛而谓之禅。离义而谓之玄。故学佛者必诋禅。而讳义者亦必宗玄。二家之徒更相非．而不知其相为用也。且禅者六度之一也。顾岂异于佛哉。之奇以为禅出于佛．而玄出于义．不以佛废禅。不以玄废义。则其近之矣。冉求问闻斯行诸。孔子曰闻斯行之。子路问闻斯行诸。曰有父兄在。如之何其闻斯行之。求也退．故进之。由也兼人．故退之。说岂有常哉。救其偏而已。学佛之敝．至于溺经文．惑句义。而人不体玄．则言禅以救之。学禅之敝．至于驰空言．玩琦辩。而人不了义．则言佛以救之。二者更相救．而佛法完矣。昔达摩西来。既已传心印于二祖。且云吾有楞伽经四卷．亦用付汝。即是如来心地要门。令诸众生开示悟入。此亦佛与禅并传．而玄与义俱付也。至五祖始易以金刚经传授。故六祖闻客读金刚经．而问其所从来。客云我从蕲州黄梅县东五祖山来。五祖大师常劝僧俗．但持金刚经．即自见性成佛矣。则是持金刚经者始于五祖。故金刚以是盛行于世．而楞伽遂无传焉。今之传者．实自张公倡之。之奇过南都谒张公。亲闻公说楞伽因缘。始张公自三司使翰林学士出守滁。一日入琅琊僧舍．见一经函。发而视之．乃楞伽经也。怳然觉其前生之所书．笔画宛然。其殆神先受之甚明也。之奇闻羊叔子五岁时．令乳母取所弄金环。乳母谓之．汝初无是物。祜即自诣邻人李氏东垣桑木中探得之。主人惊曰。此吾亡儿所失物也。云何持去。乳母具言之。知祜之前身为李氏子也。白乐天始生七月。姆指之无两字。虽试百数不差。九岁谙识声律。史氏以为笃于才章。盖天禀然。而乐天固自以为宿习之缘矣。人之以是一真不灭之性．而死生去来于天地之间。其为世数。虽折天下之草木以为筹箸．不能算之矣。然以沦于死生。神识疲耗．不能复记。惟圆明不昧之人知焉。有如张公以高文大册．再中制举。登侍从。秉钧轴。出入朝廷逾四十年。风烈事业播人耳目。则其前身尝为大善知识．无足疑者。其能记忆前世之事。岂不谓信然哉。故因读楞伽新经．而记其因缘于经之端云。

楞伽阿跋多罗宝经序

朝奉郎新差知登州军州
兼管内劝农事骑都尉借绯苏轼　书

楞伽阿跋多罗宝经。先佛所说微妙第一真实了义。故谓之佛语心品。祖师达摩以付二祖曰。吾观震旦所有经教。惟楞伽四卷可以印心。祖祖相授以为心法。如医之难经。句句皆理。字字皆法。后世达者神而明之。如盘走珠。如珠走盘．无不可者。若出新意．而弃旧学以为无用。非愚无知．则狂而已。近岁学者各宗其师。务从简便。得一句一偈．自谓了证。至使妇人孺子抵掌嬉笑。争谈禅悦。高者为名。下者为利。余波末流。无所不至。而佛法微矣。譬如俚俗医师。不由经论。直授方药。以之疗病．非不或中。至于遇病辄应。悬断死生。则与知经学古者．不可同日语矣。世人徒见其有一至之功．或捷于古人。因谓难经不学而可。岂不误哉。楞伽义趣幽眇。文字简古。读者或不能句。而况遗文以得义。忘义以了心者乎。此其所以寂寥于世．几废而仅存也。太子太保乐全先生张公安道。以广大心。得清净觉。庆历中尝为滁州。至一僧舍．偶见此经。入手恍然．如获旧物。开卷未终。夙障冰解。细视笔画。手迹宛然。悲喜太息。从是悟入。常以经首四偈．发明心要。轼游于公之门三十年矣。今年二月过南都。见公于私第。公时年七十九。幻灭都尽。惠光浑圜。而轼亦老于忧患。百念灰冷。公以为可教者。乃授此经。且以钱三十万。使印施于江淮间。而金山长老佛印大师了元曰。印施有尽。若书而刻之则无尽。轼乃为书之。而元使其侍者晓机．走钱塘求善工刻之板。遂以为金山常住。

元丰八年九月九日

八识规矩颂

唐三藏沙门玄奘奉诏　撰

性境现量通三性　眼耳身三二地居

遍行别境善十一　中二大八贪瞋痴

五识同依净色根　九缘八七好相邻

合三离二观尘世　愚者难分识与根

变相观空唯后得　果中犹自不诠真

圆明初发成无漏　三类分身息苦轮

三性三量通三境　三界轮时易可知

相应心所五十一　善恶临时别配之

性界受三恒转易　根随信等总相连

动身发语独为最　引满能招业力牵

发起初心欢喜地　俱生犹自现缠眠

远行地后纯无漏　观察圆明照大千

带质有覆通情本　随缘执我量为非

八大遍行别境慧　贪痴我见慢相随

恒审思量我相随　有情日夜镇昏迷

四惑八大相应起　六转呼为染净依

极喜初心平等性　无功用行我恒摧

如来现起他受用　十地菩萨所被机

性惟无覆五遍行　界地随他业力生

二乘不了因迷执　由此能兴论主诤
浩浩三藏不可穷　渊深七浪境为风
受熏持种根身器　去后来先作主公
不动地前才舍藏　金刚道后异熟空
大圆无垢同时发　普照十方尘刹中

八识规矩颂贯珠解

范古农　述

此颂唐玄奘法师所作。将心王八识。类分为四。各作三颂。均前二颂论凡界。后一颂论圣界。注解用贯珠法。将颂句分析嵌入。

前五识颂一

性境现量通三性　眼耳身三二地居
遍行别境善十一　中二大八贪瞋痴

（首句）眼识、耳识、鼻识、舌识、身识。此为五识。其所缘之境。于三境中。惟是性境。其能缘之量。于三量中。惟是现量。其业性则通乎善、恶、无记三性。

（次句）在有情界九地之中。鼻舌两识。惟第一五趣杂居地行之。二地以上则不行矣。眼耳身三识。则以第二离生喜乐地为居止之所。三地以上亦不行矣。

（三句）其相应心所。共有三十四个。为遍行五。别境五。善十一。

（末句）中随烦恼二。更有大随烦恼八个。及根本烦恼之贪瞋痴三者。

前五识颂二

五识同依净色根　九缘八七好相邻

合三离二观尘世　愚者难分识与根

（首句）此五识所依而发之根。其形状各殊者。为浮尘根。若就胜义根言。则同依于肉眼不见。天眼方见之清净色法所成之根无别异也。

（次句）识虽依根而发。苟缺他缘。亦不能显。故统论其依缘。则眼识。须藉明空等九缘。耳识。则藉除明外之八缘。鼻舌身三识。则藉除明空外之七缘。小异大同。好相邻近也。

（三句）至于对境而观五尘世间。须根境相合者。为鼻舌身三识。须根境相离者。为眼耳二识。其观察尘世之不同有如此者。

（末句）对境生情。孰为其主。彼小圣之愚于法相者。尚难分别是识与根。况凡夫耶。此五识之情状。所以日用而鲜知也。

前五识颂三

变相观空唯后得　果中犹自不诠真

圆明初发成无漏　三类分身息苦轮

（首句）凡圣之殊。系于迷悟。迷者执妄。悟者解空。执妄为识。解空为智。若诸识于所缘境。能不起迷执。而观察我空法空之理。此即转识成智之功。超凡入圣之基也。然此所观空理。即是真如。有体有相。而此能观妙智。亦遂有二种之异。能直观真如之体者。为根本智。须变起真如之相而观之者。为后得智。今五识观空之智。但能缘变起之相。故唯属后得耳。

（次句）此五识不在因地转智。而在果地中转。犹且自己不诠（证也）真如。故五识所转之智。唯属后得。不属根本智也。明矣。

（三句）云何转智。菩萨地尽。入如来地。此谓藏识转为大圆镜智。光明初发其所持之五根。转为无漏色法。则依此而发之五识。亦成为无漏五智。所谓成所作智也。

（末句）此五智。即能成就如来所作三类分身。谓对地前菩萨。作千丈胜应身。对二乘凡夫作丈六劣应身。对余道众生。作随类变化身。而此无量分身。遍十方刹。无非令诸众生。息生死苦轮。得证佛果。作利他事业也。

意识颂一

三性三量通三境　三界轮时易可知
相应心所五十一　善恶临时别配之

（首句）吾人通常思念之心。是为意识。其业性通有善性、恶性、无记性三性。其能缘量通有现量、比量、非量三量。其所缘境通有性境、带质境、独影境三境。

（次句）意识遍行于欲、色、无色之三界。故三界众生轮回未息时。此识相粗。无论升沉。显易可知。非如后二识之不易知也。

（三句）其相应心所。则具足五遍行、五别境、十一善、六根本烦恼、二十随烦恼、四不定。共有五十一个。

（末句）意识起念。或善或恶或为无记。临时即有此善恶无记心所。分别支配与之相应。不差毫厘。

意识颂二

性界受三恒转易　根随信等总相连

动身发语独为最　引满能招业力牵

（首句）意识需缘简少。故得恒时生起。而变动不居。在造因则三性恒转变易。在结果则三界恒转变易。至于触境生感。忽乐、忽苦、忽忧、忽喜、忽舍。其于五受亦恒转变易。此于性界受三者。恒常辗转变易之状也。

（次句）心王既恒转变易。心所自亦如是。时而根本烦恼与之相应。时而大中小随烦恼与之相应。时而信等善法、或不定、或别境。与之相应。总相牵连无时或离也。

（三句）意识之情状如此。所以能牵动身根。而造身业。启发口舌而造语业。较之余识。其力为独强。其用为最烈。

（末句）夫吾人所造身语等业。熏于藏识。而成来世因种者。有二类。其一能引起来世总报之果。其二能成满来世别报之果。总之六道众生。能招来世之果报者。皆此意识造业之力牵令趣生而已。故此识为凡界中最有权力者矣。

意识颂三

发起初心欢喜地　俱生犹自现缠眠
远行地后纯无漏　观察圆明照大千

（首句）意识转智。亦在不执虚妄法尘。而观达二空真如。然其转智次第。要有三位。若其发起最初与智相应心品。即在菩萨第一圣位欢喜之地。

（次句）然在初地。惟分别我法二执已断。其俱生我法二执。犹尚自然现行。缠绕于用事。种子随眠于藏识。而未伏且断也。

（三句）若至菩萨第七圣位远行地后。则俱生我执之种子已断。法执之现行已伏。此时意识。纯为无漏。即第二位转智也。

（末句）直至入如来地。则意识之法执种子亦断。为第三转智究竟成就之位。能观察诸法性相。圆满光明。遍照大千世界。无不洞澈。如来鉴机说法。端赖于此。所以称为妙观察智也。

末那识（即染污识）颂一

带质有覆通情本　随缘执我量为非
八大遍行别境慧　贪痴我见慢相随

（首句）意根谓之染污识。继意识第六。故又称为第七识。此识缘藏识之见分为带质境。其业性为无记性。然无记有二。与染法相应。能覆障净法者。谓之有覆。非是则为无覆。而此识属于有覆。

又此识所缘之为带质境者。虽仗藏识见分之本质而起。而为由自识所解之我境。故一边通乎自识。一边通乎本质。谓之通情本也。

（次句）此识随其所缘藏识见分。执之为我。是众生我执之所由致也。夫藏识之见分。原非是我。认非我为我。故其能缘之量成为非量。

（三句）其相应心所。但有十八个。为八个大随烦恼。五个遍行。而别境中一个慧。

（末句）更有贪痴我见及慢之四个根本烦恼。与之相随而不舍离。

末那识颂二

恒审思量我相随　有情日夜镇昏迷

四惑八大相应起　六转呼为染净依

（首句）此识思量之功。在八识中最为优异。其优异之点。盖在恒常详审二者。然其所以为思量者。惟此妄执之我相随逐之不舍而已。

（次句）惟此识将妄执之我相。恒常思惟。详审量度。致令一切有情从无始来。日夜不息。分别人我。镇住于六道而不肯出离。昏迷于二执而未曾觉悟也。

（三句）此识即具我见、痴、贪、慢四惑与八个大随烦恼。恒相应起。自己虽不造业。令所发之意识因此染污而造作染业矣。

（末句）眼耳鼻舌身意六种辗转而起之识。皆依此识而生。此识染污。故前六转识染污。此识若还清净。则前六转识清净。此诸识缘中。所以呼此识为染净依也。

末那识颂三

极喜初心平等性　无功用行我恒摧
如来现起他受用　十地菩萨所被机

（首句）末那为意识之根。故其转智。必藉意识转智之功而成。菩萨初极喜地。意识已断分别我法二执种子。初心转智。故此识亦初心转智。而始成平等性。

（次句）至第八不动地。意识第二位转智。则此识亦于斯时第二位转智。此后藉无功用行。任运将此识之我执种子。恒常摧灭。不复增长。

（三句）入如来地。妙观察智究竟圆成。则此识所转之平等性智。亦复成就。如来能现自他不二之境。起他所受用之身。即依于此智耳。

（末句）此智所现佛身。盖为教化初地至第十地诸圣位菩萨而设。亦惟此等菩萨。为所被之机而得受用。此所以为他受用也。

阿赖耶识（即藏识）颂一

性惟无覆五遍行　界地随他业力生
二乘不了因迷执　由此能兴论主诤

（首句）藏识非但不能造作善恶二业。且不与染法相应。故其业性惟是无覆无记。其相应心所。只有五个遍行心所而已。

（次句）此识是众生果报之体。故遍行于三界九地。而随他前六识造业之力。相应趣生。轮转无休。

（三句）然声闻缘觉二乘圣人。但知六识。不了更有藏识。都因小乘经中。非显露说。二乘迷于佛旨。故执为并无此识。

（末句）由此之故。能兴大乘论主广引圣教。备显正理。与之诤辨。如成唯识论中所载者。非得已也。

阿赖耶识颂二

浩浩三藏不可穷　渊深七浪境为风
受熏持种根身器　去后来先作主公

（首句）此识之为藏也。浩浩乎深广矣哉。一具诸法种子。持而不失。是能藏义。受诸识所熏。随熏成种。是所藏义。此识之见分为第七识所执。认以为我。是我爱执藏义。因此识体义具三藏。持种受熏执以为我。令无边有情。无始相续。甚深广大而不可穷诘也。

（次句）藏识渊深不可穷尽。喻之如海。此识海中。以前七转识为其波浪。此波浪之起。即以其所缘之境触荡为风。风浪互为因果。相续生灭。致此识海。弥失其湛寂之相。而愈形其鼓荡之态矣。

（三句）此识之在有情界也。受前七识缘境造业之所熏习。而成心色二法种子。复即执持此诸种子。从过去位运至未来位。一俟成熟。即现作正报之根身依报之器界。此根身与器界。亦为此识所执受而为其相分也。

（末句）此识既有执受根身器界之功能。故有情之死。其去也独后。有情之生。其来也独先。谓三界有情。以此识作主人公。不信然乎。

阿赖耶识颂三

不动地前才舍藏　金刚道后异熟空

大圆无垢同时发　普照十方尘刹中

（首句）藏识转智。亦以末那转智为衡。菩萨在第八不动地前。末那第二位转智。断我执种子。则此识不复为末那执以为我。而才始舍去执藏之义。此为第一位转智。能令有情不受分段生死也。

（次句）至菩萨十地后。等觉位中。金刚道后心。即入如来地时。末那究竟转智。而藏识之异熟果相亦空。此为第二位转智。能令有情不受变易生死也。

（三句）如来地藏识究竟转智。名为大圆镜。此识之因相一切种子。尽成无漏。故名为无垢识。此无垢识成就。同时即为大圆镜智依之而发。此为第三位转智之相也。

（末句）藏识中因具有漏种子。故为生死有情之本。今无垢识漏种已尽。惟是无量功德之藏。即为诸佛法身。而大圆镜智常寂之光。普照十方世界极微尘数佛刹之中恒现报化二身。尽未来际度脱众生也。

八识规矩颂法相表

- 八识心王
  - 前五识：眼　耳　鼻　舌　身
  - 第六识：意
  - 第七识：末那或云染污
  - 第八识：阿赖耶或云含藏
- 三境：性境　独影境　带质境
- 三量：现量　比量　非量
- 三性：善性　恶性　无记性
- 三界九地
  - 欲　界：五趣杂居地
  - 色　界：离生喜乐地　定生喜乐地　离喜妙乐地　舍念清净地
  - 无色界：空无边处地　识无边处地　无所有处地　非想非非想处地
- 六位心所
  - 遍　行　五：作意　触　受　想　思
  - 别　境　五：欲　胜解　念　定　慧
  - 善　十　一：信　精进　惭　愧　无贪　无瞋　无痴　轻安　不放逸　行舍　不害
  - 烦　恼　六：贪　瞋　痴　慢　疑　恶见
  - 随烦恼二十：忿　恨　恼　覆　诳　谄　憍　害　嫉　悭　无惭　无愧　不信　懈怠　放逸　昏沉　掉举　失念　不正知　散乱
  - 不　定　四：悔　睡眠　寻　伺

心用四分：相分　见分　自证分　证自证分

八识缘生
- 眼　识　九：空　明　根　境　作意　分别依　染净依　根本依　种子
- 耳　识　八：空　根　境　作意　分别依　染净依　根本依　种子
- 鼻　识　七：根　境　作意　分别依　染净依　根本依　种子
- 舌　识　七：根　境　作意　分别依　染净依　根本依　种子
- 身　识　七：根　境　作意　分别依　染净依　根本依　种子
- 意　识　五：境　作意　染净依　根本依　种子
- 末那识四：境　作意　根本依　种子
- 赖耶识四：境　作意　俱有依　种子

菩萨位
- 地前贤位
  - 资粮位：十住　十行　十回向
  - 四加行位：暖　顶　忍　世第一
- 地上圣位
  - 初欢喜地　二离垢地　三发光地
  - 四焰慧地　五难胜地　六现前地
  - 七远行地　八不动地　九善慧地
  - 十法云地　金刚道

五受：苦　乐　忧　喜　舍

八识规矩颂总表

位	规矩	前五识	第六意识	第七末那识	第八阿赖耶识
凡情	境	性	性　独影　带质	真带质	无本质性
	量	现	现　比　非	非	现
	性	善　恶　无记	善　恶　无记	有覆无记	无覆无记
	界地	欲界　色界（鼻舌不行） 五趣杂居　离生喜乐	欲　色　无色	欲　色　无色	欲　色　无色 （随他业力生）
	相应心所	遍行五 别境五 善十一（信　进　惭　愧　无贪　无瞋　无痴　轻安　不放逸　行舍　不害） 根烦恼三（贪　瞋　痴） 中随烦恼二（无惭　无愧） 大随烦恼八	遍行五 善十一 别境五（欲　胜解　念　定　慧） 根烦恼六（贪　瞋　痴　慢　疑　恶见） 大随烦恼八 中又二 小又十（忿　恨　恼　覆　诳　谄　憍　害　嫉　悭） 不定四（悔　眠　寻　伺）	遍行五 别境一（慧） 根烦恼四（贪　痴　慢　我见） 大随烦恼八（掉举　昏沉　不信　懈怠　放逸　失念　散乱　不正知）	遍行五（作意　触　受　想　思）

续表

位	规矩	前五识	第六意识	第七末那识	第八阿赖耶识
凡情	依缘	明　空　根　境　作意　分别依　染净依　根本依　种子　眼全　耳除明　余三更除空	境　作意　染净依　根本依　种子	境(赖耶见分)　作意　根本依　种子	境(根身器界种子)　作意　俱有依(末那)　种子
	体相	自性了别　与根难分	随念分别　计度分别　自性分别(易可知)	恒审思量我相随　有情日夜镇昏迷	浩浩三藏不可穷　渊深七浪境为风
	业用	眼耳离中观尘　鼻舌身合中观尘	动身发语　造引满业　招三界报　三性变易　五受轮转	为前六识转染净之依	受熏　持种子根身器界　去来作主公
	观行	变转相分而观二空　真如　后得智摄	习二空(生空“破我执”法空“破法执”)观行	无力断惑　藉意识修观而断	
圣智	断惑转智	第八识转智时　根成无漏　故识亦无漏　而转为成所作智	资粮位中　渐伏我法二执现行　见道位　分别二执种子断　初与智相应(发起初心欢喜地)修习位中　伏断俱生二执现行种子　远行地后　俱生我执断　纯无漏等觉位　俱生法执断　妙观察智圆明矣	极喜地初心　俱生二执初伏　初与智相应　无功道(即不动地)俱生我执断　金刚道后　俱生法执断　平等性智现前矣	不动地前(即七地)　俱生我执已断　故舍三藏之名　金刚道后　俱生法执断尽　不感生死　故异熟果空　至此一切种识之有漏种及劣无漏种永断而成无垢识　即转大圆镜智矣
	果用	如来现大化小化随类化之三类分身　教化众生永息苦轮也	智照大千内众生机宜随应说法也	现起他受用身　以十地菩萨为所被教化之机也	十方世界　微尘刹土　无不圆明普照　盖法界洞明真俗等观矣

卷　一

楞伽阿跋多罗宝经

刘宋天竺三藏求那跋陀罗* 译

* 求那跋陀罗：此云功德贤，中天竺人。南朝宋文帝时，泛海至广州，帝遣使迎至京师，深加崇重。乃讲演华严，并译此经。

一切佛语心品之一

如是我闻。一时佛住南海滨楞伽山顶。种种宝华以为庄严。与大比丘僧．及大菩萨众俱。从彼种种异佛刹来。是诸菩萨摩诃萨无量三昧自在之力。神通游戏。大慧菩萨摩诃萨而为上首。一切诸佛手灌其顶。自心现境界。善解其义。种种众生。种种心色。无量度门。随类普现。于五法自性识二种无我．究竟通达。尔时大慧菩萨与摩帝菩萨．俱游一切诸佛刹土承佛神力。从座而起。偏袒右肩。右膝著地。合掌恭敬．以偈赞佛。

世间离生灭　犹如虚空华　智不得有无　而兴大悲心
一切法如幻　远离于心识　智不得有无　而兴大悲心
远离于断常　世间恒如梦　智不得有无　而兴大悲心
知人法无我　烦恼及尔焰　常清净无相　而兴大悲心
一切无涅槃　无有涅槃佛　无有佛涅槃　远离觉所觉
若有若无有　是二悉俱离　牟尼寂静观　是则远离生
是名为不取　今世后世净

尔时大慧菩萨偈赞佛已。自说姓名。

我名为大慧　通达于大乘　今以百八义　仰咨尊中上
世间解之士　闻彼所说偈　观察一切众　告诸佛子言
汝等诸佛子　今皆恣所问　我当为汝说　自觉之境界

问题的开始

当释迦牟尼佛住世的那一段时期，佛在印度南海滨的楞伽山[①]顶上，和他的出家比丘[②]弟子，以及修大乘菩萨道[③]的弟子们，很多的人，都聚会在一起。当时由大慧大士为大众们的上首，他对于一切唯心，万法唯识的自心识现境界，已经善于解证它的真实义理了。他对于各种各类的众生差别，以及各种各类心物色相的究竟本际，都已经了知无遗；并且深入佛法，对于无量普度的法门，都了然通达。但为了随顺一切众生各种不同的希求，才随缘普遍地显现在世间。关于五法、三自性、八识、二无我的道理，他已经彻底通达。由于佛的启示，为了解决当时与后世人们的许多疑问，他就代表大家起来问佛，提出下面的许多问题。他在提出问题之前，先说出一段赞美佛境界的偈语；其实，这也就是说明佛法精义的纲要。他说：

“世间离生灭。犹如虚空华。智不得有无。而兴大悲心。”（这是说：万有世间的一切诸法，都是生灭灭生地不停轮转，犹如虚空中的幻华相似，倏有还无。如果离了生灭的作用，便如虚空，一无所有。当幻华的作用和现象显在空中之时，便不是“无”；当幻华的现象和作用消逝了以后，便不再是“有”。智者了知此中“体”、“相”和“用”的原因，

---

① 楞伽山：在师子国（即今斯里兰卡）之山名。楞伽为宝名，又曰不可到、难入之义也。此山以有楞伽宝得名，又以险绝常人难入得名。佛在此说《楞伽经》，表法殊胜。

② 比丘：为出家受具足戒者之通称，男曰比丘，女曰比丘尼。

③ 菩萨：具名菩提萨埵，谓是求道之大心人，总名求佛果之大乘众。

自己便得解脱尘累，常觉不昧；既不执著一切世间是决定的“有”，也不执著于绝对的“无”。而且悲悯世间一切众生的愚迷，生起大慈悲的心愿，乃在一切世间随类现身，说法度世，拔济众苦。）

“一切法如幻。远离于心识。智不得有无。而兴大悲心。”（这是说：一切诸法生灭无常，犹如梦幻，这一切都是从心意识所变现，如果离了心意识，便一无所有了。智者了知它是在“相”和“用”的显现上，形成了幻有。但在自体上却都无自性，本自了不可得的。因此悲悯世间的愚迷，生起大慈大悲的心愿，而来教化济度世间。）

“远离于断常。世间恒如梦。智不得有无。而兴大悲心。”（这是说：万有世间一切诸法的存在，都如梦幻似的生生灭灭。在生灭灭生的现象中，如果说它是断灭的“无”，但它却有相续的作用；如果说它是恒常的“有”，但它却又是生灭无常的。智者了知一切诸法，既不是决定的“有”，也不是绝对的“无”，因此悲悯世间的愚迷，生起大慈大悲的心愿，而来教化济度世间。）

“知人法无我。烦恼及尔焰。常清净无相。而兴大悲心。”（这是说：佛是大智慧的解脱者，他已经了证“人无我”和“法无我”，自觉内证一切的烦恼障和智障，都因为妄想分别而生。这些分别的妄想心，犹如火光中的烟焰和光影相似；它的自性却是本来无相，了然清静的。所以烦恼和智慧，同样的都无自性，本自了然清净的。因此悲悯世间的愚迷，生起大慈大悲的心愿，而来教化济度世间。）

“一切无涅槃。无有涅槃佛。无有佛涅槃。远离觉所觉。

若有若无有。是二悉俱离。”（这是说：一切诸法，本来就空无自性，既无生死可了，也并无另有一涅槃寂灭的境界可得。既没有一个住在涅槃寂灭境界中的佛，也没有一个佛往来于涅槃寂灭的境界中。在本来清净自性的真如中，既没有一个所觉的境界，也没有一个能觉的本体。如果执著佛境界的是有是无，也就同执著有一涅槃的可入可出一样，仍然还是法执。因此必须远离能觉所觉二边，了无所住，才是佛法正觉的真实内义。）

“牟尼寂静观。是则远离生。是名为不取。今世后世净。”（牟尼是佛的名称，也便是寂默的意义。这是说：佛从本性清净寂默中静观万法，得证远离生灭的作用，不取一法，也不舍一法，只得性自如如，这便是远离尘垢、远离缠缚的解脱法门。若能解脱生灭，还归寂灭清净，便无古往今来等法执。由此而解脱十方空间、三世时际的束缚，以证得毕竟寂静了。）

附论一：（上述大慧大士的赞佛偈语，最主要的道理，是指出佛已经在无生灭的境界中证得解脱，在自性清净寂灭中得到大智慧。但为了济度世间一切众生，出离苦海，仍然兴起同体的大悲、无缘的大慈之心。但他所悲的是什么呢？是悲众生的愚迷。其实既非实有人和法的可悲，也非绝对的无人和法的不可悲。只是悲其所悲，应无所住而已。故知大乘了义的佛法，以兴起无缘之慈、同体之悲，来济度世间，才是它主要内义的精神了。）

这时，大慧大士说完了赞佛的偈语，便自我介绍说：他名为大慧。现在为了彻底了解大乘佛法的要义，所以提出一百零八个问题，请求佛的解答。佛就答应他随意发问，并且说，理当为他说出如来自觉的境界。

尔时大慧菩萨摩诃萨．承佛所听．顶礼佛足。合掌恭敬．以偈问曰。

云何净其念　云何念增长　云何见痴惑　云何惑增长
何故刹土化　相及诸外道　云何无受次　何故名无受
何故名佛子　解脱至何所　谁缚谁解脱　何等禅境界
云何有三乘　惟愿为解说　缘起何所生　云何作所作
云何俱异说　云何为增长　云何无色定　及与灭正受
云何为想灭　何因从定觉　云何所作生　进去及持身
云何现分别　云何生诸地　破三有者谁　何处身云何
往生何所至　云何最胜子　何因得神通　及自在三昧
云何三昧心　最胜为我说　云何名为藏　云何意及识
云何生与灭　云何见已还　云何为种性　非种及心量
云何建立相　及与非我义　云何无众生　云何世俗说
云何为断见　及常见不生　云何佛外道　其相不相违
云何当来世　种种诸异部　云何空何因　云何刹那坏
云何胎藏生　云何世不动　何因如幻梦　及揵闼婆城
世间热时焰　及与水月光　何因说觉支　及与菩提分
云何国土乱　云何作有见　云何不生灭　世如虚空华
云何觉世间　云何说离字　离妄想者谁　云何虚空譬
如实有几种　几波罗蜜心　何因度诸地　谁至无所受
何等二无我　云何尔焰净　诸智有几种　几戒众生性
谁生诸宝性　摩尼真珠等　谁生诸语言　众生种种性

明处及伎术 谁之所显示 伽陀有几种 长颂及短句
成为有几种 云何名为论 云何生饮食 及生诸爱欲
云何名为王 转轮及小王 云何守护国 诸天有几种
云何名为地 星宿及日月 解脱修行者 是各有几种
弟子有几种 云何阿阇黎 佛复有几种 复有几种生
魔及诸异学 彼各有几种 自性及与心 彼复各几种
云何施设量 惟愿最胜说 云何空风云 云何念聪明
云何为林树 云何为蔓草 云何象马鹿 云何而捕取
云何为卑陋 何因而卑陋 云何六节摄 云何一阐提
男女及不男 斯皆云何生 云何修行退 云何修行生
禅师以何法 建立何等人 众生生诸趣 何相何像类
云何为财富 何因致财富 云何为释种 何因有释种
云何甘蔗种 无上尊愿说 云何长苦仙 彼云何教授
如来云何于 一切时刹现 种种名色类 最胜子围绕
云何不食肉 云何制断肉 食肉诸种类 何因故食肉
云何日月形 须弥及莲华 师子胜相刹 侧住覆世界
如因陀罗网 或悉诸珍宝 箜篌细腰鼓 状种种诸华
或离日月光 如是等无量 云何为化佛 云何报生佛
云何如如佛 云何智慧佛 云何于欲界 不成等正觉
何故色究竟 离欲得菩提 善逝般涅槃 谁当持正法
天师住久如 正法几时住 悉檀及与见 各复有几种
毗尼比丘分 云何何因缘 彼诸最胜子 缘觉及声闻
何因百变易 云何百无受 云何世俗通 云何出世间
云何为七地 惟愿为演说 僧伽有几种 云何为坏僧
云何医方论 是复何因缘 何故大牟尼 唱说如是言

迦叶拘留孙　拘那含是我　何故说断常　及与我无我
何不一切时　演说真实义　而复为众生　分别说心量
何因男女林　诃梨阿摩勒　鸡罗及铁围　金刚等诸山
无量宝庄严　仙闼婆充满　无上世间解　闻彼所说偈
大乘诸度门　诸佛心第一　善哉善哉问　大慧善谛听
我今当次第　如汝所问说　生及与不生　涅槃空刹那
趣至无自性　佛诸波罗蜜　佛子与声闻　缘觉诸外道
及与无色行　如是种种事　须弥巨海山　洲渚刹土地
星宿及日月　外道天修罗　解脱自在通　力禅三摩提
灭及如意足　觉支及道品　诸禅定无量　诸阴身往来
正受灭尽定　三昧起心说　心意及与识　无我法有五
自性想所想　及与现二见　乘及诸种性　金银摩尼等
一阐提大种　荒乱及一佛　智尔焰得向　众生有无有
象马诸禽兽　云何而捕取　譬因成悉檀　及与作所作
丛林迷惑通　心量不现有　诸地不相至　百变百无受
医方工巧论　伎术诸明处　诸山须弥地　巨海日月量
下中上众生　身各几微尘　一一刹几尘　弓弓数有几
肘步拘楼舍　半由延由延　兔毫窗尘虮　羊毛Ꞥ麦尘
钵他几Ꞥ麦　阿罗Ꞥ麦几　独笼那佉梨　勒叉及举利
乃至频婆罗　是各有几数　为有几阿凳　名舍梨沙婆
几舍梨沙婆　名为一赖提　几赖提摩沙　几摩沙陀那
复几陀那罗　为迦梨沙那　几迦梨沙那　为成一波罗
此等积聚相　几波罗弥楼　是等所应请　何须问余事
声闻辟支佛　佛及最胜子　身各有几数　何故不问此
火焰几阿凳　风阿凳复几　根根几阿凳　毛孔眉毛几

护财自在王　转轮圣帝王　云何王守护　云何为解脱
广说及句说　如汝之所问　众生种种欲　种种诸饮食
云何男女林　金刚坚固山　云何如幻梦　野鹿渴爱譬
云何山天仙　揵闼婆庄严　解脱至何所　谁缚谁解脱
云何禅境界　变化及外道　云何无因作　云何有因作
有因无因作　及非有无因　云何现已灭　云何净诸觉
云何诸觉转　及转诸所作　云何断诸想　云何三昧起
破三有者谁　何处为何身　云何无众生　而说有吾我
云何世俗说　惟愿广分别　所问相云何　及所问非我
云何为胎藏　及种种异身　云何断常见　云何心得定
言说及诸智　戒种性佛子　云何成及论　云何师弟子
种种诸众生　斯等复云何　云何为饮食　聪明魔施设
云何树葛藤　最胜子所问　云何种种刹　仙人长苦行
云何为族姓　从何师受学　云何为丑陋　云何人修行
欲界何不觉　阿迦腻吒成　云何俗神通　云何为比丘
云何为化佛　云何为报佛　云何如如佛　平等智慧佛
云何为众僧　佛子如是问　箜篌腰鼓华　刹土离光明
心地者有七　所问皆如实　此及余众多　佛子所应问
一一相相应　远离诸见过　悉檀离言说　我今当显示
次第建立句　佛子善谛听　此上百八句　如诸佛所说

不生句生句。常句无常句。相句无相句。住异句非住异句。刹那句非刹那句。自性句离自性句。空句不空句。断句不断句。边句非边句。中句非中句。常句非常句。缘句非缘句。因句非因句。烦恼句非烦恼句。爱句非爱句。方便句非方便句。巧句非巧句。净句非净句。

成句非成句。譬句非譬句。弟子句非弟子句。师句非师句。种性句非种性句。三乘句非三乘句。所有句非所有句。愿句非愿句。三轮句非三轮句。相句非相句。有品句非有品句。俱句非俱句。缘自圣智现法乐句非现法乐句。刹土句非刹土句。阿冕句非阿冕句。水句非水句。弓句非弓句。实句非实句。数句非数句。数句非数句。明句非明句。虚空句非虚空句。云句非云句。工巧伎术明处句非工巧伎术明处句。风句非风句。地句非地句。心句非心句。施设句非施设句。自性句非自性句。阴句非阴句。众生句非众生句。慧句非慧句。涅槃句非涅槃句。尔焰句非尔焰句。外道句非外道句。荒乱句非荒乱句。幻句非幻句。梦句非梦句。焰句非焰句。像句非像句。轮句非轮句。揵闼婆句非揵闼婆句。天句非天句。饮食句非饮食句。淫欲句非淫欲句。见句非见句。波罗蜜句非波罗蜜句。戒句非戒句。日月星宿句非日月星宿句。谛句非谛句。果句非果句。灭起句非灭起句。治句非治句。相句非相句。支句非支句。巧明处句非巧明处句。禅句非禅句。迷句非迷句。现句非现句。护句非护句。族句非族句。仙句非仙句。王句非王句。摄受句非摄受句。宝句非宝句。记句非记句。一阐提句非一阐提句。女男不男句非女男不男句。味句非味句。事句非事句。身句非身句。觉句非觉句。动句非动句。根句非根句。有为句非有为句。无为句非无为句。因果句非因果句。色究竟句非色究竟句。节句非节句。丛树葛藤句非丛树葛藤句。杂句非杂句。说句非说句。毗尼句非毗尼句。比丘句非比丘句。处句非处句。字句非字句。大慧。是百八句。先佛所说。汝及诸菩萨摩诃萨。应当修学。

大慧大士所提出问题里的问题

于是，大慧就问：

“云何净其念？云何念增长？”（如何才能清净心中的妄念？为什么心中的妄念增长不休呢？）

“云何见痴惑？云何惑增长？”（为什么知见会落于痴惑之中？何以见痴惑会更加增长不已呢？）

“何故刹土化？”（为什么世间有这许多的国土，化生生化不已？究竟它是怎样生起的呢？）

“相及诸外道？”（而在这些国土上有各种不同的外道，他们的情形又是怎样的呢？）

“云何无受次？何故名无受？”（如何才能到达无觉无受的寂灭境界呢？如何才名为无觉受呢？）

“何故名佛子？”（怎样才可以称为佛子呢？）

“解脱至何所？”（解脱了后又到哪里去呢？）

“谁缚谁解脱？”（究竟迷时被缠缚的是谁？而悟后能解脱的又是谁呢？）

“何等禅境界？”（哪些是禅定的境界呢？）

“云何有三乘？惟愿为解说。”（在佛法中，为什么有声闻、缘觉、菩萨等三乘的不同呢？）

“缘起何所生？”（产生万法的因与缘，究竟从哪里来的呢？）

"云何作所作?"(什么才是产生作用的因，和作用所产生的果呢?)

"云何俱异说?云何为增长?"(为什么世间会有许多同异的理论，它是如何产生，形成变化的呢?)

"云何无色定?及与灭正受?云何为想灭?何因从定觉?"(如何才是"无色定"的境界?如何才是"灭尽定"的境界?如何才是"无想定"的境界?何以在定中能够自觉出定的境界，这些都是什么原因呢?)

"云何所作生?"(何以一切所作所为，能够形成因果的作用呢?)

"进去及持身?"(怎样会入胎而形成此身的存在呢?)

"云何现分别?"(何以会有现识而起分别妄想，与万物形形色色的作用呢?)

"云何生诸地?"(何以佛法中会有大小乘各种地位差别的建立呢?)

"破三有者谁?"(能破三界[①]的生死，也就是脱离"欲""色""无色"三界的是谁呢?)

"何处身云何?"(如何会有六道[②]中各类身命的轮转不

---

① 三界：又名三有。凡夫生死往来之世界分为三：一、欲界。有淫欲与食欲二欲之有情住所也。上自六欲天，中自人界之四大洲，下至无间地狱，谓之欲界。二、色界。色为质碍之义，有形之物质也。此界在欲界之上，离淫、食二欲之有情住所也。身体，宫殿，一切物质，总殊妙精好，故名色界。此色界由禅定之浅深粗妙分四级，称为四禅天。三、无色界。此界无色，无物质，无身体，亦无宫殿国土，唯以心识住于深妙之禅定，故谓之无色界。此既为一无物质之世界，则其方所非可定。但就果报胜之义，谓在色界之上。是有四天，名为四无色，又曰四空处。

② 六道：又名六趣。地狱、饿鬼、畜生、阿修罗、人间、天上是也。此六者，乃众生轮回之道，故曰六道。众生各乘因业而趣之，故谓之六趣。

已呢?)

“往生何所至?”(往生究竟要生到哪里去呢?)

“云何最胜子?”(如何才算是诸佛中最殊胜的法子呢?)

“何因得神通?及自在三昧?”(如何才能够得到神通?如何才能够得到自在的三昧[①]呢?)

“云何三昧心?最胜为我说。”(怎样才是三昧正受的心境呢?)

“云何名为藏?云何意及识?”(何以名为藏识〈阿赖耶识〉[②]?什么是意与识的分别呢?)

“云何生与灭?”(如何是生灭的现象呢?)

“云何见已还?”(怎样是已见到“不还果”的境界呢?)

“云何为种性?”(何以众生会有许多不同的种性呢?)

“非种及心量?”(为什么有非佛的种性,他们的心量又是如何的呢?)

“云何建立相?及与非我义?”(为什么要建立一切的法相呢?为什么又要高标一切法相无我呢?)

“云何无众生?”(何以说本无众生可度呢?)

“云何世俗说?”(哪些佛法是随世俗的说法呢?)

“云何为断见?及常见不生?”(如何才能不生断灭的见解?如何才能不生常住的见解呢?)

“云何佛外道?其相不相违?”(什么是佛和外道的不同之点呢?什么又是他们互相可以沟通之处呢?)

“云何当来世,种种诸异部?”(为什么佛法流变到后世

---

① 三昧:此云定,心定于一处而不动,故曰定。

② 阿赖耶识:心识名,八识中之第八。译曰藏,含藏一切事物种子之义。

而有各种不同的派别产生呢?)

“云何空何因?”(怎样才算是空?空的境界又是什么呢?)

“云何刹那坏?”(为什么念念之间,每一刹那都在坏灭呢?)

“云何胎藏生?”(何以众生界的生命,有的因胎藏而生呢?)

“云何世不动?”(何以说过去、现在、未来的三世本来就未尝变动的呢?)

“何因如幻梦?及揵闼婆城?世间热时焰?及与水月光?”(为什么世界一切万法,都如梦如幻?犹如海市蜃楼?或如火光焰影?或如水中明月呢?)

“何因说觉支?及与菩提分?”(为什么有七觉支[①]?为什么又有三十七菩提道品[②]呢?)

“云何国土乱?”(何以国际有战争和内乱的发生呢?)

“云何作有见?”(何以大家认为万象是实有其物的呢?)

“云何不生灭?”(为什么自性是不生不灭的呢?)

“世如虚空华?”(为什么世间一切犹如虚空中的幻华呢?)

“云何觉世间?”(如何才能不离世间而内证自觉呢?)

“云何说离字?”(为什么说第一义谛不是文字言语所能

---

① 七觉支:见下注所列三十七菩提道品中。

② 三十七菩提道品:道者能通之义,到涅槃道路之资粮有三十七种。即四念处:一、身念处;二、受念处;三、心念处;四、法念处。四正勤:一、对已生之恶使除断为勤精进;二、对未生之恶使更不生为勤精进;三、对未生之善使生为勤精进;四、对已生之善使增长为勤精进。四如意足:一、欲如意足;二、念如意足;三、精进如意足;四、思惟如意足。五根:一、信根;二、精进根;三、念根;四、定根;五、慧根。五力:一、信力;二、精进力;三、念力;四、定力;五、慧力。七觉支:一、择法觉支;二、精进觉支;三、喜觉支;四、轻安觉支;五、念觉支;六、定觉支;七、行舍觉支。八正道:一、正见;二、正思惟;三、正语;四、正业;五、正命;六、正精进;七、正念;八、正定。

表达的呢？）

“离妄想者谁？云何虚空譬？”（能远离妄想的是谁？何以佛说法常用虚空作譬喻呢？）

“如实有几种？”（真如[①]究竟有几种呢？）

“几波罗蜜心？”（波罗蜜〈度到彼岸〉的心法究竟共有几种呢？）

“何因度诸地？谁至无所受？”（如何才能超过菩萨的各地[②]境界？能到无所觉受境界的又是谁呢？）

“何等二无我？”（为什么有人无我和法无我的二无我呢？）

“云何尔焰净？”（怎样才能使我执和法执的焰影熄灭呢？）

“诸智有几种？”（智慧的境界究竟有几种呢？）

“几戒众生性？”（众生的性戒有几种呢？）

“谁生诸宝性？摩尼真珠等？”（世间一切的珍珠宝物等，它们之所以宝贵，究竟是谁的赐予呢？）

“谁生诸语言？众生种种性？”（世间的一切言语和芸芸众生的不同，究竟是谁的杰作呢？）

“明处及伎术，谁之所显示？”（世间的五明——内明、因明、声明、医方明、工巧明以及一切百工技艺，究竟又是谁发明创立的？）

“伽陀有几种？长颂及短句。”（偈语讽颂共有几种格式？怎样才叫长颂和短句呢？）

---

① 真如：诸法之体性离虚幻而真实，故云真；常住而不变不改，故云如。

② 菩萨地：大乘菩萨有十地：一、欢喜地；二、离垢地；三、发光地；四、焰慧地；五、难胜地；六、现前地；七、远行地；八、不动地；九、善慧地；十、法云地。

“成为有几种？云何名为论？”（世间成为有系统的学问有多少种？怎样才叫作论藏呢？）

“云何生饮食？及生诸爱欲？”（为什么世间有各种的饮食？为什么世间会有许多的爱欲呢？）

“云何名为王？转轮及小王？”（什么叫作国王？而转轮王和小王的分别又是怎样的呢？）

“云何守护国？诸天有几种？”（何以国土之间，有许多人和神的守护？三界天人又共有几种呢？）

“云何名为地？星宿及日月？”（怎样才构成大地？日月和星宿等，又是如何存在的呢？）

“解脱修行者，是各有几种？”（修行解脱道的人，共有多少种呢？）

“弟子有几种？云何阿阇黎？”（佛弟子共分为几种？怎样才称为佛法中的教授师呢？）

“佛复有几种？复有几种生？”（佛，究竟有多少种？众生又有多少种呢？）

“魔及诸异学，彼各有几种？”（魔和一切外道，他们各有多少种呢？）

“自性及与心，彼复各几种？”（自性与心，究竟各有多少种呢？）

“云何施设量？惟愿最胜说。”（请告诉我，何以会有假设的说法呢？）

“云何空风云？”（何以虚空中会有风云的发生呢？）

“云何念聪明？”（何以世人会有天赋的聪明呢？）

“云何为林树”（何以世间会有森林丛树的密布呢？）

“云何为蔓草?”(何以世间会有蔓草的滋生呢?)

“云何象马鹿?云何而捕取?”(何以世间会有象、马、鹿等动物?为什么有人要去捕捉它们呢?)

“云何为卑陋?何因而卑陋?”(什么才是卑贱和丑陋?为什么会有卑贱和丑陋呢?)

“云何六节摄?”(何以一年之中,用六个节期来统摄时间?〈过去印度的风俗,以两月为一节,一年分为六节。〉)

“云何一阐提?”(何以世界上会有绝无善根的众生呢?)

“男女及不男,斯皆云何生?”(男人和女人,以及不男不女的阴阳人,他们是怎样生出来的呢?)

“云何修行退?云何修行生?”(怎样修行的人,中途会生退心?什么是修行人进步的情形呢?)

“禅师以何法?建立何等人?”(教授禅观的大师们,他们教的是哪几种方法?而且应该教哪些人去修持禅观呢?)

“众生生诸趣,何相何像类?”(一切众生,往生各道,是什么形相?究竟有多少种类呢?)

“云何为财富?何因致财富?”(如何是真有财富,用什么方法才会获得财富呢?)

“云何为释种?何因有释种?云何甘蔗种?无上尊愿说。”(如何才是释迦的种族?如何才会有释迦种族的形成?又如何才是释迦甘蔗种族的系统呢?)

“云何长苦仙?彼云何教授?”(何以会有长修苦行的仙人们?他们所教授修持的,是用哪些方法呢?)

“如来云何于,一切时刹现,种种名色类,最胜子围绕?”(何以说,诸佛菩萨,常在一切时中,常在一切刹土上,以各种不同种类的名相和色身，显化度人。为何有无量数的人间天上的最胜佛子们，时常围绕着佛呢？）

“云何不食肉？云何制断肉？食肉诸种类，何因故食肉？”（何以佛戒人食肉？佛用什么制度来戒除肉食？那些食肉的众生们，为了什么要肉食呢？）

“云何日月形，须弥及莲华，师子胜相刹，侧住覆世界。如因陀罗网，或悉诸珍宝，箜篌细腰鼓，状种种诸华。或离日月光，如是等无量。”（为什么佛说法界中有无数的刹土，有无数的须弥山[①]〈又名妙高山〉？而有的世界，形如莲花？为什么最好的世界，又名为“师子胜相刹”？而且各种世界，犹如器皿一样，有覆有仰，有侧有横的呢？为什么无尽虚空中的无量世界，犹如帝释天的宝网，重重无尽。有的形如珍宝，有的形如箜篌和细腰鼓，等等，光彩夺人，不一而足。但为什么另有一些世界，却没有像我们一样有日月的光明呢？这究竟是什么原因呢？）

“云何为化佛？云何报生佛？云何如如佛？云何智慧佛？”（什么是佛的化身、报身、法身和智慧身呢？）

“云何于欲界，不成等正觉？何故色究竟，离欲得菩提？”（为什么佛说，卢舍那报身佛，在欲界中，不能成无上正觉？而于色究竟界中，才能证得菩提正觉的呢？）

“善逝般涅槃，谁当持正法？天师住久如？正法几时住？”（当佛入于涅槃以后，谁在此世间主持正法呢？究竟佛住世多久呢？佛的正法，又能住世多久呢？）

---

① 须弥山：译言妙高，为一小世界之中心也。

“悉檀及与见，各复有几种?”（悉檀[①]和解脱的知见，都各有几种呢?）

“毗尼比丘分，云何何因缘?”（佛由什么因缘，要制定出家比丘们的毗尼“戒律”呢?）

“彼诸最胜子，缘觉及声闻，何因百变易，云何百无受?”（这些佛法中的最胜佛子们，例如声闻[②]与缘觉[③]等，为什么有的会受因缘支配或变易生死？究竟怎样才能达到无所挂碍的极端寂灭的境界呢?）

“云何世俗通？云何出世间?”（如何是世俗的神通？如何是出世间的神通呢?）

“云何为七地？惟愿为演说。”（什么是大乘菩萨七地的心量呢?）

“僧伽有几种？云何为坏僧?”（僧众共有几种？怎样才算是破坏和合僧的徒众呢?）

“云何医方论，是复何因缘?”（什么是佛的医方论？由于什么原因，佛要发明这些医方?）

“何故大牟尼，唱说如是言，迦叶拘留孙，拘那含是我?”（为什么我们伟大的佛要说，过去历劫中的迦叶佛、拘留孙佛以及拘那含佛[④]等，都是我的化身呢?）

“何故说断常，及与我无我?”（为什么佛要说明世间的

---

① 悉檀：佛之说法不出四悉檀。悉檀者，古师一译为成，谓以此四法成就众生之佛道，故名。一、世界悉檀；二、各各为人悉檀；三、对治悉檀；四、第一义悉檀。

② 声闻：为佛之小乘弟子，由闻佛说苦集灭道，而修出世法者。

③ 缘觉：自观十二因缘而成道者，亦非大乘。

④ 迦叶、拘留孙、拘那含佛：乃是过去七佛中之三佛。

断见和常见，以及我和无我的涵义呢？）

“何不一切时，演说真实义。而复为众生，分别说心量？”（为什么佛不在任何时地，只说一种佛法的真义？而却为一切众生们，分别介绍各种心量不同的法门呢？）

“何因男女林？诃梨阿摩勒？”（何以世间会有男女等众生？又有诃梨阿摩勒[①]等果木呢？）

“鸡罗及铁围，金刚等诸山，无量宝庄严，仙闼婆充满？”（为什么这个世间的边缘，会有鸡罗、铁围、金刚等山围绕？而且这些山中，都充满了无量的珠宝，都住着许多会幻化的神仙呢？）

附论二：（以上所述，如果严格分类，并不止一百零八个问题，若把它归纳成一百零八个问题，也无不可。本经所说，只以一百零八问为范围，也是侊侗概括来说的。法门无量，开始于一，满数为十；十进多数，统于一百。所以论藏中有《百法明门论》之作。无量法门，不离八变。总括它的数、理和现象而言，便名八识。此所以本经只用“一百零八”以统率无量问题。吾国显教法门所用的念佛珠子，通常都用一百零八颗为标准，可能就是因本经的一百零八句而来，以后便成为惯例。至于后世密宗所用的数珠，统统采用满数，如一百一十，一百二十不等，是含有圆满的意义。）

大慧菩萨随意而问，漫无次序地说了这许多问题，释迦牟尼佛也就归纳地用偈语来说明如下：

“无上世间解，闻彼所说偈。”（这两句应该是结集经文

---

① 诃梨、阿摩勒果：诃梨与余甘子等为五药。阿摩勒形似槟榔，食之可除风冷。

的人所加进去的话。因为佛具一切智，彻底了解万法的本源，所以又别称他为无上世间的解脱者和解惑者。）

“大乘诸度门。诸佛心第一。”（这两句，才是佛所说本经的真义，他说大乘的一切法门，是以诸佛的心地法门为第一。）

“善哉善哉问。大慧善谛听。我今当次第。如汝所问说。”（这四句，文从字顺，大意已如原文。下面都是佛回答的话。）

“生及与不生。涅槃空刹那。趣至无自性。”（生灭和不生不灭，涅槃寂灭和刹那虚空等等的说法，无非都是使你内证自觉，进入一切诸法空无自性的境地。）

“佛诸波罗蜜。佛子与声闻。缘觉诸外道。及与无色行。如是种种事。”（佛法有六度[①]等的法门。佛的弟子们，有声闻、缘觉等种类。还有些外道学者，以及进入“无色定”的修行者。诸如此类等等事情，其中的问题还多得很呢！）

“须弥巨海山。洲渚刹土地。星宿及日月。外道天修罗。”（其他还有须弥山和四大海水，以及世界的洲渚和土地，天上的星宿和日月，外道们和天人们与阿修罗〈天魔〉等等，也都是问题啊！）

“解脱自在通。力禅三摩提。灭及如意足。觉支及道品。诸禅定无量。诸阴身往来。正受灭尽定。三昧起心说。”（佛法的解脱，自在和神通，以及佛的十力[②]和禅定三昧正受等

① 六度：即六波罗蜜也，度为度生死海之义。其行法有六种：一布施、二持戒、三忍辱、四精进、五禅定、六智慧也。

② 十力：佛有十种能力，即知是处非处智、知三世业报智、知诸禅解脱三昧智、知诸根胜劣智、知种种解智、知种种界智、知一切至所道智、知天眼无碍智、知宿命无漏智、知永断习气智之十力也。

的境界，生灭灭尽和佛的四如意足[①]、七觉支和三十七道品，一切禅定的各种无量境界，和中阴身的往来生死，正受中的灭尽定，和住三昧定中的起心说法等等，这也都是问题啊！）

“心意及与识。无我法有五。自性想所想。及与现二见。乘及诸种性。金银摩尼等。一阐提大种。荒乱及一佛。智尔焰得向。众生有无有。”（心意识、二无我、五法、三自性，以及能妄想的，所妄想的，能见和所见的。佛法各乘的种性，犹如金银和珠宝的性别。断无善根的一阐提种性，以及荒乱众生和一乘佛道，智慧和妄想的趣向，众生的有无等等，这也都是问题啊！）

“象马诸禽兽。云何而捕取。譬因成悉檀。及与作所作。丛林迷惑通。心量不现有。诸地不相至。百变百无受。医方工巧论。伎术诸明处。诸山须弥地。巨海日月量。下中上众生。身各几微尘。”（有什么理由可以捕捉象马和禽兽？用因明的论辩方法，如何才能和佛法相应？因果的根据是什么？大众所迷惑不解的神通道理，以及自心现量的不可捉摸，和菩萨十地之间的互相关系，乃至凡百变化而都归于无相无受的奥义，医方和工巧等等的理论，伎术和因明声明等的方法和道理，甚至一切山和须弥山的情形，大海洋和日月的大小，下中上各等的众生们，一身具有多少的物质微尘，等等，这也都是问题啊！）

“一一刹几尘。弓弓数有几。肘步拘楼舍。半由延由

① 四如意足：见第 32 页注所列三十七菩提道品中。

延。”（每一刹土究竟有多少物质微尘的数量？一弓有多少长？一肘和一步有多少的拘楼舍，半由延和一由延中间有多少的距离？——大千世界为一刹土，二尺为一肘，四肘为一弓。五百弓为一拘楼舍，十拘楼舍为一由延，由延又译为由旬。这也都是问题啊！）

“兔毫窗尘虮。羊毛穬麦尘。钵他几穬麦。阿罗穬麦几。独笼那佉梨。勒叉及举利。乃至频婆罗。是各有几数。为有几阿㝹。名舍梨沙婆。几舍梨沙婆。名为一赖提。几赖提摩沙。几摩沙陀那。复几陀那罗。为迦梨沙那。几迦梨沙那。为成一波罗。此等积聚相。几波罗弥楼。是等所应请。何须问余事。”（由微尘以至于大小度量衡等，这些也都是问题啊！——古注：古印度以七微尘成一窗尘，七窗尘成一兔毛端尘，七兔毛端尘成一羊毛端尘，七羊毛端尘成一牛毛端尘，七牛毛端尘成一虮，七虮成一虱，七虱成一芥子，七芥子成一大麦，穬就是大麦的别称。半斗名钵他，一斗名阿罗，一斛名独笼，十斛名那佉梨，十万名勒叉，一亿名举利，一兆名频婆罗，一尘名阿㝹，一芥子名舍梨沙婆，一草子名一赖提，一豆名摩沙，一铢名陀那，一两名迦梨沙那，一斤名波罗。波罗弥楼就是须弥山，等于说须弥山共有几斤？这些也都是问题，如果都想一一明了，还哪有工夫更问余事呢？）

“声闻辟支佛。佛及最胜子。身各有几数。何故不问此。”（声闻和缘觉乘的独觉佛们，以及佛的大弟子们，究竟有多少人？他们一身又有多少微尘？你为什么不问这些呢？）

“火焰几阿㝹。风阿㝹复几。根根几阿㝹。毛孔眉毛几。”（一朵火焰有多少微尘？一阵风有多少微尘的数量？每一根毛有多少微尘？以及毛孔和眉毛，究竟又有多少微尘？这些也都是问题啊！你为什么不问呢？）

“护财自在王。转轮圣帝王。云何王守护。云何为解脱。”（怎样才能成为一个保护人民身体财产的最好的帝王？怎样才是一个治理盛世的转轮圣王？何以世间须要王者来守护？怎样才是解脱的法门？这些也都是问题，你当然都须要一一了解。）

“广说及句说。如汝之所问。众生种种欲。种种诸饮食。”（你何以不问言语文字广义和狭义的理论根据是什么？包括你现在所问的种种问题。为什么各种众生会有男女饮食的欲望呢？你问这些问题，当然都须要一一了解。）

“云何男女林。金刚坚固山。云何如幻梦。野鹿渴爱譬。云何山天仙。揵闼婆庄严。”（为什么世间会有男男女女如森林般地蕃殖？为什么世界的边缘，有如金刚般坚固的高山？为什么世间一切都如梦似幻地不实在，但众生们却如渴鹿般地贪爱不舍呢？何以金刚山等的上面，会有天仙们居住？他们的天地，又如何能像海市蜃楼般的庄严美丽呢？这些也当然都是问题啊！）

“解脱至何所。谁缚谁解脱。云何禅境界。变化及外道。”（佛法所说的解脱，究竟是解脱到哪里去呢？而且是谁缚住你？又是谁去解脱呢？怎样才是禅定的境界？神通变化与外道的方法和内容，又是怎样的呢？你对于这些问题，当然也都须要一一了解。）

“云何无因作。云何有因作。有因无因作。及非有无因。”（什么是一切都从无因而生的理论根据？什么是一切都从有因而生的理论根据？什么是有因与无因的统一和矛盾？以及什么是有因无因都不合理？这些问题，当然也都须要一一了解。）

“云何现已灭。云何净诸觉。云何诸觉转。及转诸所作。”（如何是现有还灭？怎样才能净除一切妄念妄觉？为什么一切妄念妄觉流转不已？以及如何才能净化一切的有为有作的妄想？这些问题，当然更须要一一了解。）

“云何断诸想。云何三昧起，破三有者谁。何处为何身。”（如何能断除一切妄想？三昧的定境是如何而起的？能脱离欲界、色界、无色界的又是谁呢？脱离了三界的束缚后，他的法身又存在于什么地方呢？这些问题，当然也都须要一一了解。）

“云何无众生。而说有吾我，云何世俗说。惟愿广分别。所问相云何。及所问非我。云何为胎藏。及种种异身。”（为什么一方面认为法界本无众生，而另一方面又说众生都是有个我相呢？如何才是针对世俗所说的法？这些必须详细地广作分别。尤其是当前发问的“我”是如何的？以及“无我”之相又是如何的？何以会形成胎藏的生命？何以有种种不同众生身相的存在？这些问题，当然也都须要一一了解。）

“云何断常见。云何心得定。言说及诸智。戒种性佛子。”（如何是断见和常见？怎样才能使心得到定力？如何是言语文字与正智的差别？如何是佛所说的戒性和佛子们种性的差别？这些问题，当然也都须要一一了解。）

“云何成及论。云何师弟子。种种诸众生。斯等复云何。”（如何是成为正见的理论？师与弟子之间的关系是如何的？一切众生种种的差别，又是如何的？对于这些问题，当然也都须要一一了解。）

“云何为饮食。聪明魔施设。云何树葛藤。最胜子所问。”（众生们为什么被饮食所拘束，赖以活命？如何是人们的聪明和魔境界变相的差别？何以世间会有树林和葛藤的盘根错节？这些都是佛菩萨的最胜弟子们所要问的，当然也都须要一一了解。）

“云何种种刹。仙人长苦行。云何为族姓。从何师受学。”（何以法界之中会形成种种刹土？为什么许多仙人要长修苦行？世界人类为什么有不同族姓的特征，这些特征的师承又是如何的呢？对于这些问题，当然也都须要一一了解。）

“云何为丑陋。云何人修行。欲界何不觉。阿迦腻吒成。”（为什么世上有相貌丑陋，为人所轻视的人？为什么有的人要修行？为什么在欲界中不能证得菩提正觉，而要升华到色究竟界中才能成为正等正觉呢？这些问题，当然也都须要一一了解。）

“云何俗神通。云何为比丘。云何为化佛。云何为报佛。云何如如佛。平等智慧佛。云何为众僧。佛子如是问。箜篌腰鼓华。刹土离光明。”（什么是世间的神通？怎样才是真正的比丘？如何是化身佛和报身佛，以及如如不动的法身佛和平等智慧佛呢？怎样才称之为僧众？这些都是佛子们应当要问的问题。还有各种众生的国土世界的形状，何以会有许多的不同，为什么有的如箜篌，有的如细腰鼓？同时有的刹土，为什么没有光明呢？对于这些问题，当然都须要一一了解。）

“心地者有七。所问皆如实。此及余众多。佛子所应问。一一相相应。远离诸见过。悉檀离言说。我今当显示。次第建立句。佛子善谛听。此上百八句。如诸佛所说。”（心王所统的八识作用，大致分为七种，就是眼、耳、鼻、舌、身、意和末那〈俱生我执的意根〉七种识的作用。这许多问题，实在也是人们心里所要了解的，而且也是大家所要问的，就是其他的佛弟子们，也应当要问的。不过，万法由心而生，一切唯识所造，这许多问题，一一都与“心”相关，只要了彻此心，就会远离各种外道及见解上的过错。至于第一义的境界，不是世俗言语所能描述的，我现在将要显示第一义给你，使你了解各种问题的连锁关系和它的中心根据，希望你留意谛听。）

（以下佛便接着提出许多问题，而且每提一个问题，自己就随着推翻它，表示所提问题本身的能够发问的这个功能，它就是最大的问题，一切总要归之于心。而且在方法上，既要能产生问题，又要能解破问题，如书空画影，不可以执而不化。）

“不生句生句。常句无常句。相句无相句。住异句非住异句。刹那句非刹那句。自性句离自性句。空句不空句。断句不断句。边句非边句。中句非中句。常句非常句。缘句非缘句。因句非因句。烦恼句非烦恼句。爱句非爱句。方便句非方便句。巧句非巧句。净句非净句。成句非成句。譬句非譬句。弟子句非弟子句。师句非师句。种性句非种性句。三乘句非三乘句。所有句非所有句。愿句非愿句。三轮句非三轮句。相句非相句。有品句非有品句。俱句非俱句。缘自圣智现法乐句非现法乐句。刹土句非刹土句。阿㝹句非阿㝹句。水句非水句。弓句非弓句。实句非实句。数句非数句。数句非数句。明句非明句。虚空句非虚空句。云句非云句。工巧伎术明处句非工巧伎术明处句。风句非风句。地句非地句。心句非心句。施设句非施设句。自性句非自性句。阴句非阴句。众生句非众生句。慧句非慧句。涅槃句非涅槃句。尔焰句非尔焰句。外道句非外道句。荒乱句非荒乱句。幻句非幻句。梦句非梦句。焰句非焰句。像句非像句。轮句非轮句。揵闼婆句非揵闼婆句。天句非天句。饮食句非饮食句。淫欲句非淫欲句。见句非见句。波罗蜜句非波罗蜜句。戒句非戒句。日月星宿句非日月星宿句。谛句非谛句。果句非果句。灭起句非灭起句。治句非治句。相句非相句。支句非支句。巧明处句非巧明处句。禅句非禅句。迷句非迷句。现句非现句。护句非护句。族句非族句。仙句非仙句。王句非王句。摄受句非摄受句。宝句非宝句。记句非记句。一阐提句非一阐提句。女男不男句非女男不男句。味句非味句。事句非事句。身句非身句。觉句非觉句。动句非动句。根句非根句。有为句非有为句。无为句非无为句。因果句非因果句。色究竟句非色究竟句。节句非节句。丛树葛藤句非丛树葛藤句。杂句非杂句。说句非说句。毗尼句非毗尼句。比丘句非比丘句。处句非处句。字句非字句。大慧。是百八句。先佛所说。汝及诸菩萨摩诃萨。应当修学。”（原文如上，不再加译述。）

尔时大慧菩萨摩诃萨复白佛言。世尊。诸识有几种生住灭。佛告大慧。诸识有二种生住灭。非思量所知。诸识有二种生。谓流注生. 及相生。有二种住。谓流注住. 及相住。有二种灭。谓流注灭. 及相灭。

什么是识

这时大慧大士再问佛说："所有的识有几种'生'（生起)、'住'（存在)、'灭'（消逝）的作用呢?"佛说："所有的识有两种'生''住''灭'的作用，都不是思量推测所能够明了的。什么是所有识的两种'生'呢? 就是所谓流注生及相生。如川流不息地生生不已，名为流注生。因此而发生所有相续不断现象，名为相生。什么是识的两种'住'呢? 就是所谓流注住及相住。如瀑布流注般的宛然相续，才有一切现象界的存在。什么是识的两种'灭'呢? 就是所谓流注灭及相灭，即是相续存在的力量同时不断地消逝和现象的消灭。"

附论三：（佛法所谓的识，相同于一般所说的精神。但依唯识的精义而言，通常所谓精神，还是唯识的变相作用，所以不能完全依普通知识称它为精神。佛说三界唯心，万法唯识，乃是指宇宙万有的全体大机大用，只是识的变化。以上答大慧大士的问题，是说明宇宙万有识变的过程，不外生起、存在和消逝的三大阶段。而这识变的三大过程，归纳起来，又只如川流不息地相续与相互依存的力量，却由它发生现象〈相、用〉的两种作用。但是一般人，都只能在理论上去推测，去了解它，却不能亲身体验它的究竟。）

大慧。诸识有三种相。谓转相. 业相. 真相。大慧。略说有三种识。广说有八相。何等为三。谓真识. 现识. 及分别事识。大慧。譬如明镜. 持诸色像。现识处现. 亦复如是。

识的现象

佛又说："一切识有三种现象：一是转相，乃是辗转变化的现象，称之谓转识。二是业相，乃是业力①的现象，称之谓业识。三是真相，乃是圣智的现象，称之谓正智，或名真相。"又说："如果广泛地说有八个识。简略来说，只有三种识：一是真识，乃是真相之识，称之谓真识（又名为如来藏识）。二是现识，乃是对境所显的现量识，称之谓现识。三是分别事识，乃是能分别一切事物的分别识，称之为分别事识。如何才能明了现识所显示的现量境的作用呢？举譬喻来说，犹如明镜照物，能够摄照任何现象，相来不拒，相去不留。现识的作用也同这个情形一样。"

附论四：（人们要了解唯识，首先就要认清什么是识；要想认清什么是识，第一步就先要知道现量境中的现识。所以佛先举出现识，再用明镜照物来做譬喻。至于引用譬喻，本来是因明的一种方法，但是因明和逻辑〈Logic〉的论理，它的法则有时也有所穷，并不见得完全可以表达真义。从古至今，人类的语言文字，并不足以完全表达心中的意思。所以还需要动作和表情，以及符号和譬喻等等的帮助，才能够

① 业力：善业有生乐果之力用，恶业有生苦果之力用。

收到理解的效果。但是这个方法也有偏差，就是容易使人把指月的指头当作月亮来看。所以先要注意譬喻这件事只是譬喻，它并不就是所喻的本身。人们面对世间一切事物，最先的接触——不是第一观念——还没有意识分别的生起，这个时候，就是现识的现量境的作用。不过现识和分别意识的交变过程，其间是不容毫发的，刹那之间，立刻就会生起意识分别的作用，所以不能把握现量境，也就无法认清现识的面目。如果能认清了现识的作用，就可体验到所说的唯心唯识的究竟道理了。有人把直觉当作现识，那是不对的。直觉只是意识的率尔而起的分别心，不是现识的现量境，因为有了直觉，便非现量境了。）

大慧。现识．及分别事识。此二坏不坏．相展转因。大慧。不思议熏．及不思议变．是现识因。大慧。取种种尘．及无始妄想熏．是分别事识因。

现识与分别事识的互相因果关系

佛又说："现识与分别事识，这两种作用，会不会冲突呢？从表面看来，好像这个现行识的现量境完了，才生起分别事识。其实，它们两个是互相辗转发生作用，互为因果的。当接触外界的现象时，接受不可思议的熏染，和产生不可思议的变化，这就是现识的因。吸收内外种种的六根六尘现象，和受无始以来习惯性的妄想熏染，就形成分别事识的因。"

大慧。若覆彼真识．种种不实诸虚妄灭．则一切根识灭。是名相灭。

大慧。相续灭者。相续所因灭．则相续灭。所从灭．及所缘灭．则相续灭。大慧。所以者何。是其所依故。依者谓无始妄想熏。缘者．谓自心见等识境妄想。大慧。譬如泥团微尘。非异非不异。金庄严具．亦复如是。大慧。若泥团微尘异者．非彼所成。而实彼成。是故不异。若不异者．则泥团微尘．应无分别。如是大慧。转识藏识真相若异者．藏识非因。若不异者．转识灭．藏识亦应灭。而自真相实不灭。是故大慧。非自真相识灭。但业相灭。若自真相识灭者．藏识则灭。大慧。藏识灭者．不异外道断见论议。

如何恢复真识

佛又说："如果要恢复本来真识的自相（如来藏识的真相），只要先消除能接受习气熏染的虚妄分别事识的作用，那一切身心的根识自然消除，这样就是灭了识相。"

附论五：（故知要不著相，首先就须消灭分别事识的作用，也就是说，首先须灭掉思惟分别的意识。这正是其他经典所谓的"空此一念"的道理。但勿误解没有了分别意识，就等于木石的无知，须知分别意识，只是由真识转相的第八阿赖耶识中间的一种作用。分别意识灭了，才能见得到如来藏包含宇宙万有之机的真面目。下文就是佛对"识灭"作进一步的指示。）

佛又说："只要把生起相续作用的生因消灭了就可以啦。

因为把所以生起相续作用的‘因’灭了，自‘因’相继而生的‘缘’也就自然消灭，那么，相续的作用也自然无法存在。这里所说的相续的因和缘又是什么呢？所谓‘因’者，乃是基于现量而显的现识转相作用，它依于无始以来的妄想熏染习气而生。所谓缘呢？就是依他而起，从心识中，引起见分分别的境界。譬如泥团和微尘，泥团不一定就算是微尘，微尘累积才构成了泥团。如果说它们是两物，但泥团其实就是微尘累积而成。如果说它们是一物，但它们却是两个形体。所以泥团与微尘本质上虽然相同，现象上却有差别。又譬如金子做成了任何器皿，器皿的作用性质不同，而并不失去金子原来的性能。由这个譬喻，你可以了解现识所起的现量境，一转而引起分别事识等的作用，都是如来藏识（阿赖耶识）真相转变的转识所形成的。如果如来藏识和转识等的形成作用，根本是两回事，那么，就不应该认为如来藏识就是转识等的因了。如果认为不是相异的，那么转识等所形成作用的现象灭了时，如来藏识也就跟着灭了。事实上，转识之间，有变化坏灭的迹象，但如来藏识的自相，却是不灭的。要知道所谓诸识灭者，不是如来藏识的自相消灭了，只是转识业相的流注现象灭了。如果如来藏识自相也会灭的话，那么如来藏也便是有生灭的了。果真是如此，那就等于外道们的断见理论了。”

附论六：（上述佛所讲的唯识法相的话，是说明凡夫众生心识的现状，都是从如来藏识的业力流注为因。由无始时来的我执和法尘的遍计所执，和现行的业力互相辗转熏习，生起人我的八种心识现象的作用，所以名为八识。如果能够灭掉一切诸识的妄缘熏习，不起遍计所执和依他而起的作用，就能顿断业识妄想之流，转识成智，得到真如性净的如来境界。但灭除业识之流，并非如世间的断灭见解，灭了就是什么都没有了。灭是灭了一切业识之流的流注相，转了幻有妄想种子的熏习，而圆成净智的光明。所谓无生与不生也就是这个道理。过去未来现在三世时间所具的种性，和无边虚空的种性，都如换旧更新，由此转了污染熏习的业力而成为净智。阿赖耶识转为真如，乃是即此用，离此用；离此用，即此用。但依体而立义，便说为毕竟空，因为真如自相，的确已经空了一切业识流注之相。唯依用而立义，便说为胜义有，因为真如的体相本自不生不灭，常乐我净的。奈何学者都由这个道理而兴起理念上的争端，实在是没有圆融贯通吾佛一大藏教全体的宗旨。如果真能证到“善能分别一切法，于第一义而不动”的境界，自当释疑息诤了。）

大慧。彼诸外道作如是论。谓摄受境界灭．识流注亦灭。若识流注灭者．无始流注应断。大慧。外道说流注生因．非眼识色明集会而生。更有异因。大慧。彼因者。说言若胜妙．若士夫．若自在．若时．若微尘。

其他学派与宗教理论的批判

佛说：“一般外道们的理论，认为只要远离外境，不去吸收外在的境界，那业识相续流注的力量就自消灭了。如果说业识相续流注真能消灭的话，那无始以来的诸识种性也应当是断灭的，那就不能说如来藏的真识自相却能含藏过去、现在、未来三世的种子了。他们说，识的相续流注业力，并非从因缘而生；例如眼识也不是从色、相、空、明等等因缘会聚所生，实在是另有一物主宰的。或说是另有其他原因，如因神的主宰，或自在天主，或是宿命，或是玄妙，乃至于说是时间或数理，以及说它是物质等的能力所生。”

复次大慧。有七种性自性。所谓集性自性。性自性。相性自性。大种性自性。因性自性。缘性自性。成性自性。复次大慧。有七种第一义。所谓心境界。慧境界。智境界。见境界。超二见境界。超子地境界。如来自到境界。大慧。此是过去未来现在诸如来应供等正觉．性自性第一义心。以性自性第一义心。成就如来世间出世间。出世间上上法。圣慧眼．入自共相建立。如所建立。不与外道论恶见共。大慧。云何外道论恶见共。所谓自境界妄想见。不觉识自心所现。分齐不通。大慧。愚痴凡夫性。无性自性第一义。作二见论。

佛说：“再加分析，便有七种自性：(1) 集性自性（自心能收集一切善恶业力的性能）。(2) 性自性（自性本智的性能）。(3) 相性自性（了解内外一切现象的性能）。(4) 大种性自性（地、水、火、风四大种和万物性空缘起的性能）。(5) 因性自性（推理形而上的理念性能）。(6) 缘性自性（觉知已离有无空幻的性能）。(7) 成性自性（自觉圆满的性能）。其次，又有七种第一义：(1) 心境界。(2) 慧境界。(3) 智境界。(4) 见境界。(5) 超二见境界。(6) 超佛子地境界。(7) 如来自到境界。这都是过去未来现在诸佛内证自性正觉，依性所说自性的第一义心的境界。以这自性正觉第一义心，成就如来在世间、出世间最上乘的法门。这都是诸佛在正觉自性中的慧眼，透入自性和众生的共相所建立的义理，不和一般外道们的邪见理论相同。何以不相同呢？他们都从自我心理的体验境界上，由妄想推理产生见解，不能反观自己觉知和认识的真实与否，便确定为如此如彼，却不知一切世间或出世间的事物，都是自心妄想分齐（分析或归纳）所显现的差别境象。一般无智愚痴的凡夫们，没有实际体证形而下万有事物之性，都是无自性的。因此，更不能证入自性形而上的第一义，所以也就见有见无，形成相对的矛盾理论了。”

附论七：（七种自性，都是普通凡夫状态，由于知觉或感官所产生，以此推论心理与物理的作用。其实，这种感官和知觉，也都是人人心识所具备的性能，都依如来藏识〈阿赖耶识〉而存在。一旦转识成智，就变为七种第一义心，都依持于真如而起用的。如经云：“一切贤圣，皆以无为法而有差别。”倘若固执名相，又落在遍计所执的妄想之中了。）

复次大慧。妄想三有苦灭．无知爱业缘灭。自心所现幻境随见。今当说。大慧。若有沙门．婆罗门．欲令无种有种因果现．及事时住。缘阴界入生住。或言生已灭。大慧。彼若相续．若事．若生．若有。若涅槃．若道．若业．若果．若谛．破坏断灭论。所以者何。以此现前不可得．及见始非分故。大慧。譬如破瓶。不作瓶事。亦如焦种。不作芽事。如是大慧。若阴界入性．已灭今灭当灭。自心妄想见。无因故．彼无次第生。大慧。若复说无种有种识．三缘合生者。龟应生毛。沙应出油。汝宗则坏。违决定义。有种无种说．有如是过。所作事业．悉空无义。大慧。彼诸外道说有三缘合生者。所作方便因果自相．过去未来现在．有种无种相。从本已来成事。相承觉想地转。自见过习气．作如是说。如是大慧。愚痴凡夫．恶见所噬．邪曲迷醉无智。妄称一切智说。

一般哲学宗教思想的偏差

佛又告大慧大士说："如果能够灭了无知、业、爱的因（妄心）和所缘（内外境界），就可以灭掉妄想所生三有（欲界、色界、无色界）的苦受之果。同时也就可以见到意识所生的内外一切现象，都是自心现识所显的幻境。此理今当重说。例如有些出世的学者和婆罗门①等的理论说：无始以来，万物从无中生有，有无本身互为因果。甚至有的还说虚无中另有一物（如灵魂或造物主等），和时间、运数等缘会聚集而生人我的身心。方生方死、方死方生，生就是灭的开始等等理论。他们不明了真如自性是随缘常住不变的，所以对于宇宙精神的延续，和事物生元的存在功能，以及涅槃自性，本自寂灭的圆满，与乎形而上的道和业力的依存，乃至

① 婆罗门：天竺四姓之一。此云净裔，亦云净行。其种自有经书，世世相承，以道学为业。

因果的真义和道果的真谛，等等，都被他们说成虚无缥缈，成为破坏性的断灭论据。只认为从无生有，有了还无。这是什么原因呢？因为他们现在既无法证实生命元来的根元，同时也无从见到根本。这些理论和见解，都如破漏的瓶子，实在不能再装东西。又等于烧焦了的种子，永远也不会发芽再生了。大慧啊！要知道，如果身心所依的自性，一成过去，就算已经灭了，那么，过去的已过去，和现在又有什么相关呢？而且现在是现在，现在又怎样和过去连接呢？未来的，既然是未来，又如何衔接现在和过去呢？在这中间，所谓时间三世，又从哪里连续得起来，怎么建立它们的次序呢？这些都是从个人心理上主观妄想的成见所生，没有根本真实的原因可以依据。又如果说无中可以生有，那虚无和实质，两种是绝对的矛盾，何以又能配合心理意识的作用？倘使这样三缘和合，可以生出万物，那么，心理意识幻想沙子产油，沙子就能够产油吗？心识幻想龟壳生毛，龟壳就会生毛的吗？由这个辨证，可知这些理论和宗旨，都不能成立，都不是绝对肯定性的真理，而且是自相矛盾的。所以说他们这些理论，都是错误的见解。那么，他们的所作所为，也都是毫无意义了。他们之所以说‘有’‘无’‘识’等三缘和合，便生出万有，那是因为他们只见到世间现实事物中的因果定律，从过去的事实已成了虚无，以现在的存在，推测未来的无相，因此认为其中的法则，是有无相生，互为因果的。其实，都是根据心理的直觉作用，妄心观察所得，都由无始以来的习气熏习而生的成见，所以才有这种见解。大慧啊！可是愚痴的凡夫们，被自心恶见淹没，被邪说所迷醉，却妄称自己已经得到大智慧的成就呢！”

大慧。若复诸余沙门．婆罗门．见离自性。浮云火轮．揵闼婆城．无生。幻焰水月及梦。内外心现。妄想无始虚伪．不离自心。妄想因缘灭尽。离妄想．说所说．观所观．受用．建立身之藏识。于识境界．摄受．及摄受者．不相应。无所有境界．离生住灭。自心起．随入分别。大慧。彼菩萨不久当得生死涅槃平等。大悲巧方便。无开发方便。大慧。彼于一切众生界．皆悉如幻。不勤因缘。远离内外境界。心外无所见。次第随入无相处。次第随入从地至地三昧境界。解三界如幻。分别观察．当得如幻三昧。度自心现．无所有。得住般若波罗蜜。舍离彼生所作方便。金刚喻三摩提．随入如来身。随入如如化。神通自在．慈悲方便．具足庄严。等入一切佛刹．外道入处。离心意意识。是菩萨渐次转身．得如来身。

离心意识证取心物同体的如来实相

佛说：“再说，有些求出世的学者和婆罗门等，见到一切事物，本来都没有单独存在的自性，都是暂时偶然的幻有现象。世间的事物，虽然有景象而实际上都是虚无，正如浮云的聚散，如点火旋转而成轮，如海市蜃楼的变幻，如阳光里的幻焰，如水中的明月，如梦里的空花，这一切的一切，无非是自心内外的妄想所现。它自从无始以来，便自虚幻地存在，但又都离不了真如自性心体功能的全体大用所生。如果把妄想的因缘灭尽了，远离妄想，远离能所等说，离能观和所观的作用，就可以明了身心（和一切相依为命的物质形器世间）等等，都是藏识（阿赖耶）功能所显现的境界。此外并无一个另有包藏万有之机的主宰存在，世界上也没有一个实际可以被主宰的东西。所有事物的过程，虽有生起、存在、消灭的情形，但都只是现象的作用，在真如自性的根本上，就本来无生，所以也无所谓有灭，一切都是自心所现。如果能够如此思惟观察求证，就能够了解自心所生的依他起，和遍计所执等分别心理现状的作用了。大慧啊！如果能够这样，他必然会到达生死和涅槃平等不二的境界，善于巧妙地运用大悲心的方便，没有求功用之心而自然会达到功用的效果。他会证到一切众生世界，完全如梦幻似的存在，见到一切缘起本来性空，不会再被内外境界的因缘缠扰，也就证得宇宙万有都是真如一心的性空缘起。由此渐次进入无相境界。由菩萨初地开始，逐步依次上进，最后证得圆满菩萨十地境界的各个三昧。既然证得了三界唯心，诸法如幻，依此修行，也就自然能够善于分别观察，到达如幻三昧的境界，而度到自心湛然寂静，智慧实相的彼岸，舍离流浪生死海中的苦趣，到达究竟无生的境界。证得坚固不变如金刚似的能断微细无明的正定，得入如来如如不动的千百万亿化身的境界。神通自在，与慈悲方便等，都能够庄严具足，可以自由出入于一切诸佛的刹土，也可以自由出入一切外道的境地。这些都是由于真能舍离心意识的功用，而转身证得菩萨境界的妙有之身，然后终于达到如来果地的妙色身了。”

大慧。是故欲得如来随入身者。当远离阴界入心．因缘所作方便．生住灭妄想虚伪。惟心直进。观察无始虚伪过．妄想习气因．三有。思惟无所有．佛地无生．到自觉圣趣。自心自在．到无开发行。如随众色摩尼。随入众生微细之心．而以化身随心量度。诸地渐次．相续建立。是故大慧。自悉檀善．应当修学。

佛说："如果要证得如来境界的法界一身者，应当放下这个身心所生起的妄心作用，和依他而起的因缘会聚所生的妄心现象。舍离由心所造的——生起、存在、消灭等虚幻的境界。只要彻底了解万法唯心，也就是说要认清宇宙万有，无非是一个真心全体的大用。由此观察心理妄想，无始以来都是虚妄习气的力量，才能解脱三界万有的系缚。由此寂静思惟，达用归体，证得万物原是一无所有。如此自能渐次达到佛地寂静圆满、本自无生的圣境，证得自身本具彻底自觉的圣智。不久当得一心自在的能力，自然开发究竟的无功用行，正像如意宝珠之在盘中，随众生业力观察角度的不同，发现各种不同的色相，而宝珠自身，却自依然无相。所以才能顺应众生各种微妙之心，以种种形态的化身，随顺众生心理和心量，使他渐次进入菩萨的各地境界，最后度到寂静的彼岸。所以我说：你们应当修学各自悉檀内明此心本具三昧的善法。"

尔时大慧菩萨复白佛言。世尊。所说心意意识五法自性相。一切诸佛菩萨所行。自心见等所缘境界。不和合。显示一切说．成真实相．一切佛语心。为楞伽国摩罗耶山．海中住处诸大菩萨．说如来所叹．海浪藏识境界法身。尔时世尊告大慧菩萨言。四因缘故．眼识转。何等为四。谓自心现摄受不觉。无始虚伪过色习气。计着识性自性。欲见种种色相。大慧。是名四种因缘。水流处．藏识转识浪生。

心理状态为形成五法的根元

佛说到这里，大慧大士又问："希望您再说心、意、识的五法——名、相、分别、正智、如如——的自性现状。也就是诸佛和大士们所依此修行的，而使自心不再执著混和于外缘的各种情况，所谓廓然朗照，显示真心自体的圆成实相，切实证到一切佛所说三界唯心的真实境界。这也就是您这次在楞伽国摩罗耶山的海岛中，为同来集会的大士们连声赞叹如来法身、似无边大海的藏识（阿赖耶）和现行的心理状态。"佛说："眼识所生观看的作用，简说是由四种因缘，才形成眼识随境而转的现象。哪四种因缘呢？（1）自心现识的本能活动，于不知不觉间，具有吸收外境的性能。（2）无始以来，就赋有色相习气所熏习的虚妄作用。（3）心识自性分别的习惯。（4）现行心理，随时随地要见种种色相的缘故。有此四种因缘，就使平静无波似的藏识海中，掀起波涛汹涌的洪流。当此全海既已生波，那平静的如来藏识，也就统统变为洪涛巨浪了。"

附论八：（佛在这里只说眼识者。因为这个世界的众生，最重是色相的诱惑，眼为心的枢机，所以只略说眼识，依此就可以类推了。）

大慧。如眼识．一切诸根微尘毛孔俱生。随次境界生．亦复如是。譬如明镜．现众色像。大慧。犹如猛风．吹大海水。外境界风．飘荡心海．识浪不断。因所作相．异不异。合业生相．深入计著。不能了知色等自性．故五识身转。大慧。即彼五识身俱。因差别分段相知。当知是意识因。彼身转．彼不作是念．我展转相因。自心现．妄想计著转。而彼各各坏相俱转。分别境界．分段差别．谓彼转。如修行者入禅三昧．微细习气转而不觉知。而作是念．识灭然后入禅正受。实不识灭而入正受。以习气种子不灭．故不灭。以境界转．摄受不具．故灭。

心意识生起作用的境界现象

佛说："又例如眼识作用发生时，所有眼睛的生理机能，所有神经和细胞，以及所有的毛孔，都同时产生作用。而且眼识一生起了作用，其他心理境界，就会依次跟着引发。至于引发的情形，就像眼眨眉毛动一样，几乎是同时并生的。譬如一个大的明镜照见了外界物象，无论巨细，都能同时照见。犹如猛风吹动了海水，整个的大海，就一变为波浪滔天了。当平静的心识海中，为外界境象之风所吹动时，心中也就顿时生起了万象，由此洪涛巨浪，就汹涌不断了。'外境界风，飘荡心海，识浪不断。'虽然心理的浪潮，都是由于身心内外的境风所引起的，粗看起来，似乎都是心波动荡的一种心理现象，但细加分析，却各有不同的性质。也就是说，心波同是识浪所生，作用却有不同的区别。而且其中相辅相成，互为因果，配合心量和业力，以及时间和空间而发生各种不同的现象，愈入愈深，愈缠愈紧，自心偏要执著虚妄的境象，不肯放舍。因为人们不能彻底了知外物的色相，都无自性，所以五识身——眼、耳、鼻、舌、身——就都随着外境色相的作用而转了。大慧啊！所谓意识，也就是和前五识同时俱生，因为它有识别各种事物的作用，就名为意识。它对于前五识，有时或起差别分段的了知作用，有时也可以全体同时了知。不过五识身和意识，尽管随时在轮转不休，可是都不能自知自身便和意识互为因果的，只是各自在微细生灭的现象中辗转不休，执著各种差别的境界和分段的现象，觉得它各自在转，都不能到达无分别的境界，各了自境的边际。例如许多有修行功力的人，进入禅定三昧的时候，并不觉知自心无始以来微细熏染的习气还在流转，意谓自己已经灭了诸识的作用，所以现在才得到了禅定境界的正受。其实，他不知道，所谓禅定三昧的正受境界，实在并不是灭了真如自相而入正受。因为无始以来能熏习种子的真如功能是不灭的，所以在禅定三昧之中，真如藏识固自不灭，只是境界转时，诸识没有执著摄取外境的因缘，所以好像觉得是意识等完全灭了似的。”

禅定境界中的心识现象

大慧。如果微细藏识究竟边际。除诸如来．及住地菩萨。诸声闻缘觉外道修行．所得三昧智慧之力．一切不能测量决了。余地相智慧．巧便分别．决断句义。最胜无边．善根成熟。离自心现妄想虚伪。宴坐山林．下中上修。能见自心妄想流注。无量刹土．诸佛灌顶。得自在力．神通三昧．诸善知识．佛子眷属。彼心意意识．自心所现自性境界虚妄之想．生死有海．业爱无知。如是等因．悉已超度。是故大慧。诸修行者．应当亲近最胜知识。尔时世尊欲重宣此义．而说偈言。

譬如巨海浪　斯由猛风起　洪波鼓冥壑　无有断绝时
藏识海常住　境界风所动　种种诸识浪　腾跃而转生
青赤种种色　珂乳及石蜜　淡味众华果　日月与光明
非异非不异　海水起波浪　七识亦如是　心俱和合生
譬如海水变　种种波浪转　七识亦如是　心俱和合生
谓彼藏识处　种种诸识转　谓以彼意识　思惟诸相义
不坏相有八　无相亦无相

譬如海波浪　是则无差别　诸识心如是　异亦不可得
心名采集业　意名广采集　诸识识所识　现等境说五

尔时大慧菩萨．以偈问曰。

青赤诸色像　众生发诸识　如浪种种法　云何惟愿说

尔时世尊．以偈答曰。

青赤诸杂色　波浪悉无有　采集业说心　开悟诸凡夫
彼业悉无有　自心所摄离　所摄无所摄　与彼波浪同
受用建立身　是众生现识　于彼现诸业　譬如水波浪

尔时大慧菩萨．复说偈言。

大海波浪性　鼓跃可分别　藏与业如是　何故不觉知

尔时世尊．以偈答曰。

凡夫无智慧　藏识如巨海　业相犹波浪　依彼譬类通

尔时大慧菩萨．复说偈言。

日出光等照　下中上众生　如来照世间　为愚说真实
已分部诸法　何故不说实

尔时世尊．以偈答曰。

若说真实者　彼心无真实　譬如海波浪　镜中像及梦
一切俱时现　心境界亦然　境界不具故　次第业转生
识者识所识　意者意谓然　五则以显现　无有定次第
譬如工画师　及与画弟子　布彩图众形　我说亦如是
彩色本无文　非笔亦非素　为悦众生故　绮错绘众像
言说别施行　真实离名字　分别应初业　修行示真实
真实自悟处　觉想所觉离　此为佛子说　愚者广分别
种种皆如幻　虽现无真实　如是种种说　随事别施设
所说非所应　于彼为非说　彼彼诸病人　良医随处方
如来为众生　随心应量说　妄想非境界　声闻亦非分
哀愍者所说　自觉之境界

离心意识的修行重实证

佛说："这个极其深细的藏识（阿赖耶）的究竟边际，除了已经到达如来果地，以及真实证入菩萨境地的大士们外，其他如声闻、缘觉、外道等修行人，他们所得的三昧智慧之力，决不可能推知它绝对性的义理和境界的。至于已证入菩萨诸地的大士们，有他的善巧智慧和方便法门，能够于先佛的圣教经文中，研究判断它的章句义理，能够信入藏识的境界；但如要切实了然明白它的究竟道理，必须要得最殊胜的、无量无边的善根因缘成熟，能摆脱自己心中现行的虚伪妄想，宴坐在寂静的山林中，由修习下士道（天人乘），渐次进入中士道（声闻和缘觉乘），再进至于上士道（菩萨大乘），逐步依次循序上进，渐渐才能发现自心妄想流注的作用。等到修持的功行圆满，自然会得到无量诸佛来灌顶（性光和智慧的加庇），证得自在之力和神通三昧，与诸大善知识和佛子们把臂同游。然后才能解脱得度，确实远离了心意识，见到自心所现的自性境界，才能度过虚妄习气的生死苦海。大慧啊！所以说，凡是真实修行的人，应当亲近最殊胜难得的善知识。"说到这里，佛就归纳这些道理，作了一篇偈语说：

"譬如巨海浪。斯由猛风起。洪波鼓冥壑。无有断绝时。藏识海常住。境界风所动。种种诸识浪。腾跃而转生。"（这是说：譬如一个大海，风平浪静，澄然湛寂，忽然吹来阵阵的烈风，使平静的大海，生起重重无尽的浪波，从此便如万壑怒号，天地晦冥，再没有停息澄清的时候了。如来藏正是如此，它本是澄然湛寂，随缘常住而不变的，因内外境风的吹荡，便使寂然清净的本体，随变为浪潮起伏，跟着生起前面七识的种种作用。由此波浪互相撞激，奔腾澎湃，便转生一切境界，而无有止境了。）

"青赤种种色。珂乳及石蜜。淡味众华果。日月与光明。非异非不异。海水起波浪。七识亦如是。心俱和合生。"（这是说：须知世间种种色相，乃至如地下的矿物，林中的植物，与天上的日月光华等等，追溯根元，也都是由如来藏识一体的变相。这些物体和藏识，在本质上并非相异，可是当它们形成为万物之后，却不能说与心识的作用是无异的了。

譬如海水既然转变成为波浪，波浪的形式与作用，和整个的海水便不同了；可是波浪的根本，还是由海水所转变而来的。由物的方面来说，万类的分齐差别〈分化和归类〉也都是从此一体所化生。由心的方面来说，七种识的分别作用，也都是由如来藏识所转生。又因心与物的和合，发生世间种种事情，于是本来澄清的识海，便永无宁日了。按：青赤等种种物色，是指眼根色尘的对象。珂佩是指耳根声尘的对象。乳及石蜜，是指鼻根香尘的对象。淡味众华果，是指舌根味尘的对象。日月与光明，是指身根触尘的对象。）

“譬如海水变。种种波浪转。七识亦如是。心俱和合生。谓彼藏识处。种种诸识转。谓以彼意识。思惟诸相义。不坏相有八。无相亦无相。”（这是说：譬如澄清寂静的海水，它一经变动以后，就转变为种种波浪的现象。由心所生七识的作用，也是如此，也都是由如来藏所出发而和合俱生的。也就是说，当七个识生起作用的时候，如来藏识即全海成波；其中最主要的就是第六意识，它会生起思惟的作用，分别各个识的现象和道理。总之识的作用和现象，大体分作八个，但虽然它有八个作用的不同，其实它又是无定相可得的，而且所谓无相，就是相的毕竟空，无相便是无相，并无另外有一个无相之相可得。）

“譬如海波浪。是则无差别。诸识心如是。异亦不可得。”（这是说：譬如海水，当它起了波浪的作用时，它便全海成波，但现象和作用虽然有了不同，可是它们同为海水，却是本无差别的。当它由波浪还成海水的时候，只是现象和作用的平息，也并无另有一个所归还之处。一切识的作用产生，仍然不离于心。所谓心识，也仅是体用上的不同，根本就没有什么差别可说。）

“心名采集业。意名广采集。诸识识所识。现等境说五。”（这是说：藏识就是能累积一切业力的根本，意识就是能广为采集业力的先锋。所谓一切唯识的作用，便是指能识别和所识别的分别作用。以名数而言，虽有心、意、意识等等的差别，其实，都是根尘相对，一念妄心之所起。当它对内外境界发起作用的时候，便形成了前五识，而前五识的对境未生分别之初，也就是识的现量境了。）

这时，大慧大士又以偈问道：

“青赤诸色像。众生发诸识。如浪种种法。云何惟愿说。”（这是说：世间一切呈现的色相，乃至如青赤等等的光色，使众生们发生眼的识别作用，为什么却说它像波浪和海水一样，只是一体的变相，完全根据如来藏而来的呢？还希望您为我们解说其中的道理。）

佛也就以偈回答说：

“青赤诸杂色。波浪悉无有。采集业说心。开悟诸凡夫。”（这是说：青赤等等的光色，也只是如来藏识变化而生的暂有现象而已，它们的根本，原来是空无所有的，就如大海的平静无波一样，只因自心执著成相，采集累积，便成为业力的依存作用了。所以佛说一切无非是自心之所生，用这譬喻使凡夫们开悟其中的真谛。）

“彼业悉无有。自心所摄离。所摄无所摄。与彼波浪同。”（这是说：因心而有业，但业力的自性本空，如果自心摆脱了能摄取和所摄取的作用，那便同大海中的波浪一样，就会返本还元，自己归还于清净寂灭的大海水了。）

“受用建立身。是众生现识。于彼现诸业。譬如水波浪。”（这是说：众生们只于世间光色等等各种现象之中，互相资生受用，所以就形成身心性命的存在，这便是现识的境界。它在其中显现一切业力的因果，互相辗转循环，便如波浪的重重叠叠，层出不穷了。）

这时，大慧又以偈语问道：

“大海波浪性。鼓跃可分别。藏与业如是。何故不觉知。”（这是说：佛以大海和波浪的现象和关系，用作识海心波的譬喻；但是波浪与海水，是有它的活动现象，因此可以用知识来分别的，业力和藏识的关系，如果也是这个道理，为什么人们却感觉不到呢?）

佛又以偈回答说：

“凡夫无智慧。藏识如巨海。业相犹波浪。依彼譬类通。”（这是说：因为凡夫们的智慧低劣，他们不能了解藏识是像澄清湛寂的海水，业力的现象像大海中所起的波浪一样，所以只能用譬喻来做说明，使他们依此类通，反求诸己，便可以豁然而悟了。）

这时，大慧又以偈语问道：

“日出光等照。下中上众生。如来照世间。为愚说真实。已分部诸法。何故不说实。”（这是说：日出东方，光明便普照世间，无论上中下的众生们，都蒙受阳光的普照。大智慧如佛者，正像日光普照世间，是为一般愚痴凡夫们，演说真实之法，然而我佛既已为众生演说各种各类的法门，何以却不说心的真实体相呢?）

佛又以偈语回答说：

“若说真实者。彼心无真实。譬如海波浪。镜中像及梦。一切俱时现。心境界亦然。境界不具故。次第业转生。”（这是说：如果要说心的真实体相，此心就根本没有世人所想象那样有一真实的东西存在。真实这个名词，也只是世俗知识上的一个观念，因此不可循名执相，妄求真实。譬如海水生起波浪，它就一时俱生，并非前后次第的出现。又如镜中照见形像，梦中显出各种境界，都是一时之间，同时俱现的。心的境界作用，也是如此，不过有时候它却有次第因缘的作用，互相依存，辗转生起业力的因果关系。）

“识者识所识。意者意谓然。五则以显现。无有定次第。”（这是说：所谓识的意义，就是指此有分别了知的作用。最明显的，便是心理意识有分别然与不然的鉴别作用。前五识如：眼、耳、鼻、舌、身，它们有显现境界的现量功能，而且并不循一定的次第发生，当它在某处应用时，便显现出它的现量作用了。）

“譬如工画师。及与画弟子。布彩图众形。我说亦如是。彩色本无文。非笔亦非素。为悦众生故。绮错绘众像。”（这是说：意识对于前五识，正如画师教导学画的弟子们，指挥他们如何去着色，如何去描画。至于内外的各种境界，犹如画画的彩色。境界本自无心，正像彩色的本身，本来就没有文彩。当它由人们的心意画成一张图画的时候，这张图画的本身，既非是笔，也不是无形像的白纸，只是综合各种线条与色彩，便构成为一幅图画了。如果仔细分析它的各个部门，也就根本没有东西。我说心意识等作用，也是如此，其实，都无真实的自性存在。）

“言说别施行。真实离名字。分别应初业。修行示真实。真实自悟处。觉想所觉离。此为佛子说。”（这是说：为了言语文字表达它的功用，所以使用各种理论和譬喻来分别解说。至于心的真实体相，它根本是超越文字言说的一种境界。我之所以仔细地分析，只是为了初机认清心识的业力作用。如果要真正了知心的真实境界，只有修行求证，才能切实证得。因为心的真实体相，唯有自悟自证，把能觉想的和所觉想的作用，一齐抛却，才能了知它的真实面目。）

“愚者广分别。种种皆如幻。虽现无真实。如是种种说。随事别施设。所说非所应。于彼为非说。”（这是说：为了使无智的愚夫们容易了解，才广为分别，说出其中的道理。事实上，这种论辩，皆如梦幻，也无真实的意义，所有种种的解说，无非是因时、因地、因人，随事而说法，便建立各别的法相。如不能对机说法，你所说的与他所需要的并不相合，那在一般人们看来，就认为你在胡说乱道了。）

“彼彼诸病人。良医随处方。如来为众生。随心应量说。”（这是说：佛所说的法，譬如良医的因病施药，都是随着众生心量的不同，而说不同的法，使他们随机悟入。）

“妄想非境界。声闻亦非分。哀愍者所说。自觉之境界。”（这是说：凡夫们用妄想心来推测佛所说的心识体相，当然不能了解它的境界。即使声闻等人，以他们的智慧来体认，也不见心的本际。大慈大悲的佛陀所说的自心境界，唯有真正自觉内证的人，才能了知它的实际。）

复次大慧。若菩萨摩诃萨．欲知自心现量．摄受及摄受者．妄想境界。当离群聚习俗睡眠。初中后夜．常自觉悟修行方便。当离恶见经论言说．及诸声闻缘觉乘相。当通达自心现妄想之相。

复次大慧。菩萨摩诃萨．建立智慧相住已。于上圣智三相．当勤修学。何等为圣智三相当勤修学。所谓无所有相。一切诸佛自愿处相。自觉圣智究竟之相。修行得此已。能舍跛驴心智慧相。得最胜子第八之地．则于彼上三相修生。大慧。无所有相者。谓声闻缘觉．及外道相．彼修习生。大慧。自愿处相者。谓诸先佛自愿处修生。大慧。自觉圣智究竟相者。一切法相无所计著．得如幻三昧身诸佛地处进趣行生。大慧。是名圣智三相。若成就此圣智三相者。能到自觉圣智究竟境界。是故大慧。圣智三相．当勤修学。

如何才能觉悟自心

佛说："再说，如果大乘菩萨们，要知能摄取的自心现量，和所摄取的妄想境界，便应离群索居，不为习俗所拘，而且断除睡眠，从朝至暮，自夜达旦，修习自觉自悟的方便法门；同时也应远离外道的经论言说，以及舍弃声闻、缘觉二乘的学理和境界，一心勤求通达自心现识所生的妄想情状。"

成佛次第之道

"再说，大慧啊！大乘菩萨们，既然建立了住持智慧德相的心愿，对于上乘的圣智三相，应当精勤修学，什么是须要勤学的圣智三相呢？那就是：无所有相，一切诸佛自愿处相，自觉圣智究竟之相。如是能够修行得此三相，便不至于蹭蹬修途，被懈怠自误，故自懒散犹如跛驴之心，乃至以得少为足，便自以为已得智慧德相的错误了。要知佛法中最胜弟子的菩萨第八地，就是由修此三相而出生的。(1) 所谓无所有相：那就是说乐于修习声闻、缘觉以及外道的境界，才得生起。(2) 所谓自愿处相：那就是说过去诸佛们，都从菩提大悲心流露，自发的大愿力所生。(3) 所谓自觉圣智究竟相：那就是说对于一切法相，都无所执著，自得如幻三昧之身，进循一切诸佛修行所趣的诸地次第而行。这便名为圣智三相，是能到达自觉圣智究竟境界之路，所以有志于大乘的菩萨们，当勤加修学。”

附论九：(所谓圣智三相，就是由小乘到大乘，自出离世间到不出世间不入世间的佛法的历程。初得无所有相，是证空果，但这是偏空，不是圆满解脱知见，必须“智”“悲”双运，方能进入真空妙有的境界，所以再进修一切诸佛自愿处相，才是大慈悲力，完成福德的准绳。但空有妙圆，智悲双运，虽然有解脱知见而福德智慧尚未圆满，所以最终要以修习自觉圣智究竟之相，才得证入佛地。可是如不能先证无所有相，即不知依空起用，便不能完成自觉圣智究竟之相。如只知沉空住寂，偏而不圆，便成为小乘的果位。悲愿无穷，缘生不舍，又是菩萨修途的自障。所以最终必要统摄于自觉圣智究竟之相，才得证于圆满而不偏的佛果。一切佛法，毕竟只是一乘，偏空或著有，都不是修习佛法的正途，唯有完成圣智三相，才是佛法真实的归趋。禅宗的三关之说，也须参考这节经文。）

尔时大慧菩萨摩诃萨．知大菩萨众心之所念．名圣智事．分别自性经。承一切佛威神之力而白佛言。世尊。惟愿为说圣智事分别自性经。百八句分别所依。如来应供等正觉．依此分别说菩萨摩诃萨．入自相共相妄想自性。以分别说妄想自性故．则能善知周遍观察人法无我。净除妄想。照明诸地。超越一切声闻缘觉．及诸外道诸禅定乐。观察如来不可思议所行境界。毕定舍离五法自性。诸佛如来法身智慧．善自庄严。起幻境界．升一切佛刹兜率天宫．乃至色究竟天宫。逮得如来常住法身。

佛告大慧。有一种外道．作无所有妄想计著。觉知因尽．兔无角想。如兔无角。一切法亦复如是。大慧。复有余外道．见种求那极微陀罗骠形处．横法各各差别。见已计著．无兔角横法。作牛有角想。大慧。彼堕二见．不解心量。自心境界．妄想增长。身受用建立．妄想根量。大慧。一切法性．亦复如是。离有无不应作想。大慧。若复离有无而作兔无角想．是名邪想。彼因待观．故兔无角．不应作想。乃至微尘分别事性．悉不可得。大慧。圣境界离。不应作牛有角想。

尔时大慧菩萨摩诃萨白佛言。世尊。得无妄想者．见不生相已。随比思量观察不生妄想．言无耶。佛告大慧。非观察不生妄想言无。所以者何。妄想者．因彼生故。依彼角生妄想。以依角生妄想。是故言依因故。离异不异．故非观察不生妄想言无角。大慧。若复妄想异角者．则不因角生。若不异者．则因彼故。乃至微尘分析推求．悉不可得。不异角故．彼亦非性。二俱无性者。何法何故而言无耶。大慧。若无故无角．观有故言兔无角者．不应作想。大慧。不正因故．而说有无。二俱不成。

大慧。复有余外道．见计著色空事．形处横法。不能善知虚空分齐。言色离虚空。起分齐见妄想。大慧。虚空是色．随入色种。大慧。色是虚空．持所持处所建立。性色空事．分别当知。大慧。四大种生时．自相各别。亦不住虚空。非彼无虚空。如是大慧。观牛有角．故兔无角。大慧。又牛角者．析为微尘。又分别微尘．刹那不住。彼何所观故而言无耶。若言观余物者．彼法亦然。尔时世尊告大慧菩萨摩诃萨言。当离兔角牛角．虚空形色．异见妄想。汝等诸菩萨摩诃萨．当思惟自心现妄想。随入为一切刹土最胜子．以自心现方便而教授之。尔时世尊欲重宣此义．而说偈言。

色等及心无　色等长养心　身受用安立　识藏现众生
心意及与识　自性法有五　无我二种净　广说者所说
长短有无等　展转互相生　以无故成有　以有故成无
微尘分别事　不起色妄想　心量安立处　恶见所不乐
觉想非境界　声闻亦复然　救世之所说　自觉之境界

这时，大慧大士又问道：“希望能够说出关于圣智境界中所起分别自性的事相，以及一百零八个问题的基本根据。”并且说：“依此说出分别的作用，可以使大乘菩萨们证入自相共相的妄想自性。如果了解分别妄想的自性，那就能够善于周遍观察到人无我和法无我，‘净除妄想，照明诸地，超越一切声闻、缘觉，及诸外道诸禅定乐，观察如来不可思议所行境界，毕定舍离五法自性。诸佛如来法身智慧，善自庄严。起幻境界，升一切佛刹兜率天宫，乃至色究竟天宫，逮得如来常住法身’。”（经文语意已很明白，故不再译。）

心物有无二见之辨

佛说：“有一种外道，认为一无所有，便是道的根本，他们执著这种邪见而不肯放弃。他们认为一切诸法，都随因而尽，自体本来是无体的。但他们在这里产生错觉，认为如兔子一样，它本来就是没有角的。所以一切法的根本，也是一无所有，没有就是没有。（这种看法是属于执空的一类，以为无便是究竟。）还有其他的一种外道，他见到地、水、火、风四大种彼此互相依附为物，物体的微质都从物理的变化而来；而且各种元素的差别，都有形像和数量可推。因此他们执著主观的成见，认为兔子无角，是因为兔子的种子本来无角，牛的种子有角，所以牛便有角。（这种看法是属于执有的一类，以为有便是真谛。）大慧啊！他们都是堕在或‘有’或‘无’的二边相对的见解里，不能彻底了解心的识量和自心的境界。自心境界的妄想因此增长不已，而且身心也就建立在这种妄想的基础上领受色身感官的错觉，更复发展为无量无尽思想，却不能反求自心这个思想分别的体相是什么。须知宇宙一切诸法的自性，都由唯心所起，性自离于有无。倘能离有离无，就可不再起任何著相的妄想。如果离了有无而再作兔无角等的推想，这便名为邪见。为什么呢？因为有之与无，都从唯心识量的分别相对观察所得。兔子虽然无角，却不能以此一例，便概括一切法的根本，乃是一无所有的啊！而且基于自心的观察作用，用自心的这个有分别的识量，而说其他的根本一概都是没有自性，所以说不应当作此想法。再说执有的一面呢？须知任何毫末些微的物质微尘，如果加以彻底的分析研究，它们都是无自性可得，哪里是有的呢！大慧啊！凡内悟自觉证入圣智的境界，是离于一切分别，是离有离无的，因此就不应当再因为牛的有角一例，便断然概括一切种子都是本来有物的啊！"

这时，大慧又问："那也可以说，已经做到无妄想的人，他虽见到了没有妄想的境界，但随着外物，只作比较的思量观察，而自己本身仍然自无妄想，因此便能说一切本来是没有的吗？"佛说："并非如你所说，在观察外物之中，而自心仍然不生妄想，因此便可以说是无的。为什么呢？因为思想的本身，是依他而起的，由于牛和兔的有角和无角，才生有无角的妄想，所以说妄想是依他起性。那么他既然用依他而起的妄想，来分别求证这问题的究竟，那他所用以求证的根据，已经犯了用彼因去求此果的错误了。此中论据的根本，自身已有同异，如何可以作为推理的标准呢？所以说，并非从观察比较外物，便能妄想不生，便可说是本来一无所有的。大慧啊！如果思想分别，另有实体的话，那就不必因兔角牛角等，才生起有角无角之想。如果思想分别，也同于兔牛的角一样，是另有一可分别的存在，那么，何以分析微尘，或是推求妄想，都同样的毕竟一无所有呢？既然妄想和兔牛的角一样，经分析推求后，都是一无所有的，可见它们都是无自性的。心物二者，既然都无自性，那么又根据什么去说明这个‘无’呢？如果因兔无角而说兔本是无角的，可是见到牛的有角，又说兔的种子是无角的，这就是很不合理的论据，智者就不应当作这种不合理的思辨。因为这两者的因，既然并不相同，而要据此来说有说无，便都没有理论的根据。所以这两种论证，都是不能成立的。”

虚空与形色的分析

“大慧啊！还有其他一类外道们的见解，他们只知执著物理的色相和虚空，以及其间的一切现象和法则，却不能分析归纳，了知虚空分别等差的道理，便把色相和虚空，分离为绝对不同的两物；把虚空当作无，把色相认作实有，因此产生分别等差的妄想见解。大慧啊！须知虚空，也就是一种色相，它是渗入于一切色相之中。而且色相即是虚空，只是能持性和所持性的差别，但只有现象和名相的不同而已。（换言之，虚空是能持色相的一种性能，色相只是虚空中所呈现的现象罢了。）色相自性本来是空，空中具有现象，所以你就应当善自分别色相与虚空的究竟事理。当四大种生起形成的时候，四大种的各自本相，都自有它的差别。它们的自性虽然是超虚空而存在的，不住于虚空本位，但四大种中，并非无虚空。因为它们产生作用时，必须以虚空为依据。你如果了解这个道理，同样地，便了解观牛有角，便说是有，观兔无角，便说是无，这理论的似是而非了。再说，如果把牛角加以分析，变成微尘，再又分析微尘，分之再分，刹那不停，试问他又根据什么而说有一个‘无’呢？由此法则，再来观察其余的东西，也是如此。大慧啊！所以你们应当远离如上面所列举的，以兔无角来执著于无，以牛有角来执著于有等观念；乃至还要舍离虚空和形色等等同异的一切妄想；只应反求自心，静虑思惟，便自能看出种种妄想。以此顺随众生，入于一切刹土，才是最殊胜的妙法。以诸法唯自心所现的方便法门，去教授一切初学的众生和佛子们。”这时，佛就归纳这些道理，作了一篇偈语说：

“色等及心无。色等长养心。身受用安立。识藏现众生。”（这是说，形形色色的色相，以及分别色相的心理妄想，它们都是无自性的。但凡夫众生们，却依色相等等形色的关系，而滋长增强妄心的作用，因此色身也在其中产生感觉和领受，由此安身立命而形成了众生界的形形色色。其实，心、物、众生三者，都是由于如来藏识的种子所显现的啊！）

心物一元说

“心意及与识。自性法有五。无我二种净。广说者所说。”（这是说，如来为了使众生解悟，所以一再解释心意等八识，和五法、三自性及人和法的二种无我的境界。）

“长短有无等。展转互相生。以无故成有。以有故成无。微尘分别事。不起色妄想。心量安立处。恶见所不乐。”（这是说，宇宙间的形形色色，是互相对立，互为变化的。所以长短相形，有无相生。它们都是互为因果，递相嬗变，生生不已。物质微尘的生灭法则，就是如此。所以智者于色空二者之间，便不妄认色尘是实有的。须知心物众生，元来都为唯心现量所起，由此建立世界的形形色色。但这个道理，却不是无智邪见的人所能了解，所以他们也就不能净除心中的妄想恶念了。）

“觉想非境界。声闻亦复然。救世之所说。自觉之境界。”（这是说，须知此理的真意，绝不是从觉受与思想上可以体证得到的。即使达到声闻道果的境界，也不能了解它的究竟。大慈大悲的救世佛陀一再地叮咛我们，如要证得此中真际，乃是自觉的境界，便必须在心中去自证自觉。）

尔时大慧菩萨．为净除自心现流故．复请如来。白佛言。世尊。云何净除一切众生自心现流。为顿为渐耶。佛告大慧。渐净非顿。如庵罗果．渐熟非顿。如来净除一切众生自心现流．亦复如是。渐净非顿。譬如陶家造作诸器．渐成非顿。如来净除一切众生自心现流．亦复如是。渐净非顿。譬如大地渐生万物．非顿生也。如来净除一切众生自心现流．亦复如是。渐净非顿。譬如人学音乐书画种种伎术．渐成非顿。如来净除一切众生自心现流．亦复如是。渐净非顿。

譬如明镜．顿现一切无相色像。如来净除一切众生自心现流．亦复如是。顿现无相．无有所有清净境界。如日月轮．顿照显示一切色像。如来为离自心现习气过患众生．亦复如是。顿为显示不思议智最胜境界。譬如藏识．顿分别知自心现．及身安立受用境界。彼诸依佛．亦复如是。顿熟众生所处境界。以修行者．安处于彼色究竟天。譬如法佛．所作依佛．光明照耀。自觉圣趣．亦复如是。彼于法相有性无性恶见妄想．照令除灭。

大慧。法依佛．说一切法。入自相共相自心现习气因。相续妄想自性计著因。种种不实如幻。种种计著．不可得。

复次大慧。计著缘起自性．生妄想自性相。大慧。如工幻师．依草木瓦石作种种幻。起一切众生若干形色。起种种妄想。彼诸妄想．亦无真实。如是大慧。依缘起自性．起妄想自性。种种妄想心。种种相行事妄想相．计著习气妄想。是为妄想自性相生。大慧。是名依佛说法。大慧。法佛者．离心自性相。自觉圣所缘境界．建立施作。大慧。化佛者．说施戒忍精进禅定．及心智慧。离阴界入解脱识相分别。观察建立。超外道见。无色见。

大慧。又法佛者．离攀缘．攀缘离。一切所作根量相灭。非诸凡夫声闻缘觉外道．计著我相所著境界。自觉圣究竟差别相建立。是故大慧。自觉圣究竟差别相．当勤修学。自心现见应当除灭。

顿渐法门的指示

这时，大慧大士又问："怎样才能够净除一切众生自心分别妄想的流注？此中究竟是顿然而住的顿法呢？还是渐修而成的渐法呢？"佛说："如要净除自心分别妄想的流注，那是渐修而净的，并非顿然而住的。譬如果木，是渐熟而成，并非顿然而长的；譬如制造陶器，是渐渐造成，并非顿然而成的；又譬如大地生长万物，都是渐渐而生，并非顿然而生的；又譬如人们学习音乐、书、画等种种技术，是渐渐学成，并非顿然而得的。

“可是又不尽然如此。譬如明镜，顿时显现一切有无的色像；如来净除一切众生自心分别妄想的流注，也是同样情形，要顿时呈显无所有的无相清净境界。又譬如日月一样，顿时照见一切色像；如来为众生净除自心流注的习气过患，也是同样情形，要顿时呈显不可思议智的最胜境界。又譬如藏识，顿时可以分别而了解自心的现识，以及安立色身的受用境界。譬如一切依报的佛身，也是同样情形，顿时可以成熟一切众生所处的境界，将修行的人安然静处于他的色究竟天中。又譬如法身所生的正报的佛身，光明照耀，顿时可以产生无量的化身；而已证入自觉圣趣的人，也是同样情形，他能够顿时照见法相，净除执有执无等等邪见妄想。”

法报化佛的三身内义

“大慧啊！法身和报身佛，乃说明一切法的自相和共相，都因自心流注的习气所生起。人们由于不能了解自性，便执著相续的妄想而轮转不已。其实，一切法的自相和共相，都是不实如幻，所有的执著根本都是了不可得的。

“再说，因为众生们执著缘起自性，不知其自性本空，却以它为实，所以便生起妄想的自性现象。譬如善用魔术的幻师们，借草木瓦石等物，变出种种的幻像，便构成一切众生界种种的形色。人们见到这些幻像，便生起种种妄想。其实，这些种种妄想虚构的境界，根本就了无真实的。众生妄想，也是如此，因为自己不了解依他缘起自性，便于其中认为妄想有自性作用，由此而形成种种妄心，生起种种行为的形相和妄想的现象，由此执著，便形成了妄想的习气，这便是妄想熏习的自性现状。大慧啊！这就是报身佛所说的依报所生的法相之法。至于法身佛呢？那便是由于远离妄心自性和一切法相，而自觉内证圣智所处的境界。那么化身佛呢？那便是说，布施、持戒、忍辱、精进、禅定以及内证自心的般若智慧，远离五阴、十八界、十二入的缠缚，解脱诸识行相，却于其中随顺众生根机，而建立诸法，使离一切苦，而得究竟乐，这是超越于一切外道邪说和二乘偏见的。

“大慧啊！再说佛的法身境界，它是远离一切攀缘不息的妄想心的。既离了妄心的攀缘，那么一切有为的根尘识量和法相，便都自然寂灭。这却非一切凡夫和声闻、缘觉所知的境界，更非外道们执著我相所能知的境界。这是由内证自觉圣境的究竟差别现象所建立的。所以你们对自觉圣智究竟差别相，应当勤加修学，而对于自心流注的分别妄想，却应当加以除灭。”

复次大慧。有二种声闻乘通分别相。谓得自觉圣差别相。及性妄想自性计著相。云何得自觉圣差别相声闻。谓无常．苦．空．无我．境界．真谛。离欲寂灭．息阴界入自共相。外不坏相如实知。心得寂止。心寂止已。禅定解脱．三昧道果．正受解脱。不离习气．不思议变易死。得自觉圣乐住声闻。是名得自觉圣差别相声闻。大慧。得自觉圣差别乐住菩萨摩诃萨．非灭门乐正受乐。顾悯众生及本愿．不作证。大慧。是名声闻得自觉圣差别相乐。菩萨摩诃萨．于彼得自觉圣差别相乐．不应修学。

大慧。云何性妄想自性计著相声闻。所谓大种青黄赤白．坚湿暖动．非作生自相共相。先胜善说。见已．于彼起自性妄想。菩萨摩诃萨．于彼应知应舍。随入法无我相．灭人无我相见。渐次诸地．相续建立。是名诸声闻性妄想自性计著相。

两种声闻的境界

佛说："大慧啊！所谓声闻乘，他们有共通的两种差别之道，就是'得自觉圣差别相，及性妄想自性计著相'。如何是得自觉圣差别相声闻呢？就是指能够明见无常、苦、空、无我的境界，得真谛之道，住于离欲寂灭之境，且息灭阴界入的自相和共相。对于外物内心，坏与不坏之相，都如实了知，而且自心却常得寂止。因自心常得寂止，于是禅定解脱的三昧道果，便都得到正受而解脱了。但是他们仍然未离无始的习气，仍然未脱不可思议熏习的变易生死，这种达到自觉圣乐住的声闻，便名为'自觉圣差别相'声闻。至于得到自觉圣差别乐住的大乘菩萨，他们并不愿住于寂灭门中，而贪着三昧正受之乐。只为顾悯一切众生，而生本愿之力，虽然知寂灭而不证涅槃，所以大乘菩萨对此不应修学。

"如何是性妄想自性计著相声闻呢？那便是对于物理的四大种性，坚（地）、湿（水）、暖（火）、动（风）、青、黄、赤、白，等等，认为虽无造物者为之主宰，但是确有生生不已的作用存在。从自相和共相来斟酌推理，都是如此。而且先辈学者所说，也是如此。他们仅只见及此理，就对它生起一种有自性的妄想。所以大乘菩萨们，对于他们这些见解，便应知所取舍，应当随顺教导，令其入于法无我的境界后，再舍却人无我的境界，人法两见消灭后，再渐次进入菩萨等各地境界。”

尔时大慧菩萨摩诃萨白佛言。世尊。世尊所说常．不思议．自觉圣趣境界．及第一义境界。世尊非诸外道所说常不思议因缘耶。佛告大慧。非诸外道因缘．得常不思议。所以者何。诸外道常不思议．不因自相成。若常不思议不因自相成者。何因显现常不思议。复次大慧。不思议若因自相成者。彼则应常。由作者因相故．常不思议不成。大慧。我第一义常不思议．第一义因相成．离性非性得。自觉相故有相．第一义智因故有因．离性非性故。譬如无作虚空．涅槃灭尽故常。如是大慧。不同外道常不思议论。如是大慧。此常不思议．诸如来自觉圣智．所得如是。故常不思议自觉圣智所得．应当修学。

复次大慧。外道常不思议．无常性。异相因故。非自作因相力故常。复次大慧。诸外道常不思议．于所作．性非性无常。见已思量计常。大慧。我亦以如是因缘．所作者．性非性无常见已．自觉圣境界．说彼常无因。大慧。若复诸外道因相．成常不思议。因自相性非性．同于兔角。此常不思议．但言说妄想。诸外道辈．

有如是过。所以者何。谓但言说妄想．同于兔角．自因相非分。大慧。我常不思议．因自觉得相故．离所作性非性故常。非外性非性无常．思量计常。大慧。若复外性非性无常．思量计常。不思议常．而彼不知常不思．议自因之相。去得自觉圣智境界相远。彼不应说。

常不思议与第一义的境界

这时，大慧大士又问佛说："您平常所说的常不思议的自觉圣趣境界，以及第一义的境界，这与外道们所说的，另有一常不思议的造作因缘有何不同呢?"佛说："我说的，和外道们所说的不同。为什么呢?外道们的常不思议，它是不因自相而成的。如果这个常不思议，不是由自相而成，那又根据什么原因才显现出常不思议的境界呢?反之，如果不思议是由自相而成的，那它便是常住不变了。他们说有一个造作者的因缘在那儿，所以不思议的理论，便不能成立了。我所说的，是第一义（形而上）的常不思议。第一义是自相成就，离于一切有性与无性，证得自觉之相，所以说它有相。第一义以般若智慧为因，所以说它有因。它是毕竟离于有性无性的。它正像没有造作者一样的虚空，是涅槃（寂灭），灭尽定的境界，所以说它是常不思议。这是不同于外道常不思议的理论的，这是一切如来自觉圣智得无所得的境界，所以你们应当修学。

"其次，外道们所说的常不思议，不是常住的，它不是自相为因，也非从修行中得到的，它是另有一不思议常存着的。他们因为看见万有所作的，有性无性，都是无常，于是思量推测，便认为另有一常不可思议的存在。而我所指的，也即是此理，万法都从因缘所生，非有性亦非无性，因缘法中，都是无常，既证得此理，住于自觉圣智境界中，再指出他们所认为另有一常不可思议之说，是无因之论。如果外道们认为另有一存在之相，而成为常不思议。但既知为自相之因的自性，也就等于无性，也就等于兔角，本无此物。试问那另一常不思议的存在，是从哪里来的呢？所以他们所说的常不思议，只是一种观念游戏，徒有言说名词和妄想而已。外道们所说的既有这种错误，他们徒托空言于妄想，就等于兔子有角一样的无稽，那当然不能证入自觉的境界，而是一种非分的妄想。但我所指的常不思议，是证入了自觉的境界，离于有为的造作者，非有性亦非无性，所以说是永恒常在的。我的说法并非认为外于一切，自性无性，一切无常，便思量推测另有一常不思议。而外道们不知常不思议为自证自觉的境界，所以他们去圣遥远，他们的理论是错误的。”

复次大慧。诸声闻畏生死妄想苦．而求涅槃。不知生死涅槃差别一切性．妄想非性。未来诸根境界休息．作涅槃想。非自觉圣智趣．藏识转。是故凡愚说有三乘。说心量趣无所有。是故大慧。彼不知过去未来现在诸如来自心现境界。计著外心现境界。生死轮常转。复次大慧。一切法不生．是过去未来现在诸如来所说。所以者何。谓自心现．性非性．离有非有生故。大慧。一切性不生。一切法如兔马等角。是愚痴凡夫不实妄想．自性妄想故。大慧。一切法不生。自觉圣智趣境界者。

一切性自性相不生。非彼愚夫妄想二境界。自性身财建立趣自性相。大慧。藏识摄所摄相转。愚夫堕生住灭二见。希望一切性生。有非有妄想生. 非圣贤也。大慧。于彼应当修学。

生死与涅槃唯一心量

佛说:“大慧啊!诸声闻们深怕生死妄想之苦,而追求涅槃,他们并不知生死和涅槃的差别境界,也都是自性的变相,等于一切分别妄想一样,都是无自性的。他们只是把过去现在的念灭了,使未来的身心诸根再不生起作用,住于休息的境界,便认为是涅槃境界了。他们没有证得自觉的圣智,也没有从根本上转了藏识。所以愚痴凡夫,便说佛法有大小三乘之别,便认为心量可以进入无所有的无心境界。大慧啊!他们不知过去、未来、现在等一切法,都是诸佛如来自心所现的境界,本来无所住著,他们反而误认是心外呈现的境界,所以便在生死海中常受轮转了。再说,一切法无生,这是过去、未来、现在诸如来所说的。这是什么道理呢?这就是说,一切都是自心显现的分别妄想所生,性自本无自性,本来就是非有也非无的。因为一切妄想的本质,性自无性,一切诸法,正如兔马等角,本来就是空无一物,只是愚痴凡夫们,自己不能了解自性和妄想的真际,便执著妄想,认为它是实在的了。大慧啊!如果证得自觉圣智的境界,便知一切法本来无生的真际了。一切性本来无自性,所以诸法的性和相本来便是无生的。这却不是愚痴凡夫们用妄想所想象的二边相对的境界。须知身心都是性自性所生,以及赖以生存的身心和世界依报等物，也都是性自性所显现的现象。因为藏识的能摄取和所摄取的关系，所以才转而生起一切现象。愚痴凡夫们堕在生灭的二见之中，希望一切法是有生灭之性的。殊不知有和无，都是妄想所生的境界，并非圣贤的境界。你们应当于此修学求证。”

复次大慧。有五无间种性。云何为五。谓声闻乘无间种性。缘觉乘无间种性。如来乘无间种性。不定种性。各别种性。

云何知声闻乘无间种性。若闻说得阴界入自共相断知时．举身毛孔．熙怡欣悦。及乐修相智。不修缘起发悟之相。是名声闻乘无间种性。声闻无间．见第八地．起烦恼断。习烦恼不断。不度不思议变易死。度分段死。正师子吼．我生已尽。梵行已立。不受后有。如实知。修习人无我．乃至得般涅槃觉。

大慧。各别无间者。我人．众生．寿命．长养．士夫。彼诸众生作如是觉．求般涅槃。复有异外道说．悉由作者。见一切性已．言此是般涅槃。作如是觉。法无我见非分。彼无解脱。大慧。此诸声闻乘无间外道种性．不出出觉。为转彼恶见故．应当修学。

大慧。缘觉乘无间种性者。若闻说各别缘无间．举身毛竖．悲泣流泪。不相近缘．所有不著。种种自身．种种神通若离若合．种种变化。闻说是时．其心随入。若知彼缘觉乘无间种性已。随顺为说缘觉之乘。是名缘觉乘无间种性相。

大慧。彼如来乘无间种性．有四种。谓自性法无间种性。离自性法无间种性。得自觉圣无间种性。外刹殊胜无间种性。大慧。若闻此四事一一说时．及说自心现身财建立不思议境界时．心不惊怖者。是名如来乘无间种性相。

大慧。不定种性者。谓说彼三种时．随说而入。随彼而成。

大慧。此是初治地者．谓种性建立．为超入无所有地故．作是建立。彼自觉藏者．自烦恼习净．见法无我。得三昧乐住声闻。当得如来最胜之身。尔时世尊欲重宣此义．而说偈言。

须陀槃那果　往来及不还　逮得阿罗汉　是等心惑乱
三乘与一乘　非乘我所说　愚夫少智慧　诸圣远离寂
第一义法门　远离于二教　住于无所有　何建立三乘
诸禅无量等　无色三摩提　受想悉寂灭　亦无有心量

五乘种性的分类

佛说："大慧啊！众生界中，有五乘种性，便是声闻乘种性、缘觉乘种性、如来乘种性、不定种性和各别种性。

"怎样才是声闻乘的种性呢？如有一种人，听到断除五阴、十八界、十二入自他的共同法相，便举身毛孔怡然欣悦，就乐于修习这种断除烦恼相和断惑证真智，不再进修悟彻缘起无生之相，这便名为声闻乘种性。但是他们也有类似菩萨第八不动地的见地，缘起的烦恼已断，只是未能完全断尽烦恼的习气。虽然已了却分段生死，却未能了却变易生死。可是他们却在这时，就作狮子吼说：'我生已尽，梵行已立，所作已办，不受后有。'他们确已如实修行，证入人无我的境界，但以为已经进入了涅槃。

"怎样才是各别的种性呢？如有一种人，自己觉知另有一我相、人相、众生相、寿者相，或生生不已的长寿之相，或有天人大丈夫之相的存在，便求入于其中，认为那便是涅槃的境界。或者还有一般异学的外道们，认为一切的生命都是造物者的杰作，他说这便是涅槃或至高无上的真理境界。大慧啊！凡作如此想法的人，便无从证入法无我的境界了，他们是不会得到大解脱的。这些也属于声闻乘的外道种性。他们事实上未曾解脱，但却说自己已经得到出离世间的正觉了。你们为了点化这些邪见的外道们，便应该修学无上的正道。

"怎样才是缘觉乘的种性呢？如有一种人，听到因缘性空，入于寂灭之法，便全身汗毛竖立，悲泣流泪，就不再乐于愦闹，不再愿意亲近诸缘，不再执著世间的一切，从此深信自身能证得种种神通，离合聚散，变化无端。他们听了这种说法后，就醉心于此，这便名为缘觉乘的种性。你们如能知其根性，便可随顺演说缘觉乘的法相。

"怎样才是如来乘的种性呢？这有四种差别：（1）证实法性。（2）离实法而证性。（3）自身内证圣智之性。（4）外于胜妙庄严的国土而证法性。大慧啊！如有一种人，听到这四种法相，及一切身心外物等等，都是由于自心阿赖耶识的不可思议的功能转识所建立时，其心不惊不怖不畏者，便是如来乘的种性。

“怎样才是不定种性呢？如有一种人，听到声闻、缘觉、如来三乘之法时，便随所说之法，顺流而入，随其信解而加以修习，并无一定的主旨，这便名为不定种性。

“大慧啊！我说这种分别，都是为了初发心修行的人，指出其根性相近的观机设教法门，所以才有三乘或五乘种性之说的建立。但都是为了要他进入人和法无我的究竟佛地，才作如此分类。他们如果能够自证如来的境界，烦恼的习气自然净尽，便可证入法无我的境界了。虽然暂时住于声闻三昧的法乐境界，但仍能会得如来地最胜之身了。”这时，佛就归纳这些道理，作了一篇偈语说：

“须陀槃那果。往来及不还。逮得阿罗汉。是等心惑乱。”（这是说，预流、一来、不还，以及阿罗汉等的声闻四果，虽然是有所得，但总是未了自心，犹被法所缚。按：须陀槃亦云须陀洹，译为预流，是初果声闻。二是斯陀含，译为一来或往来。三果阿那含，译为不还。）

“三乘与一乘。非乘我所说。愚夫少智慧。诸圣远离寂。”（这是说，佛法所谓的大小三乘；或本无三乘，只有一乘；或说连一乘也没有，这都是因为愚痴凡夫们，缺少智慧，不能了彻究竟的真义，所以我才说了其中差别之法。如果是内证圣智的圣者，便能远离这些不了义的知见，而还归于自心的寂静。）

“第一义法门。远离于二教。住于无所有。何建立三乘。”（这是说，第一义的境界，是远离于有无二边相对的法相偏执，本来住于了无所有之地，又从哪里建立起三乘的差别相呢？）

“诸禅无量等。无色三摩提。受想悉寂灭。亦无有心量。”（这是说，所有无量禅定的境界，如空无边定、色无边定，以及灭尽定等等，都各自有它的三昧，就如灭尽感觉知觉等心理状态，这都是心量所作的本分之事，并非心外另有一种境界。）

大慧。彼一阐提．非一阐提．世间解脱谁转。大慧。一阐提有二种。一者舍一切善根。及于无始众生发愿。云何舍一切善根。谓谤菩萨藏．及作恶言此非随顺修多罗毗尼解脱之说。舍一切善根故．不般涅槃。二者菩萨本自愿方便故．非不般涅槃一切众生．而般涅槃。大慧。彼般涅槃．是名不般涅槃法相。此亦到一阐提趣。大慧白佛言。世尊。此中云何毕竟不般涅槃。佛告大慧。菩萨一阐提者。知一切法本来般涅槃已．毕竟不般涅槃。而非舍一切善根一阐提也。大慧。舍一切善根一阐提者．复以如来神力故．或时善根生。所以者何。谓如来不舍一切众生故。以是故．菩萨一阐提．不般涅槃。

无佛种性的一阐提之说

佛说：“大慧啊！除五乘根性以外，所谓极恶不具善根的人，便名为一阐提。这当然也不是绝对的定论。可是他们为什么不求出离世间之苦，不欲解脱而证得涅槃之乐呢？其中包括有两种原因：一种是说根本便舍弃一切善根，无缘得证涅槃；一种是说他们从无始以来，便发愿为了济度无尽众生，自己不愿证入涅槃。第一，所谓舍弃一切善根者，是说毁谤大乘道的经典，以及诬谤佛法的戒律；并且根本不生信心，还自恶意恶口来摧毁它，说这些都不是随顺修行之路，因此舍弃一切善根，不能证入涅槃。第二，所谓菩萨们的本自愿力，不求证入涅槃者，他们并非不能证入涅槃，而是为了等到度尽众生后，自己才证入涅槃。例如说，有一众生尚未成佛，他们发誓不入涅槃。虽然他们的修持已证入自性涅槃，但此身心，却不进入涅槃的法相，所以也可以列入一阐提的范围。”大慧大士又问：“那么为什么又说是毕竟不入涅槃的呢？”佛回答说：“一阐提的菩萨们，他们已经了知一切法自性本来寂灭，本自住于涅槃。涅槃自性，法尔本来如此而无生灭去来的，本来如此而无出无入的，所以就毕竟不求入于涅槃。这并不和舍弃一切善根的极恶一阐提者相似，两者实不可相提并论。而且所谓舍一切善根的极恶一阐提们，又因为如来的神力施予加持的关系，到某一时期，有时也会生起善心。为什么呢？那就是说，如来本愿之力，根本就不会舍弃任何一个众生的，所以一阐提的菩萨们，便不求证入于涅槃的法相了。”

复次大慧。菩萨摩诃萨．当善三自性。云何三自性。谓妄想自性。缘起自性。成自性。

大慧。妄想自性．从相生。大慧白佛言。世尊。云何妄想自性从相生。佛告大慧。缘起自性事相相．行显现事相相．计著有二种妄想自性。如来应供等正觉之所建立。谓名相计著相．及事相计著相。名相计著相者谓内外法计著。事相计著相者。谓即彼如是内外自共相计著。是名二种妄想自性相。若依若缘生．是名缘起。云何成自性。谓离名相事相妄想。圣智所得．及自觉圣智趣所行境界。是名成自性．如来藏心。尔时世尊欲重宣此义．而说偈言。

名相觉想　自性二相　正智如如　是则成相

大慧。是名观察五法自性相经。自觉圣智趣所行境界。汝等诸菩萨摩诃萨．应当修学。

五法三自性

佛说："大乘菩萨们，应当善知三自性，所谓妄想自性（又译为遍计所执性）、缘起自性（又译为依他起性）、成自性（又译为圆成实性）。

"大慧啊！妄想自性（遍计所执性），是由于著相而起的。为什么呢？从缘起自性（依他起性），依内外境的所缘而生起一切事和一切名，便构成行为上所表现的事相和名相；由此就执著以为是确实有事和有名的二种自相，所以便名为妄想自性（遍计所执性）了。证得如来正觉者，便于此中建立法相，乃说出这些都是自心执著名相的现象和自心执著事相的现象；所谓执著名相的现象，是说人们对内外诸法的执著。所谓执著事相的现象，就是执著于自他确有内外等等的事实。这就名为执著事和名的二种妄想自性（遍计所执），都是由于依因仗缘而生起的，所以便名为缘起自性（依他起）。但如何又是成自性（圆成实性）呢？那便是说，如果舍离名相和事相等妄想，内证圣智，以及自觉圣智所行的境界，便名为成自性（圆成实性），这就是圆成自性的如来藏心。”这时，佛就归纳这些道理，作了一首偈语说：

“名相觉想。自性二相。正智如如。是则成相。”（这是说，名、相和分别这三种妄想，便是依他起和遍计所执两种自性所起妄想的现象。如果得到自觉正智，便能证入如如的境界，那便是圆成实相了。）

佛说：“这就是观察五法三自性的法相途径，是自觉圣智所行的境界，你们学大乘菩萨道的人，应当修学。”

复次大慧。菩萨摩诃萨．善观二种无我相。云何二种无我相。谓人无我．及法无我。云何人无我。谓离我我所．阴界入聚。无知业爱生。眼色等摄受．计著生识。一切诸根．自心现器身藏．自妄想相．施设显示。如河流．如种子．如灯．如风．如云．刹那展转坏。躁动如猿猴。乐不净处如飞蝇。无厌足如风火。无始虚伪习气因．如汲水轮．生死趣有轮。种种身色．如幻术神咒．机发像起。善彼相知．是名人无我智。

云何法无我智。谓觉阴界入妄想相自性。如阴界入离我我所。阴界入积聚．因业爱绳缚。展转相缘生．无动摇。诸法亦尔。离自共相。不实妄想相．妄想力．是凡夫生。非圣贤也。心意识五法．自性离故。大慧。菩萨摩诃萨．当善分别一切法无我。善法无我菩萨摩诃萨．不久当得初地菩萨．无所有观地相。观察开觉欢喜。次第渐进．超九地相．得法云地。于彼建立无量宝庄严．大宝莲华王像．大宝宫殿。幻自性境界修习生。

于彼而坐。同一像类．诸最胜子眷属围绕．从一切佛刹来。佛手灌顶。如转轮圣王太子灌顶。超佛子地．到自觉圣智法趣。当得如来自在法身。见法无我故．是名法无我相。汝等诸菩萨摩诃萨．应当修学。

人无我和法无我

佛说："大乘菩萨们，还要善于谛观二种无我相，所谓人无我和法无我。

"什么是人无我呢？须知离了无始以来妄想自性所执著的我，和由我所引起的所作所为和所想等等；那些由五阴入聚所构成人我的身心作用，都是由无始以来的愚痴，和爱欲所起的业力所生。例如由眼和色尘等的摄取、领受和执著，便生起眼识的作用。其余诸根的所知和识，也都是如此。殊不知身心一切诸根，以及器世间的物质，和能藏一切种子的阿赖耶识，都是自心所显的现识，由于妄想的遍计所执之故，便显示出这种种的法相。寻其根本，都是在刹那不停地生灭灭生，犹如河流，如种子、如灯、如风、如云，刹那之间，辗转相续，似有而无，如此的变坏不停而无止境。无奈人们却于此中，自生执著，于是自心便躁动得犹如猿猴，喜欢逐臭如飞蝇，以及像风火一样地毫无厌足地吞灭一切和自己，其实这些都是由于无始以来的虚妄习气所形成。人们便于此中轮转生死，死生生死，而生出各种各类之身，和各种不同的色相，犹如幻术和神咒相似，机纽一动，形像便跟着生起了作用。如果善于观察这种实际情况，便了解根本上都无实在的我存在，这便是人无我的智慧了。

“什么是法无我呢？那就是说：如果觉知五阴、十八界①、十二入②等等的妄想情状，了解自性本来如如，而阴、界、入等本来就是远离我和我所的。其所以有阴、界、入的积聚而为身心，是因为被业爱绳索所缚，辗转相缠，互为诸缘，所以便生出诸相，实际上，其中就本来没有流动着生灭来去之相。一切诸法，也是如此，本来就远离自他诸相，没有实法可得。其所以形成虚妄不实的妄想之力，只是凡夫们习惯所生的作用，并非圣贤的境界。为什么呢？因为心意识和五法中的名、相、分别等等，它的自性本来远离于有无，并非真有实法可得。大慧啊！大乘菩萨们，应当善于分别了知法无我，若能如此，不久就进入初地（欢喜地）的菩萨之位，住于无所有之地而观一切法相，由此开发佛之知见，发起无量欢喜。再由此次第渐进，超过九地菩萨之位，最后进入第十法云地，在其中建立无量宝藏庄严的大宝莲花王似的大宝宫殿。其实这些境界，也都由于在自性如幻三昧的境界中修习所生。由此得种种胜相，为一切同行的最胜佛子们恭敬围绕着，而且十方的诸佛也都来为他灌顶。由此再超过佛子地，到达自觉圣智的境界，便得到如来自在法身，彻底了知法无我相，这便名为法无我，你们这些大菩萨们应当这样修学。”

---

① 十八界：谓六根、六尘、六识也。界有二种义：一者因义，谓根尘识，三和合造业，为生死因。二者限义，谓根尘识三，各有界限，不相紊乱也。

② 十二入：入乃涉入之义。六根、六尘互相涉入，故名十二入。如眼根对色，即能见色，是名眼入。一切可见之色而对于眼是名色入等是也。

尔时大慧菩萨摩诃萨复白佛言。世尊。建立诽谤相．惟愿说之。令我及诸菩萨摩诃萨．离建立诽谤二边恶见。疾得阿耨多罗三藐三菩提。觉已．离常建立．断诽谤见．不谤正法。尔时世尊受大慧菩萨请已。而说偈言。

建立及诽谤　无有彼心量　身受用建立

及心不能如　愚痴无智慧　建立及诽谤

尔时世尊于此偈义．复重显示．告大慧言。有四种非有有建立。云何为四。谓非有相建立。非有见建立。非有因建立。非有性建立。是名四种建立。又诽谤者。谓于彼所立无所得。观察非分而起诽谤。是名建立诽谤相。

复次大慧。云何非有相建立相。谓阴界入．非有自共相．而起计著．此如是．此不异。是名非有相建立相。此非有相建立妄想．无始虚伪过．种种习气计著生。大慧。非有见建立相者。若彼如是阴界入．我人．众生．寿命．长养．士夫见建立。是名非有见建立相。大慧。非有因建立相者。谓初识无因生。后不实如幻．本不生。眼色明界念前生。生已实已还坏。是名非有因建立相。大慧。非有性建立相者。谓虚空．灭．般涅槃．非作。计著性建立。此离性非性。一切法如兔马等角。如垂发现。离有非有。是名非有性建立相。

建立及诽谤．愚夫妄想．不善观察自心现量．非圣贤也。是故离建立诽谤恶见．应当修学。复次大慧。菩萨摩诃萨．善知心意意识．五法自性．二无我相．趣究竟为安众生故．作种种类像。如妄想自性处．依于缘起。譬如众色如意宝珠。普现一切诸佛刹土．一切如来大众集会．悉于其中听受佛法。所谓一切法．如幻如梦．光影水月。于一切法．离生灭断常．及离声闻缘觉之法。得百千三昧．乃至百千亿那由他三昧。得三昧已。游诸佛刹．供养诸佛。生诸天宫．宣扬三宝。示现佛身。声闻菩萨大众围绕。以自心现量度脱众生。分别演说外性无性。悉令远离有无等见。尔时世尊欲重宣此义．而说偈言。

心量世间　佛子观察　种类之身

离所作行　得力神通　自在成就

诽谤正法的原因

这时，大慧大士又问：“愚痴凡夫们诽谤正法，他们是基于什么原因和理由呢？恳请您为我辈解说。”佛就归纳其意，作了一首偈语说：

“建立及诽谤。无有彼心量。身受用建立。及心不能知。愚痴无智慧。建立及诽谤。”（这是说：大凡诽谤正法的理由，不是执有的常见，便是执无的断见。殊不知有无断常等见的发生，也都是心量的作用。可是凡夫们只执著于身心感受的作用，不能自觉了知心量的圆通体相，于是便形成诽谤正法的邪见，这都是凡夫们愚痴无智的缘故。）

于是，佛重申此义，又说：“有四种无中生有的理念，那便是：（1）本无有相却建立其相。（2）本无有见却建立其见。（3）本无有因却建立其因。（4）本无有性却建立其性。

再者，一般愚痴凡夫，其所以发生诽谤的原因，是他对于所立的至理实相，毫无所得，于其中观察，得不到究竟本际，便认为一切都是非分之说，因此就产生诽谤，这便名为建立诽谤相。

“再说，什么是‘本无有相却建立其相’呢？那便是说，对于身心的阴、界、入等，本来就无自他的实相，可是凡夫们却于此中执以为实，认为本来如此，而无不同，这便名为非有相建立相。这都是从无始以来，由虚幻妄想的习气，及种种执著的染污熏习所生。什么是‘本无有见却建立其见’呢？那便是说，对于身心的阴、界、入，以及人、我、众生、寿命、造物主等，认为确有其存在的见解，这便名为非有见建立见相。什么是‘本无有因却建立其因’呢？那便是认为人在最初所生的分别识等作用，乃是无因而生的，以后又是不实如幻的，它本来就是无所谓有生的，目前只因为眼看到色，而有光明和轮廓等的情形，便产生了意念。前念虽生，生了还坏，这便名为非有因建立因。什么是‘本无有性却建立其性’呢？那便是对于虚空、寂灭、入涅槃、无所作为等法，都认为它们是有各别的自体，各各执以为实。殊不知这种种法，是法也是非法，若是离了法性，便性自非性的，何况一切诸法，本来便如兔马等角，徒有名言而非实在的，这便名为非有性建立性相。

“总之，建立诽谤正法的理由，都是由于愚痴凡夫们的妄想所生，因为他们不善于观察自心现量，所以不是圣贤的境界，因此你们对于远离诽谤邪见，应当修学。大乘菩萨们，虽然彻底了知心和意识等的五法、三自性、二种无我的实相，但为了安顿众生，便现出各种类的身相，以种种方便，令其进入究竟的道果。这种情形，也譬如妄想一样，都是依他而起，本无定法的。又譬如如意宝珠，随着十方刹土众生的业力观感不同，和观点角度的不同，而遍现各种不同的色相。所以菩萨应世化度，便于一切如来的法会中，现身随众听闻正法。如此，他们了知一切法，都是如梦、如幻、如水月、如光影一样，本来自离于生灭之相，断常之见，以及声闻缘觉之法的。他们‘得百千三昧，及至百千亿那由他三昧。得三昧已，游诸佛刹，供养诸佛。生诸天宫，宣扬三宝。示现佛身，声闻菩萨大众围绕，以自心现量度脱众生，分别演说外性无性，悉令远离有无等见’。”这时，佛就归纳这些道理，作了一首偈语说：

“心量世间。佛子观察。种类之身。离所作行。得力神通。自在成就。”（这个偈语的意义，是赞扬大乘菩萨的境界，大体都如上所说，就不必再加解释了。）

尔时大慧菩萨摩诃萨复请佛言。惟愿世尊．为我等说一切法空．无生无二．离自性相。我等及余诸菩萨众．觉悟是空无生无二离自性相已。离有无妄想疾得阿耨多罗三藐三菩提。尔时世尊告大慧菩萨摩诃萨言。谛听谛听。善思念之。今当为汝广分别说。大慧白佛言。善哉世尊。唯然受教。佛告大慧。空空者。即是妄想自性处。大慧。妄想自性计著者。说空无生无二．离自性相。大慧。彼略说七种空。谓相空。性自性空。行空。无行空。一切法离言说空。第一义圣智大空。彼彼空。

云何相空。谓一切性自共相空。观展转积聚故。分别无性自共相不生。自他俱性无性．故相不住。是故说一切性相空。是名相空。云何性自性空。谓自己性自性不生．是名一切法性自性空。是故说性自性空。云何行空。谓阴离我我所。因所．成所作业．方便生。是名行空。大慧。即此如是行空．展转缘起．自性无性。是名无行空。云何一切法离言说空。谓妄想自性无言说．故一切法离言说。是名一切法离言说空。云何一切法第一义圣智大空。谓得自觉圣智．一切见过习气空。是名一切法第一义圣智大空。云何彼彼空。谓于彼．无彼空。是名彼彼空。大慧。譬如鹿子母舍．无象马牛羊等。非无比丘众而说彼空。非舍舍性空。亦非比丘比丘性空。非余处无象马。是名一切法自相。彼于彼无彼。是名彼彼空。是名七种空。彼彼空者．是空最粗。汝当远离。

大慧。不自生．非不生。除住三昧．是名无生。离自性即是无生。离自性刹那相续流注。及异性．现一切性离自性。是故一切性离自性。

云何无二。谓一切法．如阴热。如长短。如黑白。大慧。一切法无二。非于涅槃彼生死。非于生死彼涅槃。异相因有性故。是名无二。如涅槃生死．一切法亦如是。是故空．无生．无二．离自性相．应当修学。尔时世尊欲重宣此义．而说偈言。

我常说空法　远离于断常　生死如幻梦　而彼业不坏

虚空及涅槃　灭二亦如是　愚夫作妄想　诸圣离有无

尔时世尊复告大慧菩萨摩诃萨言。大慧。空．无生．无二．离自性相．普入诸佛一切修多罗。凡所有经．悉说此义。诸修多罗．悉随众生希望心故。为分别说显示其义。而非真实在于言说。如鹿渴想．诳惑群鹿。鹿于彼相计著水性．而彼无水。如是一切修多罗所说诸法．为令愚夫发欢喜故。非实圣智在于言说。是故当依于义．莫著言说。（卷一终）

空、无生、不二、离自性相等的涵义

这时，大慧大士又问："您所说的一切法空、无生、不二、离自性相，究竟是什么道理呢？请您为我们详加解说。"佛回答说："所谓空空者，就是指妄想自性的法体，即所谓空者，也是空的。为了使执著妄想自性的人，了解其中真义，所以才说空、无生、无二、离自性相等法相。大慧啊！简略地说来，约有七种空，就是：相空、性自性空、行空、无行空、一切法离言说空、第一义圣智大空、彼彼空。

"什么是'相空'呢？那便是说，一切法的自他共相本来是空的，只不过在人们的观感上，互相辗转积聚的关系，看起来好像是有，如果加以严格的分别，便都是无自性的。因为自相本来无生，所以自他都是无自性的。因为法相不能常住不变，所以便说一切性相是空，这就名为相空。什么是'性自性空'呢？那便是说，法性的自身，本来就是无生的，所以说，一切法性自性空。什么是'行空'呢？那便是说，身心的五阴，和我及我所产生的各种作用，本来就自离于能所的，其所以生起作用的原因，只是由于业力的所作，方便而生，这就名为行空。什么是'无行空'呢？就是由于行空的道理，了解辗转缘起作用的自性，都是无自性的，了解五蕴本来涅槃；无有诸行，这就名为无行空。什么是‘一切法离言说空’呢？那便是说，妄想自性，本无言说，所以一切本来都自离于言说，这就名为一切法离言说空。什么是‘一切法第一义圣智大空’呢？那便是说，证得自觉圣智的境界，一切诸见的习气过患都自然远离，这就名为一切法第一义圣智大空。什么是‘彼彼空’呢？那便是说，所说这些空，也都是无自性的，所以名为空。我以前曾为鹿子母说，这里面是空的；那便是指那个鹿苑内没有象、马、牛、羊等，所以叫作空。却不是说，别处也都没有象、牛、羊了。更不是说，那个鹿苑内，没有出家的比丘们。也不是说，那个殿堂的性质便是空的。也不是说，出家的比丘们的自性是空的。这就是说，单指一切法的自性，于某一物，或某一点上，指出它的现象是空的，这就名为彼彼空了。这种彼彼空，是空的表示最粗浅的境界，你应当远离，无须修习。综合上面所说的，这就是所谓的七种空。

“什么是无生呢？那便是说，一切诸法不从本身而自生，所以名为不自生，但并非说性自性是不生的，只是说一切诸法都是仗因缘而生，并不是自生的。除了住于三昧境界中，截断了三际才可名为无生。为什么呢？因为离一切诸法的自性，就是无生的境界。如果远离刹那相续流注的妄想自性作用，以及诸法同异之性，就可显现诸法无自性，由此而知一切诸法的自性，确是本来都无自性的，所以我便说一切性离自性。

“什么是不二呢？那便是说，例如冷热、长短、黑白等等，是各有不同，各有异相，这就是现象界互相对待的二法。所谓真如法界（本体）一切法不二，并非于涅槃外，另有一个生死的作用，也并非于生死外，另有一个涅槃的境界。生死和涅槃，只是两种不同的异相，其实，涅槃和生死，自性却是无二的。不但涅槃生死如此，一切诸法，自性之体相，也是如此的。所以说，空、无生、无二、离自性相等，你们都应当修学。”这时，佛就归纳这些道理，作了一首偈语说：

“我常说空法。远离于断常。生死如幻梦。而彼业不坏。”（这是说，我经常说空的境界，既不是世俗观念的绝对没有，也不是另有一个空的境界存在。空便是毕竟空的，它是离于断见和常见的。生死和涅槃，犹如幻梦一般地显现，但是自性的业力，却是永远不坏的。空是指自性体空，并非说业相也是绝对没有的啊！）

“虚空及涅槃。灭二亦如是。愚夫作妄想。诸圣离有无。”（这是说，如果执著虚空和涅槃，认为是一个实在的境界，那便落在二边之见里了。无论是生死涅槃，无论是空有二边，都是空花梦幻，能了解证到这点，那才可以说是真灭度了。愚痴凡夫们，每于此中造作，由此更加生起妄想。至于一切自证自觉的圣贤呢！却于此中离有离无，了不可得。）

佛又说：“大慧啊！空、无生、无二、离自性相等法的内义，是寓存于诸佛一切经藏之中，凡所有经典，悉说此义。不过一切诸经，都为了随顺众生的希望，为他们分别开示多种方便理趣，使他们了然，自见其义。但真实之法，并非在于言说。正如炎热中的渴鹿们，把炎热时旷野里阳光反射的焰影，误认是水。所以诸圣慈悲，便用种种方便理趣，谆谆善诱，使他渐次精进，了知热时阳焰中，毕竟无真水，一切但为相似的光影，了无实际。同样地，一切经典所说诸法，也都是为了使愚痴凡夫，发起欢喜信受之心，依此循序渐进，得证佛道。自觉圣智，绝不在言说之中，所以你们应当依于内义，切莫但执言说和文字，便以为是实法。”

卷 二

一切佛语心品之二

尔时大慧菩萨摩诃萨白佛言。世尊。世尊修多罗说．如来藏自性清净．转三十二相入于一切众生身中。如大价宝垢衣所缠。如来之藏常住不变．亦复如是。而阴界入垢衣所缠．贪欲恚痴不实妄想尘劳所污。一切诸佛之所演说。云何世尊同外道说我．言有如来藏耶。世尊。外道亦说有常作者．离于求那．周遍不灭。世尊。彼说有我。

如来藏有定相和实体吗

当时大慧大士又问佛说："您一向说，如来藏的自性是本来清净的，既然一转而变为各类的色相，便和合于一切众生的身中，就好像一个无价之宝，被包在灰尘厚积的破衣里；但如来藏的自性，仍然是常住不变的。所以一切佛都说，一切众生被五阴（身心的暗昧景象）、十八界[①]（内外境和心物之间）、十二入[②]（身心内外的根尘）等等尘垢的外衣所缠缚。被贪欲、瞋恨、愚痴等等的妄想尘劳所染污，

① 见第 81 页注①。
② 见第 81 页注②。

不得解脱。这种说法和外道们所说的另外有一个真我的存在，究竟有什么不同呢？现在您说有一个自性的如来藏。外道们也说，另有一个真我是经常存在，能造作一切的，而且是不依靠一切的缘而周遍不灭的。但是您却又批评说执著另一个我的存在，那是错误的观念，这究竟是什么道理呢？"

佛告大慧。我说如来藏．不同外道所说之我。大慧。有时说空．无相．无愿．如实际．法性．法身．涅槃．离自性．不生不灭．本来寂静．自性涅槃．如是等句。说如来藏已。如来应供等正觉．为断愚夫畏无我句。故说离妄想无所有境界如来藏门。大慧。未来现在菩萨摩诃萨．不应作我见计著。譬如陶家．于一泥聚。以人工水木轮绳方便．作种种器。如来亦复如是。于法无我．离一切妄想相。以种种智慧善巧方便．或说如来藏。或说无我。以是因缘故．说如来藏。不同外道所说之我。是名说如来藏。开引计我诸外道故．说如来藏。令离不实我见妄想．入三解脱门境界。希望疾得阿耨多罗三藐三菩提。是故如来应供等正觉．作如是说如来之藏。若不如是．则同外道。是故大慧。为离外道见故．当依无我如来之藏。尔时世尊欲重宣此义．而说偈言。

人相续阴　缘与微尘　胜自在作　心量妄想

佛说："大慧啊！我所说的如来藏，是和外道们所说的真我不同。有时候说：空、无相、无愿。有时候说：如实际、法性、法身、涅槃、离自性。或者说：不生不灭、本来寂静、自性涅槃等等的名词和理念。其实都是借用若干不同的语言文字来表达真如的究竟实相。至于为什么说有一个如来藏呢？那是因为证到了性自性，证得无上正觉后，为了破除愚痴凡夫们恐惧无我的心理，所以才提出如来藏以断除人们的疑惑。因此才说远离妄想，达到无所有的境界，才能进入如来藏自性的堂奥。现在和未来有真知灼见的大乘菩萨们，不应该执著于如来藏，认为它是我的真体。正如做陶器的，用一堆泥土，和水木轮绳等器具加以人工，才能和合造作了各种陶器。如来说法也是如此，用各种方法随缘开示，使人们明白最后的实相。他在远离一切妄想的无我境界中，用种种智慧和巧妙的方法，或说如来藏自性，或说无我。所以我说的如来藏，是和外道们所说的真我不同。如果懂得这个道理，这才算是真正了解如来藏。这都是为了开示引导一般外道们，为了使他们不执著另有一个真我的存在，使他们舍离不实在的我见和妄想，进入三解脱门①的境界，希望他们迅速证得无上正等正觉，才向他们演说如来藏。所以唯有已得到正觉的人，才能作如此的说法。否则，如果以为真有一个实在的如来藏存在，就完全和外道们的见解相同了。大慧啊！所以说，为了远离外道们的知见，应当相信法无我的如来藏。”这时，佛就归纳这些道理，作了一首偈语说：

“人相续阴。缘与微尘。胜自在作。心量妄想。”（这是

---

① 三解脱门：解脱即自在之义也，门即能通之义。谓由此三解脱门，则能通至涅槃。三解脱门者，一曰空，二曰无相，三曰无作。又为性净解脱、圆净解脱、方便解脱。

说：人我身心的现象，都是由五阴——物色、感受、思想、本能活动、心识的业力等，相续流注不断，因缘和合，互为因果，才形成一个物理世界和人生。有些人却认为这些宇宙万有的现象，都是胜自在天的天主所作，或者说是另有一个主宰所创造出来的。其实，都是自心分别的妄想所生，都不是真理。）

尔时大慧菩萨摩诃萨．观未来众生．复请世尊。惟愿为说修行无间．如诸菩萨摩诃萨修行者．大方便。佛告大慧。菩萨摩诃萨．成就四法．得修行者大方便。云何为四。谓善分别自心现。观外性非性。离生住灭见。得自觉圣智善乐。是名菩萨摩诃萨成就四法．得修行者大方便。云何菩萨摩诃萨。善分别自心现。谓如是观三界唯心分齐．离我我所．无动摇．离去来。无始虚伪习气所熏三界种种色行系缚．身财建立。妄想随入现。是名菩萨摩诃萨．善分别自心现。云何菩萨摩诃萨．善观外性非性。谓焰梦等．一切性。无始虚伪妄想习因．观一切性自性。菩萨摩诃萨．作如是善观外性非性。是名菩萨摩诃萨．善观外性非性。云何菩萨摩诃萨．善离生住灭见。谓如幻梦一切性．自他俱性不生．随入自心分齐．故见外性非性。见识不生．及缘不积聚。见妄想缘．生于三界。内外一切法不可得。见离自性．生见悉灭。知如幻等诸法自性．得无生法忍。得无生法忍已。离生住灭见。是名菩萨摩诃萨．善分别离生住灭见。云何菩萨摩诃萨．得自觉圣智善乐。谓得无生法忍．住第八菩萨地。得离心意意识．五法自性．二无我相．得意生身。世尊。意生身者．何因缘。佛告大慧。意生身者。譬如意去．迅疾无碍。故名意生。譬如意去．石壁无碍。于彼异方无量由延．因先所见．忆念不忘。自心流注不绝。于身无障碍生。大慧。如是意生身．得一时俱。菩萨摩诃萨意生身。如幻三昧力自在神通．妙相庄严圣种类身．一时俱生。犹如意生．无有障碍。随所忆念本愿境界。为成就众生．得自觉圣智善乐。如是菩萨摩诃萨．得无生法忍．住第八菩萨地。转舍心意意识．五法自性．二无我相身。及得意生身。得自觉圣智善乐。是名菩萨摩诃萨。成就四法．得修行者大方便。当如是学。

大乘道的修行方法

这时，大慧大士又请佛说大乘的修行方法。佛回答说："大乘菩萨们，要完成四法，才能得到修行的大方便。哪四法呢？(1) 善于分别万法，都是自心所现。就是说能观察三界的差别万象，都是唯心所现。既无所谓有我的主体，也无所谓有我的附属，一切形形色色的流变来去等现象，虽然表面上似有它的作用，但推寻它的究竟，却是根本上没有动摇来去的，都不过由无始以来受虚妄习气熏习的观念所形成。这些观念的形成，是因为被三界里的种种物色的活动所系缚，被生命所赖以维系的物质世界所支配黏着，所以心理上就发生种种妄想。如果把这些道理观察透彻，就是大乘道的'善分别自心现'了。(2) 善于观察外物外境的性能，都无自性。就是说能观察万物的存在，随时随地都是变动不居，都是暂时偶然的显现。如梦幻似的出现，如光影似的消散，一切外境万物的性能，都没有固定的自性长存。所有心理上的事物阴影，都是无始以来的虚伪妄想熏习而生，并没有一物是真的存在。如果把这个道理观察清楚，就是大乘道的'善观外性非性'。（3）善离生住灭见。就是看透内外身心的一切境界，都在梦幻境界中似的。所谓一切外物，和自他之间的自性，根本都是缘起的，虽有而无生。一切都是自心境界的错综分别，由此就能确证外物外境，都无自性。而一切现识作用，也没有存在，虽然因缘和合，形成万象，但这只是时间、空间互相积聚的现象，并不能长存不变。一切妄想，也都由于因缘而生起，三界内外的一切事物，确实没有一自性的可得。这个能见万法如梦似幻的自性，虽然暂时生起可见的作用，但立刻就跟着消灭了。唯有确实了知诸法如梦幻的自性，了无形相可得，才能证入无生法忍[①]。得到了无生法忍以后，远离了生住灭的妄见，于是妄想不生，智慧朗照，这就是大乘道的'善离生住灭见'。（4）得自觉圣智的善乐。就是得无生法忍了，住第八菩萨地，了解心、意、识、五法、三自性、二无我的实相，由此而得到了意生身。"

意生身的境界

大慧又插嘴问道："什么是意生身呢？"佛接着说："所谓意生身者，譬如人们心意识的作用，当它产生幻想时，立

① 无生法忍：无生法者，远离生灭后之真如实相理体也。真智安住于此而不动，谓之无生法忍，于初地或七八九地所得之悟也。

刻可以生起，自在无碍，所以名为意生。当它变化时，自由去来，不为石壁所阻，不为地域所限。但人们的意识，为什么能够如此自由呢？因为以前的经验，变成了记忆，这一记忆在心中，就相续流注不绝，可以生起幻想。意识本来是无形无质，不为身体的形相所囿，而为一身主宰的源泉。大慧啊！菩萨得到意生身的境界，也是如此，在弹指之间，就可以具足一切神通妙用。所谓如幻三昧之力，自在神通，妙相庄严，圣境变化等身，也都同时俱生。犹如人们的意识作用，外界一切都不能障碍它。所以得了意生身的菩萨们，可以随着自己本来愿力所忆念的境界，而普度成就一切众生，这就是菩萨道的'得自觉圣智善乐'。大慧啊！修菩萨道的人，能得到这种无生法忍，住第八菩萨地，转而舍离心、意、识、五法、三自性、二无我相的境界，得到了意生身，达到'得自觉圣智善乐'。这才是菩萨修行大方便的四法，你们应当努力求学。"

附论十：(修行得意生身者，是八地菩萨的境界。修持到此，亲证无生，见道坚固而不退转，所以名为第八不动地，或名不退转地。意生身的境界，本经佛亲口所说，已讲得相当明白。不过必须了解意生之身，并不是具有肉质实质之身，但是也不是没有色相可见的。必须彻底了解本经心识真际的道理，切实做到离心、意、识的境界，亲自证得无生法忍，然后才转识成智，得意生身的神通妙用。再进一步来说：三千大千世界，以及大千世界里的万有万象等，乃至我们的父母所生的肉身，彻底说来，没有一样不是意所生身。意识根源于如来藏识（阿赖耶），在没有转识成智以前，意识和如来藏识所生起的种子功能，都是业力的现象，虽生还是无生，大千世界，人我众生，一切都如梦幻。转识成智以后，梦幻似的大千世界和人我众生，无非都是意生身和如来藏识的全体大机大用。但是如来藏识的种子功能，是非断非常的，转识成智以后，虽然种子的熏习染污转变了，种子的功能还依然如故。而且生生不已，也犹如人们在愚痴凡夫的境界中，可以随缘和合而生。不过转识以后的菩萨们是随愿力而生，虽然它的功能用处不同，转处不同，但自性还是不变的。所以菩萨得意生身的境界，也犹如凡夫人们在梦境中，和中阴境中的意识身一样，可以不受时间、空间、实物、身体等限制，一切自由自在。不过再提醒一句，这种境界，必须信佛所说的：要达到离心意识，进入第八不动地，得到无生法忍，才能生起，并不是妄想意识所能生起的。例如人们意识想要飞升，此身还是不离地上。意识可穿透山石和金刚，而此身仍为障碍。一般世间修学佛法或外道的人们，在静定境中，偶然也有发生神意出窍的境界，可以得到部分类似的神通，于是就认为自己已经得到了意生身，那实在是妄想无知，实在是可怕的邪见。这种境界，在有些道家，也认为它是阴神，是旁门左道的境界。修行的人们，可以参读《楞严经》第九、第十两卷中的五十种阴魔的境界，或者参阅拙著《楞严大义今释》第七章的所述，就可以明白它的要点了。还有一种修持密宗的方法，根据唯识的理论，不一定要修离心意识和空、无相、无愿的途径，只要直接观想成就，也就可以得到意生身境界，也可能进入金刚道的菩萨不动地了。但这看法也是一种具有危险性的偏差，所以西藏密宗黄教初祖宗喀巴大师，便极力主张先须深入般若、唯识和中观的见地，有所证悟，然后再专心致力于观想等法，或其他的修法，才是菩提的正道。否则，就和阴神境界的邪见，几乎是依稀伯仲之间，而难以分别了。著者为了这个修证问题，也曾经间关跋涉，远走西陲，潜心学习过藏传红、白、花、黄等密宗法派的修持。觉得他们的长处果然很多，可是弊漏难免，害处也实在不少。希望有志修证佛法的大士们，如果能够坚决守定《华严》、《圆觉》、《楞伽》和《楞严》，《大智度论》和《瑜伽师地论》等几部佛说大经大论，依教奉行；或者自认为要把稳修行，只要依据《阿弥陀经》和《大乘起信论》修持，这是绝对不会误入邪途的。现在我以洒过血汗心力的亲自经验，贡献给未来的发心大士们，希望得到正知见的修证方法。并不是对显教、密教或者其他宗派，有评判优劣的成见。只是依法不依人，依了义不依不了义，但作诚意的贡献而已。著者只是一个学佛法和文字禅也未有成就的人，岁月匆匆，不觉发白形衰，对于实际修持，实在渐渐没有一得可证。不过译笔写到这里，凭这一片浅见的忠诚，附写这些管窥的论见罢了。修行的人们，如果得证无生法忍后，对意生身的转身一路，必须要亲近最殊胜的善知识，诚敬学习，自然会得到他的悲心垂照，授予方便法门的。）

尔时大慧菩萨摩诃萨. 复请世尊。惟愿为说一切诸法缘因之相。以觉缘因相故。我及诸菩萨离一切性. 有无妄见。无妄想见. 渐次俱生。佛告大慧。一切法二种缘相。谓外及内。外缘者。谓泥团．柱轮绳水木人工诸方便缘．有瓶生。如泥瓶．缕叠．草席．种芽．酪酥等．方便缘生亦复如是。是名外缘前后转生。云何内缘。谓无明爱业等法．得缘名。从彼生阴界入法．得缘所起名。彼无差别．而愚夫妄想。是名内缘法。大慧。彼因者．有六种。谓当有因。相续因。相因。作因。显示因。待因。当有因者。作因已．内外法生。相续因者。作攀缘已．内外法生阴种子等。相因者。作无间相．相续生。作因者。作增上事．如转轮王。显示因者。妄想事生已．相现作所作．如灯照色等。待因者。灭时作相续断．不妄想性生。大慧。彼自妄想相愚夫．不渐次生．不俱生。所以者何。若复俱生者．作所作．无分别。不得因相故。若渐次生者．不得相我故。渐次生不生。如不生子．无父名。大慧。渐次生．相续．方便．不然。但妄想耳。因攀缘．次第．增上缘等．生所生故。大慧。渐次生不生。妄想自性计著相故．渐次俱不生。自心现受用故。自相共相．外性非性。大慧。渐次俱不生．除自心现．不觉妄想故相生。是故因缘作事方便相．当离渐次俱见。尔时世尊欲重宣此义．而说偈言。

一切都无生　亦无因缘灭　于彼生灭中　而起因缘想
非遮灭复生　相续因缘起　唯为断凡愚　痴惑妄想缘
有无缘起法　是悉无有生　习气所迷转　从是三有现
真实无生缘　亦复无有灭　观一切有为　犹如虚空华
摄受及所摄　舍离惑乱见　非已生当生　亦复无因缘
一切无所有　斯皆是言说

心理状态的分析

这时，大慧大士又请佛讲解诸法的缘和因的现象。佛回答说："诸法有二种缘相，就是外缘及内缘。所谓外缘，例如，做陶器的人，用泥团、柱子、轮子、绳子、水、木等工具和人工，加上种种动作等缘，才制造出瓶子。依此类推，草席和丝织品等物，以及其他的植物种子的生长，和乳类加工生酪，酪又生酥，再制成醍醐，大凡物质的东西，都是诸如此类。这些现象，都名为外缘，前物又生后物，而且是辗转相生的。所谓内缘，就是无明、爱、业力等等。由这些境象产生五阴、十八界、十二入等作用，所以才有缘起的因缘聚集所生的理论。如果一定执著这些事物，是有它的若干差别不同的关系存在，这便是凡夫愚痴的妄想观念了。综合这些现象，便名为内缘。所谓因呢？共有六种，就是当有因、相续因、相因、作因、显示因、待因等。（1）当有因者：面对当前的内外境界，互相自作为因果。（2）相续因者：不断地作攀缘内外诸法之因，造作五阴身心等的种子之果。（3）相因者：自能维持内外各种现象，不断地作相生相续之果。（4）作因者：在因果中，又造作增上的因果，犹如具有大威德的转轮圣王，可以随意增益自在。（5）显示因者：对事物等发生妄想以后，明白照了，显出境界，犹如明灯的照见色相，所以又名为显示因。（6）待因者：前事灭了后，妄想的前念已经断了，正当这虚妄心念相续末生时的情况。大慧啊！这些都是通常人们的心理妄想的形态。它们之间，并不按照一定的次序而个别地逐渐发生，也不是同时之间一起发生的。如果是同时之间一起发生的，能作与所作的因果关系，就无法思辨分别了。如果是按照一定的次序发生的，它的每个成因，本身就没有一个固定的形状，究竟哪个是从哪一个生出的呢？譬如没有儿子的诞生，又哪里有父母的称呼呢？可见并非先有呼父母的因，才有生子的果啊！大慧啊！心理妄想状态的内因和外界的外缘等，或有认为是循着次序而逐渐地个别连续发生的。其实不然，这种观念，本身就是妄想；只是因为有攀缘、所缘缘（次第缘）、增上缘等的作用关系而发生的。因此认为是有次序地逐渐发生的心理状态，根本没有一个必然性的作用存在，只是由妄想自性的推测，主观地执著自身的认识而已。但无论是渐次生，或一起发生，这两种观念都是没有必然性的，也都是自心妄想所显现的身心感受。所以个人内在的心理状态，与群众外缘的心理现象，都是没有必然性的。除了自己心识不知不觉中，显现妄想的现象外，还有什么呢？所以为了了解因缘等心理行为的学说起见，必须抛弃所谓渐次发生或同时发生的观念。”这时，佛就归纳他的道理，作了一篇偈语说：

“一切都无生。亦无因缘灭。于彼生灭中，而起因缘想。”（这是说：真如自性，是本来虽生而无生的，所以亦无所谓有生有灭了。但人们在心理妄想的生灭现象当中，却执著生灭的作用，而生起因缘等的渐生和同时俱生等的错误观念。）

“非遮灭复生。相续因缘起。唯为断凡愚。痴惑妄想缘。有无缘起法。是悉无有生。习气所迷转。从是三有现。”（这是说：妄想的生灭作用，并非前念灭了，印象遮没以后，才生起后念的绝对性作用。事实上，妄心生灭的作用，是相续流注不断，互为因缘互作因果的。现在为了断除凡夫愚痴的妄想因缘，对于那些说因缘有无等法，指出它们本自无生的道理。而这些凡夫观念之所由生，都是因为被无始以来的习气所迷转了，所以才有三界中的欲、色、无色的出现。）

“真实无生缘。亦复无有灭。观一切有为。犹如虚空华。”（这是说：真如的本体，虽生而无生，所以根本上亦无可灭。观察一切有形的万象，都如花的乍开乍谢，实际上也只是一种幻相而已。）

“摄受及所摄。舍离惑乱见。非已生当生。亦复无因缘。一切无所有。斯皆是言说。”（这是说：有形的万象，都如梦幻空花，其中既没有一个能摄受的主体，也没有一个被摄受的对象。因此也没有已生的过去种种和当生的未来种种。也就无所谓有因和外缘的真实可得了。总之，这些观念和一切事实，从本以来，都是一无所有，只不过是一种虚妄的理论文字而已。）

附论十一：（上述心理形态的分析，和现代心理的理论，有小同大异之处，可以名为佛法的心理学观。它的精辟独到之处，别成一格，自有它一成不变的宗旨。现代的心理学，自成一科，它是为了研究人类的心理状态，而作经验的分析，然后归纳成为一个有体系学说。现在学者还在不断地研究中，以期于将来的大成。但是它的宗旨，只是为了研究心理。至于心理与物理的相互因果关系，及心物形而上的体用道理，他们却留给哲学来说明。换言之，在现代科学中心理学是心理学，哲学是哲学，物理学是物理学，各自独立分科，各有各的范围，不能整个混为一谈，这就是所谓科学的精神。但这种观念的是与非，却是科学与哲学的问题，又是另一命题，不在此相提并论。如果站在现代心理学与逻辑学立场来看上面佛所说的论述，它是先有了一个肯定的前提，一切都以空无自性为归趋。根据理论，认为他是先以一个主观的观念，再作客观的论证，以此而范围一切的，也许不足以服人。仅从论理学的理则来说，这种批判，也并没有错。不过心理学是否最后应该归入哲学，还是一个值得研究的问题。如果是的，哲学的最高趋向，必须要归到形而上的探讨，那么，佛所说的这些理论，就大有思辨参考的必要了。在我的想象中，未来世界的学术，终有一天会走到这条路上去的。此外，更需要附带地说一句：上面佛所作心理形态的分析，是释迦文佛在两千多年前那个时代说的，千万不要站在现代的学术立场，看到他的理论有某些地方不合于现代的逻辑思想，或他所说的名词涵义，和现代的定义有异同出入，便认为他的思想不深刻，不完备，这样未免诬蔑了古人。其次，佛法的心理观，是自成一个体系的，如果纯粹以治学术的批判态度，更不需要反身而诚去求证，当然可以各是其所是，非其所非。但是千万不要忘记，人同此心，心同此理，如果反心自究，追求佛说的自证，就要仔细谛观它的道理，不可忽视之了。)

尔时大慧菩萨摩诃萨复白佛言。世尊。惟愿为说言说妄想相心经。世尊。我及余菩萨摩诃萨．若善知言说妄想相心经。则能通达言说所说二种义。疾得阿耨多罗三藐三菩提。以言说所说二种趣．净一切众生。佛告大慧。谛听谛听。善思念之。当为汝说。大慧白佛言。善哉世尊。唯然受教。佛告大慧。有四种言说妄想相。谓相言说。梦言说。过妄想计著言说。无始妄想言说。相言说者。从自妄想色相计著生。梦言说者。先所经境界．随忆念生。从觉已．境界无性生。过妄想计著言说者。先怨所作业．随忆念生。无始妄想言说者。无始虚伪计著过．自种习气生。是名四种言说妄想相。尔时大慧菩萨摩诃萨．复以此义．劝请世尊。惟愿更说言说妄想．所现境界。世尊。何处何故．云何何因．众生妄想言说生。佛告大慧。头胸喉鼻．唇舌龂齿．和合出音声。大慧白佛言。世尊。言说妄想．为异为不异。佛告大慧。言说妄想．非异非不异。所以者何。谓彼因生相故。大慧。若言说妄想异者．妄想不应是因。若不异者．语不显义。而有显示。是故非异非不异。大慧复白佛言。世尊。为言说即是第一义。为所说者是第一义。佛告大慧。非言说是第一义。亦非所说是第一义。所以者何。谓第一义圣乐．言说所入是第一义。非言说是第一义。第一义者．圣智自觉所得。非言说妄想觉境界。是故言说妄想．不显示第一义。言说者．生灭动摇展转因缘起。若展转因缘起者．彼不显示第一义。大慧。自他相无性故．言说相不显示第一义。复次大慧。随入自心现量．故种种相外性非性．言说妄想不显示第一义。是故大慧。当离言说诸妄想相。尔时世尊欲重宣此义．而说偈言。

诸性无自性　亦复无言说　甚深空空义　愚夫不能了

一切性自性　言说法如影　自觉圣智子　实际我所说

言语理论的真实性

这时，大慧大士又问佛说：“愿佛说出心理妄想的境界。如果我们知道了妄想的心境，就能明白言语理论的真义和言语所表示的作用，不仅可以迅速达到正觉，同时也可以净化众生的妄念。”佛便回答说：“有四种言语的妄想境界，那就是相言说、梦言说、过妄想计著言说、无始妄想言说。(1)相言说者：由妄想执著色相分别而生。(2)梦言说者：由于从前经验的境界，随睡眠时的忆念所生，等到梦境觉醒时，方知都无自性。(3)过妄想计著言说者：忆念执著从前的怨仇等等，由先时所作的业力而生。(4)无始妄想言说者：从无始时来，执著种种戏论和烦恼种子等的熏习而生。这就名为四种言语的妄想境界。”这时，大慧大士又请佛再加以详细的说明。佛又说：“言语是由于人们借着头、胸、喉、鼻、唇、舌、龂、齿等生理机能的和合，才发出了声音。”大慧大士又问：“言语和妄想的作用，究竟是相同的，或是不同的呢?”佛说：“言语和妄想，既非相同，又非不同。因为言语是由妄想所生而说的，如果言语和妄想是不相同的，那么言辞便不应该是思想的产物了。如果是相同的，但言语却不能完全地表情达意，只不过加以比较的说明而已。所以说，言语和妄想，既非相同，又非不同。”大慧大士又问：“言语本身就是第一义（至高无上的形而上真理）呢？或是所说的是第一义呢?”佛说：“言语本身不是第一义。所说的也不是第一义。为什么呢？所谓第一义的圣乐境界，是由于言语所要指示的境界，并非言语就是第一义。所谓第一义，是进入了内圣的大智自觉境界才能了解的，并非只是口说的名词和妄想的境界。所以说，言语妄想，不能明显地表示第一义。因为言语本身，是有生灭，变易动摇，辗转互为因缘的。如果是由于因缘互相辗转而生起的，它就不能明显地表达第一义。又因言语本身和妄想，根本上就没有自己的固定性，所以言语哪里能够明显地表示第一义呢？其次，大慧啊！一切现象，都是由于自心的现量境所生起，外界种种现象的性能，根本就都没有自己的固定性。所以言语和妄想，并不能明显地表示第一义。因此，应当弃言语和一切妄想才能证得第一义。"这时，佛就归纳这些道理，作了一首偈语说：

"诸性无自性。亦复无言说。甚深空空义。愚夫不能了。一切性自性。言说法如影。自觉圣智子。实际我所说。"（这是说：一切事理自身都没有绝对固定自性的实体，所以用言语所表示的有或无，都是一种假设的说法。至于究竟的空和空不空的道理，它的意思极为深奥，不是愚痴无智的凡夫们所能够了解的。一切事理的性能，既然没有绝对固定的自性，所有表示事物的言语和理论，也只是一种影像而已。内圣大智的正觉第一义之道，是必须由心性自觉而得，这才是我所说的身心自性的实际。）

附论十二：（上节佛的论说，是指出言语文字都是妄想所生，并无实性。佛法重在求证自觉圣智善乐的第一义，不可斤斤计较言语理论和文字，不然，就成为口头禅了。而且徒逞口舌之利，往往弄得是非纷然，对于真正佛法的证悟境界，却是了不相干的。何况所有的言语文字，并不能完全表示人们内在的真情实意呢！我佛早在两千多年前，已经说出语意学的最高原理，可作为研究语意学者的启示。)

尔时大慧菩萨摩诃萨复白佛言。世尊。惟愿为说离一异俱不俱．有无非有非无．常无常。一切外道所不行。自觉圣智所行。离妄想自相共相．入于第一真实之义。诸地相续渐次．上上增进清净之相．随入如来地相。无开发本愿。譬如众色摩尼境界．无边相行．自心现趣．部分之相．一切诸法。我及余菩萨摩诃萨．离如是等妄想自性．自共相见。疾得阿耨多罗三藐三菩提。令一切众生。一切安乐．具足充满。佛告大慧。善哉善哉。汝能问我如是之义。多所安乐。多所饶益。哀愍一切诸天世人。佛告大慧。谛听谛听。善思念之。吾当为汝分别解说。大慧白佛言。善哉世尊。唯然受教。佛告大慧。不知心量愚痴凡夫．取内外性。依于一异俱不俱．有无非有非无．常无常。自性习因．计著妄想。譬如群鹿．为渴所逼。见春时焰．而作水想。迷乱驰趣．不知非水。如是愚夫．无始虚伪妄想所熏习．三毒烧心．乐色境界．见生住灭。取内外性。堕于一异俱不俱．有无非有非无．常无常想．妄见摄受。如揵闼婆城。凡愚无智．而起城想。无始习气计著相现。彼非有城非无城。如是外道．无始虚伪习气计著。依于一异俱不俱．有无非有非无．常无常见．不能了知自心现量。譬如有人．梦见男女．象马车步．城邑园林．山河浴池．种种庄严。自身入中。觉已忆念。大慧。于意云何。如是士夫．于前所梦忆念不舍．为黠慧不。大慧白佛言。不也世尊。佛告大慧。如是凡夫．恶见所噬。外道智慧。不知如梦．自心现性。依于一异俱不俱．有无非有非无．常无常见。譬如画像．不高不下。而彼凡愚作高下想。如是未来外道．恶见习气充满。依于一异俱不俱．有无非有非无．常无常见．自坏坏他。余离有无．无生之论．亦说言无。谤因果见。拔善根本。坏清净因。胜求者．当远离去。作如是说。彼堕自他俱见．有无妄想已．堕建立诽谤。以是恶见．当堕地狱。譬如翳目．见有垂发。谓众人言。汝等观此。而是垂发．毕竟非性非无性。见不见故。如是外道．妄见希望。依于一异俱不俱．有无非有非无．常无常见．诽谤正法。自陷陷他。譬如火轮非轮。愚夫轮想。非有智者。如是外道．恶见希望。依于一异俱不俱．有无非有非无．常无常想．一切性生。譬如水泡．似摩尼珠。愚小无智．作摩尼想。计著追逐。而彼水泡．非摩尼非非摩尼。取不取故。如是外道．恶见妄想习气所熏．于无所有说有生。缘有者言灭。复次大慧。有三种量。五分论。各建立已。得圣智自觉离二自性事。而作有性妄想计著。大慧。心意意识．身心转变．自心现摄所摄．诸妄想断。如来地自觉圣智修行者．不于彼作性非性想。若复修行者．如是境界．性非性摄取相生者。彼即取长养．及取我人。大慧。若说彼性自性．自共相。一切皆是化佛所说。非法佛说。又诸言说．悉由愚夫希望见生。不为别建立趣自性法．得圣智自觉三昧乐住者．分别显示。譬如水中有树影现。彼非影非非影。非树形非非树形。如是外道．

见习所熏。妄想计著。依于一异俱不俱．有无非有非无．常无常想。而不能知自心现量。譬如明镜．随缘显现一切色像．而无妄想。彼非像非非像．而见像非像。妄想愚夫．而作像想。如是外道恶见。自心像现妄想计著。依于一异俱不俱．有无非有非无．常无常见。譬如风水．和合出声。彼非性非非性。如是外道．恶见妄想。依于一异俱不俱．有无非有非无．常无常见。譬如大地．无草木处。热焰川流。洪浪云涌。彼非性非非性。贪无贪故。如是愚夫．无始虚伪习气所熏．妄想计著。依生住灭．一异俱不俱．有无非有非无．常无常。缘自住事门．亦复如彼热焰波浪。譬如有人．咒术机发。以非众生数．毗舍阇鬼．方便合成．动摇云为。凡愚妄想计著往来。如是外道恶见希望。依于一异俱不俱．有无非有非无．常无常见。戏论计著．不实建立。大慧。是故欲得自觉圣智事．当离生住灭．一异俱不俱．有无非有非无．常无常等．恶见妄想。尔时世尊欲重宣此义．而说偈言。

幻梦水树影　垂发热时焰　如是观三有　究竟得解脱
譬如鹿渴想　动转迷乱心　鹿想谓为水　而实无水事
如是识种子　动转见境界　愚夫妄想生　如为翳所翳
于无始生死　计著摄受性　如逆楔出楔　舍离贪摄受
如幻咒机发　浮云梦电光　观是得解脱　永断三相续
于彼无有作　犹如焰虚空　如是知诸法　则为无所知
言教唯假名　彼亦无有相　于彼起妄想　阴行如垂发
如画垂发幻　梦揵闼婆城　火轮热时焰　无而现众生

常无常一异　俱不俱亦然　无始过相续　愚夫痴妄想
明镜水净眼　摩尼妙宝珠　于中现众色　而实无所有
一切性显现　如画热时焰　种种众色现　如梦无所有

复次大慧。如来说法. 离如是四句。谓一异. 俱不俱. 有无非有非无. 常无常。离于有无建立诽谤。分别结集. 真谛缘起. 道灭解脱。如来说法. 以是为首。非性. 非自在. 非无因. 非微尘. 非时. 非自性相续. 而为说法。复次大慧。为净烦恼尔焰障故。譬如商主。次第建立百八句无所有. 善分别诸乘. 及诸地相。

关于哲学和逻辑学的几个问题：同异、真假、虚实、有无、存在和不存在的辨正

这时，大慧大士又问佛说："希望佛再为我们说明如何才能不去执著同和异，同时俱生和不俱生，以及有和无，非有和非无，乃至常性和无常的道理呢？"佛回答说："凡是不知道性自性心量的愚痴无智的凡夫们，才只想追求内心外境的一切事物，在这些观念理论里打圈子。其实，都是因性自性被无始以来的习气所染污，而执著这些妄想以为真实。譬如一大群的鹿，为口渴所苦，看见春天旷野里的阳光反映，误以为是一流清水，拼命地奔走追求。殊不知那只是自己错觉所生的幻像。同样地，一般无智的凡夫，被无始以来的虚伪妄想所熏习，被贪欲、瞋恚、愚痴等三毒所熏染，而乐于执著尘色世间的各种物象。看见世界上有生（生起）、住（存在）、灭（消逝）的现象，就要想把捉内心外境的各种性能，于是堕在同和异、俱生和不俱生、有和无、非有和非

无、常和无常等的妄想妄见之中。事实上，尘色世间的一切事物，都如海市蜃楼，只因凡夫愚痴无智，所以误认为是真实的景物。这都是因为无始以来的习气熏染，使他们执著各种现象而显现的。例如海市蜃楼，那并非是真有城楼，可是也不能说空无所有。一般外道学者们，被自己无始以来的虚妄习气执著所迷惑，就产生那些互相对立、矛盾的见解和理论，这都是由于不能了知自心的现量所致。又譬如有人在梦中，看见了许多的男女、象马、车骑、城邑、园林、山川、池沼等等美丽的世界，觉得自己身在其中。等到醒了以后，还尽力回想追求梦中的情景，试问这个人信梦为真，究竟是聪明还是愚昧呢？同样地，人们被习气所吞没，所以有一般无智的外道学者们，非但不知道尘色世间虚幻如梦，而且还要探究它的同异、俱不俱、有无、非有非无、常无常的法则呢？又譬如一幅画像，只是一张平面的纸，本来就没有高下远近的存在，人们涂上了线条和颜色，看起来就有高下远近的感觉了。同样地，未来世界上的外道学者们，更充满了许多恶见的习气，在这些互相对立的矛盾观点上，各自建立一套理论，误己误人。还有的认为有无都是无生的；换言之，乃是根本上就是什么都没有的。他们诽谤因缘果报之说是无稽之谈，他们破坏善根的道德，自毁清净的正果。凡是想要证得殊胜无上正道的人，便应当远离这种观念和理论，以免自招恶果。又譬如有眼病的人，看见虚空里有像垂发似的毛轮，而且还特别指给别人看。事实上，这只是一幻境的错觉，没有眼病的人，虽然要看也看不见的。可是他们却以病态似的偏见，依据各种矛盾的理论，就来诽谤正法，自误误人。又譬如一点火光，用很快的速度来旋转它，看起来就像一个火轮圈。事实上，只是一点火光而已，但无智的愚夫们，却把它当作火轮。而且以自己的幻觉和错觉，再加上互相对立的各种矛盾理论，又说出一套法则。再譬如水上的泡沫，看起来像一颗如意宝珠。无智的愚夫与小儿们，却把它当作是真的珠宝加以追求。事实上，这种水泡，当然不是如意宝珠，但也不能说是没有宝珠的形像，只是要看人们的心里是否贪取与不贪取。可是他们被恶见的习气熏习惯了，没有的，硬说成为有；而真实的，又强说成没有。再者，有的外道，利用先贤所创的三种量——现量、比量、非量，和五分论——宗、因、喻、合、结，他们建立了这种辩证理则，来范围思想，自认为已经得到圣智的自觉境界，可以否定互相对立的矛盾理论，自信已经得到事物绝对性的理则，他们就以这种方法为真理的最高境界。其实，这也只是执著妄想的遍计所执的作用。大慧啊！如果能够修持得到，使心意识所生的身心都转变了，使自心所显现的，能摄受和所摄受的一切妄想都断除了，由此到达如来境界的自觉圣智，就不再会对一切事物，存着性有或性无的观念了。倘使还有有无之争，而且著相不舍，那他仍然在人我寿者相的执著里。再说，凡是主张事物的性是共通的，或各自独立的等等理论，这些都是化身佛（方便应化）对众生界的方便游戏言论，并非法身佛（自性清净）所说。而且一切化佛所说的言语理论，都是顺应愚夫们各自的希望和自己的各别观念而产生，并不是为了显示自性，要想证得圣智自觉三昧境界的寂乐之果。这些等等，譬如水中反映的树影，说它是影也可以，说

对于因明逻辑的评价

它不是影也可以；说它是树形也有理，说它不是树形也有理。他们都由于观念的习惯性，妄想熏习而生执著，才来讨论同异、俱不俱、有无、非有非无、常无常等思想。却不知这些都是自心的现量境界。又譬如明镜，随缘呈现一切色像，而镜子本身并无妄想。那镜中的各种色像，可以说不是色像，也并非不是色像。而且你看见镜中的色像，并不就是那原来的色像。只因愚夫们自己生起色像的妄想观念，为恶见吞没，自己却生起色像的妄想执著，所以才有许多互相对立矛盾理论的成立。又譬如风吹空谷或流水等，和合而发出声音的。这种声响并无固定性，也并非没有声音。可是他们却以习惯性的妄想恶见，根据互相对立矛盾理论各自建立观念。又譬如沙漠地带的尘土，受太阳光热的反射，现出川流浪涌、云起波兴的境象。那种境象当然不是真实的，但是也并非没有，只看你自己是否有贪求迷恋的心理。同样地，无智的愚夫，却执著无始以来的虚伪习气，又根据生（生起）、住（存在）、灭（消逝），以及同异、俱不俱、有无、非有非无、常无常的观念去推论它，于自心寂静境中，反而兴起热焰洪波之想。又譬如有人用咒语秘方等魔术，发动木头人或死尸去做事。这只是一种幻术的配合，以引起动作，可是愚昧凡夫，却执著为真有一神秘往来存在的观念，于是根据互相对立的矛盾理论，去探讨它的究竟。这些都是观念理论的游戏，并无根据。所以要求得自觉圣智的境界，应当放下这些种种妄想恶见才对。”这时，佛就归纳这些道理，作了一篇偈语说：

“幻梦水树影。垂发热时焰。如是观三有。究竟得解脱。”（这是说：世间事物，虽然似有，实在皆如梦幻。垂发是指有眼病的人，看见目前虚空中，就有毛发下垂等景象。一切众生对世间事物的观念，也都是眼病似的幻觉，并非事物的真相。三界的生死死生，也是如此。如果能够观察清楚，就可以得到究竟的解脱了。）

“譬如鹿渴想。动转迷乱心。鹿想谓为水。而实无水事。如是识种子。动转见境界。愚夫妄想生。”（这是说：一切众生，对世间事物的执迷不悟，犹如炎热中的渴鹿，把热气的光影，当作清水去追逐。同样地，人们平静无波的心田〈如来藏〉，对境依他而起，被尘劳所染污。业力的种子，就因此迷妄乱动，辗转不休。这都是由于凡夫愚痴无智，从妄想而生。）

“如为翳所翳。于无始生死。计著摄受性。如逆楔出楔。舍离贪摄受。”（这是说：如来藏既然兴起业识的作用，于本来平静无波的心田，犹如病眼被翳所障相似，对于世间的事物，就无法看透它的真相了。所以从无始以来，流浪在生死海中，执著虚幻现象，偏偏认为它是实有的，而且牢牢地摄受在心中，所以就叫作遍计所执。佛所说的法，犹如用楔出楔，是要凡夫们，舍离贪欲等等的执著。换言之，佛所说的法，也只是过河的筏子，只是为了使众生解脱三界，度过生死苦海的方便法门，同样地不可执著。也就是所谓“过河须用筏，到岸不须舟”。）

“如幻咒机发。浮云梦电光。观是得解脱。永断三相续。”（这是说：人们的身心作为，都如魔术师们的机器人，它的开关，只在中心一念罢了，此念一动，就生起一切的有为。然有为法都如浮云梦幻、石火电光，随时随地地消散，始终无法把捉。但如果能够仔细地反省观察，体会其中的道理，也就可以得到解脱，永远断除了业力的相续流注，摆脱三有的系缚了。）

“于彼无有作。犹如焰虚空。如是知诸法。则为无所知。”（这是说：宇宙万有现象，本来就没有绝对的自性存在，犹如虚空中的光影，都是暂时偶然地存在，如果能这样观察诸法，便不为幻像所惑，也不执著于诸法了。）

“言教唯假名。彼亦无有相。于彼起妄想。阴行如垂发。如画垂发幻。梦揵闼婆城。火轮热时焰。无而现众生。常无常一异。俱不俱亦然。无始过相续。愚夫痴妄想。”（这是说：一切言语教化等等，也都是假立的名相而已。归根结底，又哪里有一个实际的真相可得呢？所谓言教，正如以指指月，只是表示真义的言诠。言教自身，并非就是真月。如果把言语理论认为实法，便是一种妄想。这样，就等于凡夫执著五阴为身心之相，犹如病眼者看见虚空里都是毛轮，和看画时的立体感，及误认海市蜃楼为实境，或把旷野的焰影当作清流去追逐一样，都是迷真逐妄，都是凡夫们从无中生有的妄见而已。何况还有些自囿于形而上的常存和不常存，本体的一元和多元，同俱或独立等等的探讨呢？这些见解，都是无始以来的习气相续流注的错误所生，只是愚痴凡夫们的大妄想而已。）

“明镜水净眼。摩尼妙宝珠。于中现众色。而实无所有。一切性显现。如画热时焰。种种众色现。如梦无所有。”（这是说：宇宙间的万法，无非都是藏识的显现，虽有暂时偶然的万象存在，只是如梦似幻地显现，毕竟无有实体。如果离了心、意、识，转识成智，证入不可思议的真实自性的如如境界，那么，便如明镜照物，水净沙明，法眼便豁然清净了。也好像如意宝珠，自身清净无色，但由于角度观点的不同，随缘现出各种差别不同的色相。事实上，却毕竟没有固定不变的色相。就此可以了解世间万象的发生，都如沙漠旷野里的光影，如梦似的空无所有。）

“大慧啊！如来演说毕竟了义之法，都是离了这些互相对立矛盾的（四句）理论。那四句就是所谓一（一元）异（多元）、俱（同时具在的调和论）不俱（独立）、有和无、非有（似乎没有）非无（似乎不是没有）、常（不变永存）无常（变易生灭），等等。为了要远离这些是非有无的诤谤，才来一一作精详的分析辨别，所以才有这许多次的演讲和佛法的结集。这无非是为了要指出真谛的实际，析明万象的存在都由于缘起而空无自性，以远离生灭的妄心妄想，而证得解脱的道果。佛的说法，是依如来究竟的境界为主，并不是说另有一个超然存在的自性，更不是说宇宙万有，都是自在天主所造；也不是说万物是无因自然而生的，尤其不是说是物质微尘所结合的；不是说时间才是一切的主因，而且也不是说自性是连绵相续不绝的。那么究竟为了什么呢？而是为了净除人们烦恼障的人我执，和所知障的法执和智执，才有种种方便说法。犹如资本家，为了适应人们的需要和希求，因此广设各种行市和货品，以满足人们的欲求。终使各取所需，归家稳坐。佛的说法，也是如此，所以在本经开宗明义，首先提出一百零八个不同的问题，也就是表示所有问题的自身，无论是心和物，或事和理等等观念，若要穷源探本，毕竟都是空无自性。唯有证得自觉的如来究竟境界，才能直探第一义，善于分别一切法，了然大小诸乘的次第，以及菩萨诸地的情状。”

复次大慧。有四种禅。云何为四。谓愚夫所行禅。观察义禅。攀缘如禅。如来禅。云何愚夫所行禅。谓声闻缘觉外道修行者．观人无我性。自相共相．骨锁无常．苦．不净相．计著为首。如是相不异观。前后转进．相不除灭。是名愚夫所行禅。云何观察义禅。谓人无我自相共相。外道自他俱无性已。观法无我彼地相义．渐次增进。是名观察义禅。云何攀缘如禅。谓妄想。二无我妄想。如实处不生妄想。是名攀缘如禅。云何如来禅。谓入如来地．得自觉圣智相三种乐住。成办众生不思议事。是名如来禅。尔时世尊欲重宣此义．而说偈言。

凡夫所行禅　观察相义禅　攀缘如实禅　如来清净禅
譬如日月形　钵头摩深险　如虚空火尽　修行者观察
如是种种相　外道道通禅　亦复堕声闻　及缘觉境界
舍离彼一切　则是无所有　一切刹诸佛　以不思议手
一时摩其顶　随顺入如相

禅的类别

佛又说：“大慧啊！有四种禅的类别，你应当了解。（1）愚夫所行禅。（2）观察义禅。（3）攀缘如禅。（4）如来禅。什么是愚夫所行禅呢？例如声闻觉以及外道的修行者，他们仔细谛观，了知人无我的道理，无论自己和大众，此身不过是肌骨联系组合所成，只是一具空洞的骨肉架子，其中藏有不净的腑脏等物而已。无奈愚夫无智，心为形役，所以有累者，为吾有身，此身原来无常，是苦痛烦恼的渊薮。可是凡夫们却执著这些不净之相，自相缠缚，所以他们观察自身空相，以解脱形骸之累为务，即此坚定不移，以为修行的目的，由如此观察和定力的修持，渐渐地逐步上进，得到灭尽定的境界，而执著定境界的相，以为究竟，这就是愚夫所行禅。什么是观察义禅呢？就是由上面所讲的禅境界，了知自己与他人，以及外道们的修法，都没有真实的自性；而且观察一切法（事与理），也本来没有固定的自我存在，由此渐渐地逐步上进，这就是观察义禅。什么是攀缘如禅呢（又译为观真如禅，或缘真如禅）？就是推想人和法（事与理），根本都无固定的自我存在，只是人们的妄想所生而已。由此精思入寂，好像达到不生妄想，一念不起，以及心无分别，寂静安宁的境界，这就是攀缘如禅。什么是如来禅呢？那就是真实证入如来境地，得到自觉圣智的三种乐定[①]。所谓转识成智，大智慧自在。同时又能够为一切众生，造作许多不可思议的功德，这就是如来禅。”这时，佛就归纳这些道理，作了一篇偈语说：

“凡夫所行禅。观察相义禅。攀缘如实禅。如来清净禅。譬如日月形。钵头摩深险。如虚空火尽。修行者观察。如是

① 三种乐定：一天乐，修十善者，生于天上，受种种之妙乐也。二禅乐，修行之人，入诸禅定，一心清净，万虑俱止，得寂静之悦乐也。三涅槃乐，离生死之苦而证涅槃，究竟得无为安稳也。

种种相。外道道通禅。亦复堕声闻。及缘觉境界。”（这是说：禅有四种，就是愚夫禅、观察义禅、攀缘如禅、如来禅等四种，内容已如上文所说。修持这些禅定的境界，有些人会在定中现出如日月光明，或红莲华，或现碧海晴空，深险无际。或一片虚空，有的如火烬烟灭。例如这些种种境界的形相，大抵都是堕在内外道共通的心外有法的境界中。即使稍具高明的，也大多仍在声闻或缘觉乘的境界之中而已。）

“舍离彼一切。则是无所有。一切刹诸佛。以不思议手。一时摩其顶。随顺入如相。”（这是说：要远离这些禅的境界，放下了还要放下，那就归于了无所得，一无所有。所谓不依心，不依身，不依亦不依。那么一切十方刹土中的诸佛，自然都会用不可思议的手；并非有相的手，也非无相的手，同时之间来摩其顶，他也会自然地进入如来禅的境界了。）

附论十三：（佛已经在本经上说了禅的四种类别，就是达摩祖师东来此土，教授传佛心印的禅宗，也明明白白说明以楞伽印心。为什么后世禅宗之徒，又说在如来禅外，另有一种祖师禅呢？甚之，还高推祖师禅，好像高过如来禅似的。这又是什么道理呢？其实，所谓祖师禅，又何尝离开过佛所说的如来禅呢？只因一落言诠，就如立竿见影，于是见影忘竿者，便滔滔都是。所以为求解脱，却反而法缚重重。后世禅师，乃高张手眼，在无义理的言句上，或者在当事人的一机一境上，用杀活手段，立地指出全体大用。然后乃知“青青翠竹，悉皆法身。郁郁黄花，无非般若”。心、佛、众生，三无差别。不是心，不是佛，也不是物了。什么是祖师禅？什么是如来禅？到此就一律成为多余的了。但是必须实在到达这种境界，才可以横说竖说都对。否则，误人误己，不可胜数。总之，佛说："良马见鞭影而驰。"如果是条跛驴，就打死它吧！仍然还是绕着磨盘慢慢地转，莫说如来禅或祖师禅，要想达到愚夫禅也不容易呢！倘使但依言教，而不求心证，或虽少有所得，少有所证，而又不能彻头彻尾解脱干净，那也只如喉空吠响的韩卢，对于自己分上，有什么用处呢？假如真是一个过量的人，视吾佛所说一大藏教，也只是自己的注脚而已。不可说，不可说，又何足道哉！毕竟如何呢？年来早晚市价不同，笔墨大涨，努力用功参究去！）

尔时大慧菩萨摩诃萨复白佛言。世尊。般涅槃者．说何等法谓为涅槃。佛告大慧。一切自性习气．藏意意识见习．转变名为涅槃。诸佛及我．涅槃自性空事境界。复次大慧。涅槃者．圣智自觉境界。离断常妄想性非性。云何非常。谓自相共相妄想断．故非常。云何非断。谓一切圣．去来现在得自觉．故非断。大慧。涅槃不坏不死。若涅槃死者．复应受生相续。若坏者．应堕有为相。是故涅槃离坏离死。是故修行者之所归依。复次大慧。涅槃．非舍非得非断非常。非一义。非种种义。是名涅槃。复次大慧。声闻缘觉涅槃者。觉自相共相．不习近境界。不颠倒见。妄想不生。彼等于彼．作涅槃觉。

复次大慧。二种自性相。云何为二。谓言说自性相计著。事自性相计著。言说自性相计著者。从无始言说虚伪习气计著生。事自性相计著者。从不觉自心现分齐生。

什么是涅槃的真义

这时，大慧大士又问："什么叫作涅槃？如何才能证入涅槃呢？"佛说："一切自性业识所生的习气，及无始以来，熏习如来藏识（阿赖耶）和意识的妄见，都彻底转了，就名为涅槃。诸佛和我证得的涅槃，就是自性诸法性空的境界。大慧啊！所谓涅槃，就是圣智自觉的境界，它是远离断见和常见等二边对立的妄想观念，也无所谓是有，也无所谓是无。为什么它不是常见呢？因为它是远离自相（自我的存在）和共相（物我同体）等妄想，所以不是常见。为什么又说它不是断见呢？因为过去、未来、现在的一切圣贤，的确能自觉内证涅槃的境界，所以也不是断见。再说，涅槃是无生死、不灭坏的，如果涅槃的境界是灭尽一切的话，那么，也就是说灭了生死，然后涅槃才生。但生与灭是相对法，所谓入涅槃者，仍然是为另一种生灭法所缚了。如果涅槃的境界是坏灭的话，应该还在于有为的范围，因为有所坏灭，仍然是有为法的一种。所以涅槃是远离生死和坏灭等作用和现象，是一切正觉修行者之所归依的。再说，涅槃境界，虽然没有一法可得，但也没有一法可舍。既非断灭见，也非恒常见。既非有处，也非彼岸。又不是清净或圆寂等等所可以概括，也不是其中含有若干种义理和内容，这才名为涅槃。其次，声闻缘觉等二乘的涅槃境界，只是觉悟自我和舍离贪著外境等的爱染，因此便舍离习气，再不敢生起颠倒乱动妄想等的谬见，他们只是把这种修持，作为涅槃的境界罢了。”

佛又说：“大慧啊！还有两种自性相。就是（1）言说自性相的执著。与（2）事自性相的执著。所谓言说自性相的执著，都是由于无始以来的言语理论等的习性，累积而来，因此产生虚伪的执著习气，所以就固执成见和形成先入为主的主观观念等等。所谓事自性相的执著，都是由于不觉自心妄想所现的各种差别境界，反认为这些都是事实。”

理和事的障碍

（这一段所谓的言说自性相和事自性相两种，其所以没有和上面已经讲过的言说问题相提并论，并无其他特别意义。佛说涅槃境界以后，又跟着再说出言说和事的自性相，是为了教人勿被入涅槃等名词和观念所困惑，然后才能亲证涅槃，因此才在此处再讲解言说自性相和事自性相的原因。）

复次大慧。如来以二种神力建立．菩萨摩诃萨顶礼诸佛．听受问义。云何二种神力建立。谓三昧正受．为现一切身面言说神力。及手灌顶神力。大慧。菩萨摩诃萨初菩萨地．住佛神力。所谓入菩萨大乘照明三昧。入是三昧已。十方世界一切诸佛．以神通力．为现一切身面言说。如金刚藏菩萨摩诃萨．及余如是相功德成就菩萨摩诃萨。大慧。是名初菩萨地。菩萨摩诃萨．得菩萨三昧正受神力．于百千劫．积习善根之所成就。次第诸地对治所治相．通达究竟。至法云地。住大莲华微妙宫殿。坐大莲华宝师子座。同类菩萨摩诃萨眷属围绕。众宝璎珞庄严其身。如黄金薝卜．日月光明。诸最胜子从十方来．就大莲华宫殿座上．而灌其顶。譬如自在转轮圣王。及天帝释太子灌顶。是名菩萨手灌顶神力。大慧。是名菩萨摩诃萨二种神力。若菩萨摩诃萨住二种神力. 面见诸佛如来。若不如是. 则不能见。复次大慧。菩萨摩诃萨. 凡所分别. 三昧神足诸法之行. 是等一切. 悉住如来二种神力。大慧。若菩萨摩诃萨离佛神力. 能辩说者。一切凡夫亦应能说。所以者何。谓不住神力故。大慧。山石树木. 及诸乐器. 城郭宫殿. 以如来入城威神力故. 皆自然出音乐之声。何况有心者。聋盲瘖痖. 无量众苦. 皆得解脱。如来有如是等无量神力. 利安众生。大慧菩萨复白佛言。世尊。以何因缘。如来应供等正觉. 菩萨摩诃萨住三昧正受时. 及胜进地灌顶时. 加其神力。佛告大慧。为离魔业烦恼故。及不堕声闻地禅故。为得如来自觉地故。及增进所得法故。是故如来应供等正觉. 咸以神力建立诸菩萨摩诃萨。若不以神力建立者。则堕外道恶见妄想。及诸声闻。众魔希望。不得阿耨多罗三藐三菩提。以是故. 诸佛如来咸以神力摄受诸菩萨摩诃萨。尔时世尊欲重宣此义. 而说偈言。

神力人中尊　大愿悉清净　三摩提灌顶　初地及十地

如来神力和正修菩萨道的关系

佛又说："如来以两种神力，才使一切大菩萨们的疑问得到真解。是哪两种神力呢？第一，是使众生入于三昧正受的住持之力，而显现各种形像、言语等的神力。第二，是如来法身手摩其顶，使其得自悟自证的遍身法乐，得到灌顶的住持之力。大慧啊！当大菩萨们开始证入菩萨的初地（欢喜地）的时候，就是如来的神力所住持，那时，就入于菩萨境界的大乘照明三昧。在这种三昧的境界中，十方世界的一切如来，都以神通能力，为他显现各种形像说法。例如金刚藏大菩萨们，都是如此成就各种功德的，这也就是修行菩萨们历劫累积善根所得的结果。依此上进，渐渐地逐步了解菩萨各地修法的偏差和对治法门，以及所要对治的现象。到了究竟通达，一直到菩萨第十地的法云地时，就得到种种殊胜难得，不是世间习惯知识所能了解的神变境界。那时，就可以证得如来神力灌顶的境界了，大菩萨们得到这两种神力，才能见到诸佛如来。其次，大菩萨们，对于各种三昧和神通等的境界，凡是有所分别发扬，也都是如来的两种神力所住持。如果菩萨们，根本不需要如来的神力加持而能够辩说发扬，那么，一切凡夫，也就应该能说无上精义了，须知山石树木等无知之物，遇如来神力加持时，自然都会发出声音，何况有心的人类呢？如果他们真见如来，如有聋盲喑哑等苦，当下就可以得到解脱了，所以说如来是具有这样无量的神力，可以使一切众生安乐。”大慧大士又问：“为什么当大菩萨们住在三昧正受的时候，以及达到灌顶地时，如来就要以神力来加持他们呢？”佛回答说：“为保护他们，使他们远离魔业烦恼障的散乱心，使他们不堕在声闻等的禅定中，而得到内证如来地的正觉，所以用神力来加持他们。”这时佛就归纳这些道理，作了一首偈语说：“神力人中尊。大愿悉清净。三摩提灌顶。初地及十地。”

附论十四：（这个偈语，原文文字的意义，已经说得很明白，不需要再说了。不过在讲解证入涅槃正智之后，就跟着说出如来的神力，是极有意义的。须知佛和如来的名词，具有广义和狭义两种。广义的佛和如来，是指法界的法身自性，借用现代语来说，是指宇宙万有形而上的本体。大菩萨们的修证自性，也就是内证这个形而上的本体。所以菩萨们的修持境界中，自然都是如来神力的加持。一切众生们，也都是法界自性法身如来的神变所生，所以众生从本以来，都在如来的神力之中，也可说都是如来神力的所化。用这个道理，归到狭义的某一佛和某一如来加持其人，自然也就可以相通了。所以说："十世古今，始终不离于当念。无边刹境，自他不隔于毫端。"所谓心佛众生，性相平等，就是同体之慈，无缘之悲。依体言用，哪里有时间的三世可得和空间的人我之分呢？因此所谓聋盲喑哑者，若能见自性法身的如来之体，就当下一念清净，领受自性如来神力的滋润了。借用现代科学术语来说，如来神力也就是本体功能之力，它可以发生宇宙万有。其中道理，既不能作神秘主宰的神变来看，但也不是绝对没有这种神秘的力量。唯有自证知者，然后才了解平凡处即为不可思议的神变。不可思议的神变，原来是最平凡的。所谓"镜里魔军，空花佛事"，到此言说文字，皆无用处了。参！参！）

尔时大慧菩萨摩诃萨复白佛言。世尊。佛说缘起．即是说因缘。不自说道。世尊。外道亦说因缘。谓胜自在时微尘生．如是诸性生。然世尊所谓因缘生诸性言说．有间悉檀。无间悉檀。世尊。外道亦说有无有生。世尊亦说无有生．生已灭。如世尊所说无明缘行．乃至老死．此是世尊无因说。非有因说。世尊建立作如是说．此有故彼有．非建立渐生。观外道说胜．非如来也。所以者何。世尊。外道说因不从缘生．而有所生。世尊说观因有事．观事有因。如是因缘杂乱。如是展转无穷。佛告大慧。我非无因说．及因缘杂乱说。此有故彼有者。摄所摄非性．觉自心现量。大慧。若摄所摄计著．不觉自心现量．外境界性非性。彼有如是过。非我说缘起。我常说言．因缘和合而生诸法。非无因生。大慧复白佛言。世尊。非言说有性．有一切性耶。世尊。若无性者．言说不生。是故言说有性．有一切性。佛告大慧。无性而作言说。谓兔角龟毛等．世间现言说。大慧。非性非非性．但言说耳。如汝所说．言说有性．有一切性者．汝论则坏。大慧。非一切刹土有言说。言说者是作耳。或有佛刹瞻视显法。或有作相。或有扬眉。或有动睛。或笑或欠。或謦欬。或念刹土。或动摇。大慧。如瞻视及香积世界．普贤如来国土。但以瞻视．令诸菩萨得无生法忍．及诸胜三昧。是故非言说有性．有一切性。大慧。见此世界蚊蚋虫蚁。是等众生无有言说．而各办事。尔时世尊欲重宣此义．而说偈言。

如虚空兔角　及与槃大子　无而有言说　如是性妄想
因缘和合法　凡愚起妄想　不能如实知　轮回三有宅

缘起性空的理论实际

这时，大慧大士又问："您所说的世间事物，都是缘起的，所谓都是因缘所生，那当然不是在说自心体相的道理。

但是，外道学者们，也说世间事物，是由因缘而生。例如他们有的说是由一至高无上的自在天主所造，或时间为万有的主因，也有的说都是从微尘物质所生，这些等等，也都是强调另有一个能生之性；那么，您所谓因缘生法，诸法又无自性，是另有深义存在？或是没有义理作根据呢？并且外道学者们也说：有无相生，然后才有世间事物；您也说：本来就是无生，即使生起，当生起也已灭了。例如您所说：无明为因，所以无明缘行（活动）→行缘识→识缘名色（名相和实质）→名色缘六入（六根）→六入缘触→触缘受→受缘爱→爱缘取→取缘有→有缘生→生缘老死。就以这个道理来说，也是主张无因的理论？您的意思是说：有了这个，所以才有那个。假使不是这样的，而是说同时成立，不是逐渐地互相对待而生，那因缘的道理，就不能成立了。例如外道学者们的说法，他们认为另有一个至高无上的胜因，当然这与佛的说法不同。因为外道们说：最初的因，并不是从缘而生，而是另有所生之处。您却说：果是和因相对待的，观因就有了事的果。但因又有因，果又有果，这样说来，因缘就杂乱无定，辗转无穷，彼此就互为因果了。那么，所谓有了这个，才有那个，就根本是无因的理论了啊！”佛回答说：“大慧啊！我不是说万法是无因而生的，也不是因缘杂乱的。所谓有了这个，才有那个，也只是根据自心而来。反观自心的能取和所取的作用，就根本没有绝对的自性。所谓因缘生法，也无非是自心的现识境界而已。如果执著能取和所取的作用，而不觉得都是根据于自心的现识境界而来，相反地却向外探求，追究外物是有自性的呢？或无自性的呢？这就是他们所犯的错误。与我所说的缘起道理绝不相同，我虽常说世间事物，都是因缘和合而生，并非说是无因而生的！”

理论言语是根据什么

大慧又问：“那么，言语和理论，都是空谈了；难道言语和理论的本身，就没有固定的性能，也不能表示万法本有的自性吗？如果根本没有自性，那言语理论的本身，也不会产生作用。但是，言语理论确实有它的性能，因此一切万法，也有它的自性啊！”佛回答说：“如果根本没有自性，就没有言语和理论的产生，但是，世间上的事物，确有许多虽无事实，却有它的抽象名词存在啊！那些抽象的名词和语句，根本就没有它绝对性的，却有它不同的理论。当然喽！如果一定要彻底探究它的本身，也无非都是徒有空言而已。你说言语和理论，一定有它的确实自性，但依据上述所说，你的理论，就没有根据了。”

一切言语理论的原始

“大慧啊！并非一切刹土世界都有言语的。所谓言语，只是人们造作出来的。在另外有些佛国的世界里，只要互相看了一眼，彼此就知道意思，并不一定需要言语。而且有的世界里，只用动作来表示，也就可以彼此互通意思了。例如人们有时只需扬眉瞬目，或微笑一下，或欠伸一下，乃至咳嗽一声，都会彼此了解意思。甚之，彼此心灵也可以互相感通，彼此身体，也可以互相感应。再说，香积世界[1]普贤如来的国土里，只需要瞻视佛身，就可以使菩萨们得无生法忍，以及一切难得的殊胜三昧。试问难道不靠言语理论，就不能了解真义吗？所以我说：不能以为言语和理论，是有它的绝对性，更不要以为必须靠言语，才能了解自性。大慧啊！你当然也看得见这个世界上，有蚊、蚋、虫、蚁等，它们虽然没有像人一样的言语，但是它们也可以互相传达心意，彼此分工合作啊！”这时，佛就归纳这些道理，作了一首偈语说：

“如虚空兔角。及与槃大子[2]。无而有言说。如是性妄想。”（这是说：人们的意念当中，可以产生抽象的事物。例如：兔子有角，石女生儿，明明没有的东西，却可用言语来描述它，但这无非都是人们自心的妄想所生而已。）

“因缘和合法。凡愚起妄想。不能如实知，轮回三有宅。”（这是说：世间事物，都是因缘和合，才生起万有的道理。但它们虽然缘起却无自性。只因凡夫们，不自了解缘起性空的道理，要想把握不能把捉的现实，所以才轮回在三界的火宅之中，而受痛苦的煎熬了。）

附论十五：（上面这些话是从演说如来的法身神力而来，到此又引起因缘生法和言语理论的真实可靠性的辨别。殊不知法身自性虽然体空，却具有无量神力，这正说明形而上本体的功能，是具足万法的。至于物质世间的生起，就是本体功能的显现，但却依因缘和合而生，生已还灭。如果以物质

① 香积世界：众香世界，有香积佛住持。
② 槃大子：石女也。

世间因缘的法则，来推求形而上的本体自性，那便是大大的错误了。所以佛又提出自心现量的重点。无非提醒我们用物质世间的言语理论法则，是不能推求形而上的本体自性的。这里所说的心，也就是万法唯心的如来藏性的另一名称，不能只当作这个妄想心来看。如果一定要坚执言语理论的法则，是有绝对性的，是可以推求形而上的本体自性的，那就是一种偏差和错觉了。所以才在言语之外，提出许多不借言语而可以通有无的事实等等。到此明白指出自性体空的功能，并非言语文字可以了解，但也不是不能自觉自悟证得的。这正是通贯四种禅后，指出涅槃自性，和如来神力的总结论。归之于“缘起性空，性空缘起”的不易定则，平凡处为最奇特，奇特就是基于平凡。其中各点，如果推而广之，就可以触类旁通了，在这里也不须多废言辞，唯在学者们自己去领悟。）

尔时大慧菩萨摩诃萨复白佛言。世尊。常声者．何事说。佛告大慧。为惑乱。以彼惑乱．诸圣亦现．而非颠倒。大慧。如春时焰．火轮垂发．揵闼婆城．幻梦镜像世间颠倒．非明智也。然非不现。大慧。彼惑乱者有种种现。非惑乱作无常。所以者何。谓离性非性故。大慧。云何离性非性惑乱。谓一切愚夫种种境界故。如彼恒河饿鬼见不见故。无惑乱性。于余现故．非无性。如是惑乱．诸圣离颠倒．不颠倒。是故惑乱常。谓相相不坏故。大慧非惑乱种种相。妄想相坏．是故惑乱常。大慧。云何惑乱真实。若复因缘．诸圣于此惑乱．不起颠倒觉．非不颠倒觉。大慧。除诸圣于此惑乱．有少分想．非圣智事相。大慧。凡有者愚夫妄说．非圣言说。彼惑乱者。倒不倒妄想．起二种种性。谓圣种性。及愚夫种性。圣种性者．三种分别。谓声闻乘。缘觉乘。佛乘。云何愚夫妄想．起声闻乘种性。谓自共相计著．起声闻乘种性。是名妄想起声闻乘种性。大慧。即彼惑乱妄想．起缘觉乘种性。谓即彼惑乱自共相不亲计著．起缘觉乘种性。云何智者即彼惑乱．起佛乘种性。谓觉自心现量．外性非性．不妄想相．起佛乘种性。是名即彼惑乱．起佛乘种性。又种种事性．凡夫惑想．起愚夫种性。彼非有事非无事．是名种性义。大慧。即彼惑乱不妄想．诸圣心意意识．过习气．自性法．转变性．是名为如。是故说如离心。我说此句显示离想．即说离一切想。大慧白佛言。世尊。惑乱为有为无。佛告大慧。如幻．无计著相。若惑乱有计著相者．计著性不可灭。缘起应如外道．说因缘生法。大慧白佛言。世尊。若惑乱如幻者．复当与余惑作因。佛告大慧。非幻惑因．不起过故。大慧。幻不起过．无有妄想。大慧。幻者从他明处生。非自妄想过习气处生。是故不起过。大慧。此是愚夫心惑计著．非圣贤也．尔时世尊欲重宣此义．而说偈言。

圣不见惑乱　中间亦无实　中间若真实　惑乱即真实

舍离一切惑　若有相生者　是亦为惑乱　不净犹如翳

复次大慧。非幻无有相似．见一切法如幻。大慧白佛言。世尊。为种种幻相计著．言一切法如幻。为异相计著。若种种幻相计著．言一切性如幻者。世尊。有性不如幻者。所以者何．谓色种种相非因。世尊。无有因色种种相现．如幻。世尊。是故无种种幻相计著相似．性如幻。佛告大慧。非种种幻相计著相似．一切法如幻。大慧。然不实一切法．速灭如电．是则如幻。大慧。譬如电光刹那顷现．现已即灭．非愚夫现。如是一切性．自妄想自共相。观察无性．非现色相计著。尔时世尊欲重宣此义．而说偈言。

非幻无有譬　说法性如幻　不实速如电　是故说如幻

大慧复白佛言。如世尊所说．一切性无生．及如幻。将无世尊前后所说．自相违耶。说无生性如幻。佛告大慧。非我说无生性如幻．前后相违过。所以者何。谓生无生．觉自心现量。有非有．外性非性．无生现。大慧。非我前后说相违过。然坏外道因生．故我说一切性无生。大慧。外道痴聚．欲令有无有生．非自妄想种种计著缘。大慧。我非有无有生。是故我以无生说而说。大慧。说性者。为摄受生死故。坏无见断见故。为我弟子摄受种种业．受生处故。以声性．说摄受生死。大慧。说幻性自性相．为离性自性相故。堕愚夫恶见相希望．不知自心现量。坏因所作生．缘自性相计著。说幻梦自性相一切法。不令愚夫恶见．希望计著．自及他一切法．如实处见．作不正论。大慧。如实处见一切法者．谓超自心现量。尔时世尊欲重宣此义．而说偈言。

无生作非性　有性摄生死　观察如幻等　于相不妄想

万有现象就是唯心现量的境界

这时，大慧大士又问佛说：“有的声论学派，他们为什么说声是常住的呢？”（这是指古印度声论学派而说）佛说：“这是因为他们缺乏智慧，被宇宙物理的现象所惑乱（惑是指被外境和现象界所迷，乱是指在惑中发生的乱想），不能看见心性自体的功能。不过，已经证道的圣者，虽然也同样地处在物理现象的惑乱之中，但他们此心却不会被现象界所颠倒。大慧啊！我不是已经说过，物理世界里的万有现象，都如沙漠旷野里的炎阳反映，产生各种事物和色相的幻像吗？我已用如梦、如幻、如海市蜃楼等等譬喻来说明，现在不需再费言辞了。如果坚持物理世间的现象是真实的，那就是惑乱颠倒，没有大智慧，所以不得解脱。但不是说得到智慧解脱，现象界就不存在了。当然啰！物理界，仍然会有种种现象的发生，只有得到大智慧解脱的人，知道一切现象都是无常，不会再被它所惑乱。为什么呢？因为这些万有现象，虽然有它的各别性质，却没有它们的真实自性，只是一切凡夫愚痴，自心执著而产生种种境界。例如恒河之水，在饿鬼看来，并不是水，却是一片大火。所以智者虽能不被现象所惑，但是惑乱的现象，仍然存在，所以我们也不能否定它们的各别现象。只是已经证道的圣者，自己远离颠倒妄见，所以再不会被现象界所惑乱颠倒罢了。其所以说惑乱的现象界有常性的原因，乃是因为物理现象与心理现象的比较而来。心理现象，随时随地变易破灭；而物理现象却较为持久，所以就颠倒惑乱，认为它是有常性的了。大慧啊！怎样又说现象界的惑乱现象，是自性的真实功能呢？因为现象界的一切，都是因缘所生，缘起性空，并无自性。一切圣者，在此惑乱的现象界中，再不生起颠倒的妄想，但并非不见颠倒的情形。如果已经证道的圣者，对于惑乱现象，还有些许的觉想存在，就不是圣者大智慧解脱的境界了。大慧啊！凡是说有法可得的，都是无智凡夫的妄言，并非圣者之说。如果对于惑乱自性，分别它的颠倒和不颠倒，就可以生起两种种性，那就是凡夫种性与圣人种性。但圣人种性也有三种不同的差别，那就是声闻乘、缘觉乘和佛乘。”

三乘种性的基本原因

“为什么凡夫妄想分别，会引起声闻乘种性呢？因为他厌离自己经历的各种现象，与观察外境中人们的共同现象，而厌喧求静，执著于清净，所以就生起声闻乘种性。殊不知执著静相，也就是一个大妄想，所以名为妄想起声闻乘种性。为什么对这惑乱妄想，会引起缘觉乘种性呢？因为他对于内在和外界的各种惑乱现象，都避而远之，独坐孤峰，静观万化，执著于自觉境界，以为不亲因缘，便是究竟的解脱，所以名为计著起缘觉乘种性。为什么智者在惑乱现象中，也会引起佛乘种性呢？因为他证觉万法唯心，一切现象无非都是自心的现量。除此以外，内外诸法，都无自性，此心不再产生任何妄想，所以就生起佛乘的种性，这就名为即彼惑乱起佛乘种性。”

种性的定义

“再说，一切凡夫，都从自心的惑乱妄想中，来分别现

南怀瑾

象界中种种差别事物的体性，依据主观，就形成凡夫心理，他们自认为是绝对性的见解。其实，现象界本身的存在，只有现象，并没有固定性的事实。何况主观成见，还是妄想分别所生的呢！这就名为形成种性义的道理。大慧啊！智者观察惑乱的现象界，不生起虚妄的分别心，所以能转意识的习气过患。如此自性转变，转识成智，'即此用，离此用，离此用，即此用'，就名为'如'，或者名为'真如'。所以说，'如'是离一切分别妄想心的。我这样说，是显示体性真如，是离一切妄想。换言之，离一切分别妄想心，便名为'真如'。"大慧又问："惑乱的作用，究竟是有常性或是无常性的呢？"佛说："现象界一切如幻地存在，根本不可以把捉它。如果惑乱是可以把捉的，那么，这个可以把捉的性能和作用，就根本不会再灭，这样就和其他外道们的说法相同，认为另有一个主宰，生起这些缘起性的因缘作用了。"大慧大士又问："如果惑乱本身是如幻的，幻出迷恋，它将会替其他惑乱造因。"（换言之，就是其他的迷惑，是因为惑乱而生了）佛回答说："并非'幻'是惑乱之因，因为它本身如幻，哪里会生起一切过患呢？大慧啊！'幻'不会生起过患，说它是有或是无，都是因自心妄想执著所生。我所谓是幻，乃指由于已经明了一切如幻，所以才说它如幻，并非从妄想习气的过患中，认为另外有一个'幻'的存在。所以说，既然是幻，幻哪里还会发生过患呢？这都是无智愚夫们自心惑乱，才会执著这些观念，不是证道圣贤的境界。"这时，佛就归纳这些道理，作了一首偈语说：

"圣不见惑乱。中间亦无实。中间若真实。惑乱即真实。”（这是说：已经证得自性的圣者，即使在惑乱的现象界中，也不起分别执著。既无所谓幻，也无所谓不幻。更没有在幻和不幻的中间，另有一个中道的真实自性。如果有一个中道的真实自性，那也等于是一种惑乱，也等于把惑乱当作真实。）

“舍离一切惑。若有相生者。是亦为惑乱。不净犹如翳。”（这是说：离幻即真。但真也是没有一种境界和现象的。如果认为断了一切惑乱，才能证得真性，那也就是一种惑乱，仍然不得清净。所谓断惑证真，仍然是法眼的翳障，等于避溺而投火，永远得不到解脱。）

以上是说幻的逻辑,佛也如幻

幻有的现象和定义

佛又说：“大慧啊！非幻的境界，是无法描画比拟的，因为我们所见到现象界一切都是如幻的。”大慧又问：“是因为人们执著种种幻像，所以您说一切法如幻呢？还是另外有一种可以把捉的‘幻’的作用呢？如果因为人们执著种种幻的现象，因此您才说现象界的一切如幻。但现象界的自性，的确有些并不是如幻的。为什么呢？例如现象界各种物理的色相等等，它又能构成现象的另一原因存在。而且，根本就没有因为无色相，才发现现象界的种种如幻。所以说，不能认为人们执著现象界的种种幻相，就是绝对错误的，只能说它也是一种相似性的幻罢了。”佛说：“执著现象界的种种幻相，不能认为是一种相似性的幻。因为身心内外与宇宙间一切现象，都是不实在的，并没有绝对性的存在。它的幻化生灭，刹那刹那不住，快速犹如闪电，所以说都是如幻的。譬如电光吧！刹那之间一现就灭，并非独对愚痴无智的人，才有此现象。无论智者与愚者，当他面对此境，身心内外，就同时呈现此光的。只要在这一切生灭变化的现象中，舍离如幻的妄想，观察自他内外一切现象，都是无自性的，就可以了解一切如幻的道理了，并非专指执著现象界的色相，而说如幻。”这时，佛就归纳这些道理，作了一首偈语说：

“非幻无有譬。说法性如幻。不实速如电。是故说如幻。”（这是说：正觉非幻的境界，是无法可以形容比拟的。即使现在我们所说的如幻法的法性，它的本身也是如幻的，一切没有真实的存在可得。生灭变化如闪电般地一现即逝，所以说，一切法如幻。）

自性无生的真谛

大慧又问说：“您曾说一切法自性本自无生，现在又说一切法如幻（既然无生，何以又生幻呢？倘有如幻，就不是无生了）。由此看来，岂非您前后所说自相矛盾吗？到底您是说自性无生，还是如幻的呢？”佛回答说：“并不是我前后所说的自相矛盾，为什么呢？因为一切的生灭，只是现象。现象虽生灭，而自性本不动摇，所以说自性无生。凡夫不知现象界的生灭与自性的无生，都是自心现量的事，所以却向心外求法，向外寻求有和无，有自性或非自性。其实有无和有性与无性等，也都是自性无生的现象而已。大慧啊！所以说我不是前后自相矛盾的。但是为了辨正外道学者，认为万有是另有一个创造因的理论，所以我说明一切法自性本来无生。因为他们愚痴无智，认为有生于无，或有无相生，殊不知这都是根据自己的妄想执著而成立的。我说的无生，并非著有，也不著无，只是说缘起生灭的自性本来无生，所以才说无生。”

自性的定义

“大慧啊！我说的性和自性，乃是为了辨明生死缘起的，为了纠正一般认为死后什么都没有，什么都完了的断见，为了指示我的弟子们，确知种种业力能产生生死缘起的生命，所以我才勉强假定一个性或自性的名词，以概括产生生死的功能和作用。”

如幻的涵义

“大慧啊！我为什么又说一切法自性如幻呢？那是为了深怕愚痴凡夫们堕入了妄想恶见，不能体认自性，不知有无都是如幻，都是自心的现量境界。而始终执著生命的缘起，是另有一个主宰，所以我明白指出一切万有性空，都是如梦似幻的存在。不要执著身心和内外一切现象，是有一个绝对的实体。要认清真如实相是了不可得的，那就不会有各种谬论了。大慧啊！所谓如实处见一切法，就是一种超自心现量的境界啊！”这时，佛就归纳这些道理，作了一首偈语说：

“无生作非性。有性摄生死。观察如幻等。于相不妄想。”（这是说：自性本来无生，说是自性，也只是强为之名，因此不可执著以为有一实性。说是有一自性，是为了概括业力生死流转的功能。如果观察到一切皆如幻化，便对生死和自性涅槃等，了了常知原是无相的，自然就不会再产生任何妄想了。）

复次大慧。当说名句形身相。善观名句形身菩萨摩诃萨．随入义句形身．疾得阿耨多罗三藐三菩提。如是觉已．觉一切众生。大慧。名身者。谓若依事立名．是名名身。句身者。谓句有义身．自性决定究竟．是名句身。形身者。谓显示名句．是名形身。又形身者。谓长短高下。又句身者。谓径迹．如象马人兽等所行径迹．得句身名。大慧。名及形者。谓以名说无色四阴．故说名。自相现．故说形。是名名句形身。说名句形身相分齐．应当修学。尔时世尊欲重宣此义．而说偈言。

名身与句身　及形身差别　凡夫愚计著　如象溺深泥

复次大慧。未来世智者。以离一异俱不俱见相．我所通义．问无智者。彼即答言．此非正问。谓色等．常无常．为异不异。如是涅槃诸行．相所相．求那所求那．造所造．见所见．尘及微尘．修与修者。如是比展转相。如是等问．而言佛说无记止论。非彼痴人之所能知。谓闻慧不具故。如来应供等正觉．令彼离恐怖句故．说言无记．不为记说。又止外道见论故．而不为说。大慧。外道作如是说．谓命即是身。如是等无记论。大慧。彼诸外道愚痴．于因作无记论．非我所说。大慧。我所说者。离摄所摄．妄想不生。云何止彼。大慧。若摄所摄计著者．不知自心现量．故止彼。大慧。如来应供等正觉. 以四种记论. 为众生说法。大慧。止记论者。我时时说。为根未熟. 不为熟者。复次大慧。一切法. 离所作因缘不生。无作者故. 一切法不生。大慧。何故一切性. 离自性。以自觉观时。自共性相不可得. 故说一切法不生。何故一切法不可持来. 不可持去。以自共相. 欲持来无所来. 欲持去无所去。是故一切法离持来去。大慧。何故一切诸法不灭。谓性自性相无故。一切法不可得. 故一切法不灭。大慧。何故一切法无常。谓相起无常性。是故说一切法无常。大慧。何故一切法常。谓相起无生性. 无常常. 故说一切法常。尔时世尊欲重宣此义. 而说偈言。

记论有四种　一向反诘问　分别及止论　以制诸外道

有及非有生　僧佉毗舍师　一切悉无记　彼如是显示

正觉所分别　自性不可得　以离于言说　故说离自性

名词章句的文字理则

佛又说："其次，我应当为你们解说名词和章句的理则，你们学习大乘菩萨道的人，也可以从文字义理上，去证得无上正觉的道理，既可以此自觉，又可以此开悟一切众生。大慧啊！所谓名身，就有确立名词本身的定义，它是因事而定名。换言之，每个名词都有它本身的涵义。所谓句身，就是每一文句当中，它所表达的义理，须有肯定或否定的绝对性作用。所谓形身，就是每篇文章，是包括了字的定义和句的意义，以表达整个思想的。例如长短、高下，它就是把名和句所表示的整个形像完全表达出来。再说，所谓句身，犹如道路的径迹。例如象马人兽等所走过的形迹，可以由此迹象寻求到它目标。这就是句身的要义。所谓名及形呢？有的名词只是属于抽象的观念，但是又可以由此抽象观念来了解事实。例如说，命题和涵义，它本身就是无形色可得的。至于所谓无色，乃是从感受、思想、行动、精识的作用上，来了解它是无色的。为了表达无色的涵义，就有文句结构的需要。这就是名词和名句形身等文字理则的作用。关于这些差别的涵义，你们应当修学，既可以由此研究义理，也可以表达义理。”这时，佛就归纳这些道理，作了一首偈语说：

“名身与句身，及形身差别。凡夫愚计著，如象溺深泥。”（这是说：凡夫们往往执著文字名相，以为这就是究竟，所以不能解脱，犹如大象陷于泥坑里，愈陷愈深，无法自拔，是多么可怜啊！）

佛为什么只说出世法

佛又说：“大慧啊！未来世间的智者们，他们舍离自性的究竟实际，只寻问一（如一元）、异（非一元，如二元、多元等本体论）、俱（同体或共有的形而上论等）、不俱（非同体，或非共有）、见相（知识的真实性，如认识论等）、我所（人我所作的真实性，即为人生的价值，或人生的行为论等），他们都以这些通义，来考问无智的人们。而无智的愚夫们，可能会答复他们说：这些都不是佛法中的正问。如果他们再问关于佛所谓的色等（物理的实际），它是否恒常不变？或变化无常？它是否为同体？或不同体？甚之问：涅槃自性中一切活动的现象？以及所起这些现象的状况？物理的能和物理变化的情状？能为造物主宰的是谁？和造化的根源是什么？能见和所见的作用？微尘和尘质的根本？能修行的是谁？所修行的是什么事？这些等等问题，彼此都可以互相引证，可以相互发明的。可是无智的愚夫们，可能会说：我佛向来对这些问题，是把它归属于没有穷尽的无记止论，所谓‘置答’而不说明。这样的回答，其实等于谤我，决非痴人们所能知的了。我有时对于这一类问题，为什么‘置答’（即不答）呢？因为对某一般人们，没有听闻理解的慧力，为了使他们远离深奥难知的恐怖心理，所以说这些乃没有穷尽的无记论（相同于戏论），又为了阻止外道的邪见理论，所以可以‘置答’不说。大慧啊！这些外道学者们，认为人身就是生命的根源，形体化去，生命也就随着化去了，这就属于无记论的范围。因为他们愚痴无智，不知道生命最初的因，所以走入了无记论的范围，这当然也不是我所要说的了。我所说的，是要离能生和所生的现象，以及远离妄想分别心的能所。我哪里要用‘置答’来阻止他们的理论呢？大慧啊！如果执著另有一个能生和所生的现象，始终不肯放下，他若不知道能生都是自心（真如）的现量，我就会阻止他，或者置而不答了。佛以四种记论（见下偈中）为众生说法，‘置答’是阻止无记论的一种方法。我经常对你们说：这是用在善根还未成熟的人，假以时日，等到他们善根成熟后，才为他们说法，所以有时才会‘置答’。”

宇宙万法无主宰非自然的道理

“其次，大慧啊！宇宙万有的一切法，是因缘所生的，离了因缘以外，就根本无生。因为没有一个作为主宰的造物者的存在，所以从形而上的本体自性而言，我说一切法本自无生。因为一切法的自性，本自没有体相可得。如用自智自觉，观察诸法的自性体相，毕竟性空而不可得，所以一切法本自无生。为什么呢？一切法既不可以把捉而来，也不可以把捉得去。只因为自他妄念，想要将它把捉而来，但它却无所从来，想要将它把捉而去，但它却无所从去，所以说一切无可把捉，离了来去。可是为什么我又说诸法本自不灭的呢？因为形而上的自性，本来就没有实相可得。所以说，虽然有现象的灭，但形而上却空无自性，本自不灭。但为什么又说，一切法无常呢？因为缘起的现象，本来没有经常存在的可能性，所以说它是无常的。然而为什么又说一切法是常的呢？因为现象缘生，形而上的本体，毕竟性空无生，一切现象缘起缘灭是无常的，而自性本空却是恒常的，所以说一切法性空是常的。”这时，佛就归纳这些道理，作了一篇偈语说：

“记论有四种。一向反诘问。分别及止论。以制诸外道。”（这是说：佛法的论理，有四种方法。那就是直答、反问、分别和置答等四种。佛是用这四种方法，以制服一切外道们的邪说。）

“有及非有生。僧佉毗舍师（注见下文解中）。一切悉无记。彼如是显示。”（这是说：数论①学派与胜论②学派等，

① 数论：迦毗罗仙所造之论，又名“金七十论”，立二十五谛，论生死涅槃。以数为量诸法之根本，故以立名。从数而起之论，故名数论。

② 胜论：呕露迦仙所始称，分析宇宙万有为空间的唯物的多元论也。别为六种，谓之六句义。实为本体，德为属性，业为作用，同为共通性，异、和合为物间之固有性。

他们大抵都是说：有生于无，无能生有。这些义理都是无记论，都不是真理。）

“正觉所分别。自性不可得。以离于言说。故说离自性。”（这是说：佛是大智正觉者，于无分别中分别宇宙万有，一切法的自性，都没有实体可得，也不是言语思想可以形容的，所以说是无自性。）

附论十六：（凡是善于说法者，必须能建而又能破。此是因明和逻辑〈Logic〉的共通原则。破是辩驳不同于我的谬论，破其邪见执著，建是使他在真理之前低首，归依于吾所建立的宗旨。而最善于能破和能建的说法者，可谓人间天上，莫过于佛。佛具一切智，穷万法源。明宇宙万有的空无自性，无言语可说，离思议之表。却又须以此事明白告诉众生，必须在不可说中，用各种方法说出其中的道理，使人们在可思议里，达到不可思议的超脱境界。所以在这里说了一切法如幻，破一般论理思辨的执著以后，跟着又说出名句形身的要义，和表明吾佛说法的方法。如果人们对此了然于胸，就可以知道佛说一大藏教的组织方法，同时也可以了然后世诸善知识接引后进的妙用了。即使不是学佛的人们，懂了这个道理，对于思辨义理文字的写作和讲说，也应该有很大的进益。）

尔时大慧菩萨摩诃萨复白佛言。世尊。惟愿为说诸须陀洹．须陀洹趣．差别通相。若菩萨摩诃萨．善解须陀洹趣差别通相．及斯陀含．阿那含．阿罗汉．方便相。分别知已。如是如是．为众生说法。谓二无我相．及二障净．度诸地相。究竟通达．得诸如来不思议究竟境界。如众色摩尼。善能饶益一切众生。以一切法境界无尽身财．摄养一切。佛告大慧。谛听谛听。善思念之。今为汝说。大慧白佛言。善哉世尊。唯然听受。佛告大慧。有三种须陀洹．须陀洹果差别。云何为三。谓下中上。下者极七有生。中者三五有生而般涅槃。上者即彼生而般涅槃。此三种有三结．下中上。云何三结。谓身见．疑．戒取。是三结差别。上上升进．得阿罗汉。大慧。身见有二种。谓俱生。及妄想。如缘起妄想。自性妄想。譬如依缘起自性．种种妄想自性计著生。以彼非有非无．非有无．无实妄想相故。愚夫妄想．种种妄想自性相计著。如热时焰．鹿渴水想。是须陀洹妄想身见。彼以人无我．摄受无性．断除久远无知计著。大慧。俱生者。须陀洹身见．自他身等．四阴无色相故。色生造及所造故。展转相因相故。大种及色不集故。须陀洹观有无品不现．身见则断。如是身见断．贪则不生。是名身见相。大慧。疑相者。谓得法善见相故。及先二种身见妄想断故。疑法不生。不于余处起大师见。为净不净。是名疑相。须陀洹断。大慧。戒取者云何。须陀洹不取戒。谓善见受生处苦相故．是故不取。大慧。取者谓愚夫决定受习苦行．为众具乐．故求受生。彼则不取。除回向自觉胜。离妄想．无漏法相行方便．受持戒支。是名须陀洹．取戒相断。须陀洹断三结．贪痴不生。若须陀洹作是念。此诸结我不成就者．应有二过。堕身见．及诸结不断。大慧白佛言。世尊。世尊说众多贪欲．彼何者贪断。佛告大慧。爱乐女人。缠绵贪著种种方便．身口恶业。受现在乐．种未来苦。彼则不生。所以者何。得三昧正受乐故。是故彼断。非趣涅槃贪断。大慧。云何斯陀含相。谓顿照色相妄想。生相见相不生。善见禅趣相故。顿来此世。尽苦际．得涅槃。是故名斯陀含。大慧。云何阿那含。谓过去未来现在色相．性非性。生见过患使．妄想不生故。及结断故。名阿那含。大慧。阿罗汉者。谓诸禅三昧解脱力明。烦恼苦妄想非性故。名阿罗汉。大慧白佛言。世尊。世尊说三种阿罗汉．此说何等阿罗汉。世尊。为得寂静一乘道。为菩萨摩诃萨方便示现阿罗汉。为佛化化。佛告大慧。得寂静一乘道声闻．非余。余者行菩萨行．及佛化化。巧方便本愿故．于大众中示现受生．为庄严佛眷属故。大慧。于妄想处种种说法．谓得果得禅。禅者入禅．悉远离故。示现得自心现量．得果相．说名得果。复次大慧。欲超禅无量无色界者．当离自心现量相。大慧。受想正受．超自心现量者．不然。何以故。有心量故。尔时世尊欲重宣此义．而说偈言。

诸禅四无量　无色三摩提　一切受想灭　心量彼无有
须陀槃那果　往来及不还　及与阿罗汉　斯等心惑乱
禅者禅及缘　断知见真谛　此则妄想量　若觉得解脱

四种罗汉的果位境界

这时，大慧大士又问说：“惟愿佛再为我们解说罗汉的四个果位的境界，如果我们都能了解四种罗汉果的方法，和其中不同的境界，我们才能为后世众生说二种无我相——人无我和法无我，使他们去了烦恼障和所知障，一直进入如来的不可思议的境界。”佛回答说：“有三种须陀洹的境界和他的不同果位。初果须陀洹有哪三境界呢？就是下、中、上三种。下品须陀洹还须经七次返生人间。中品须陀洹还须三次返生人间，乃至五次返生人间，才能进入有余依涅槃（残余的习气未能净断，定住在空忍的境界，即以为是究竟寂灭的果位，所以名为有余依涅槃）。至于上品须陀洹，就是不须投返人间，就能进入涅槃。在这三种果位的人，还有三结，所以不得解脱；哪三种结呢？就是身见、疑见、戒取见三结。如果能加以修持上进，就可以得到阿罗汉果。”

身见

“大慧啊！所谓身见，是有两种不同。一是与生命俱来，和生命根本同在的，名为俱生。二是妄想所生。什么是妄想所生呢？例如对缘起所生的现象界，分别它们的缘起自性，却执著自性是的确有一空性的存在。不过认为这个自性的境界，既不是有，也不是无，也不是非有和非无。其实这正是一种妄想所形成的观念。可是无智愚夫，只认为分别妄想是空，不知执空还是妄想，却反而执著空为自性。这仍然如热时的渴鹿，误认旷野里的阳焰光影，把它当作清净的凉水一样。这就是须陀洹们以空性为身见，他们只证得人空，乃认人无我就是无自性的境界。他们断除烦恼，久住空境，就在此处安身立命了。什么是须陀洹的俱生身见呢？他们观察自己和人们的四阴作用——受（感触）、想（思想）、行（本能活动）、识（精神作用）——都是没有色相形状可得，都是物理生理所造，互相辗转发生作用，彼此互为因果。四大种——地（固体）、水（液体）、火（热能）、风（气体）——以及光色等，都不是固定性的。他们由此观察，既不执有，也不著无，断除凡夫坚认此身是我的身见之惑。因此再也不生贪欲之念，就此以断惑为证真之果，那就是须陀洹的身见相，即所谓去妄求真之流。”

疑见

“大慧啊！所谓疑相是什么呢？那就是对上述的两种身见妄想已经解除，但又自以为这种心得就是得法的善见相。即认为诸法断灭，都是不生的，所以对其余更有超过这种境界的上乘法，就起怀疑，认为大乘大士们虽说的清净法，恐怕是未净其意的，这就名为须陀洹的断见疑相。”

戒取见

“大慧啊！所谓须陀洹的戒取见，是说须陀洹们不肯守取善业的戒行，轻视它为邀得生天的福报。他们了解有生即有苦，因修善而得生天的福报，福报尽了，仍然会堕落的，仍然没有脱离苦因，所以他们既然不为恶造孽，也不守取戒行以求福。所谓取的意义，是说人们现在修习苦行，而为了求取他世或换得来生福报，或死后往生天堂的乐报，这是愚痴凡夫们的希望，所以须陀洹们在所不取。他们除了返心归向于自觉的殊胜境界，远离妄想，及断除烦恼的无漏法的清净禁戒以外，其余都不执取，这就名为须陀洹的戒取见。”

“虽然须陀洹们已经断了贪、瞋、痴的三结，再不生起这种心理，可是他们如果有了我已断除三结的自负，就等于没有成就的凡夫。只要一有此意，便会有两种过错。一是堕在身见，如上面所说的。二是其余诸结不断。所以真正已经成就须陀洹果位的人，是没有这种自负的心理的。”大慧又问：“您说一切众生们，本来就有很多的贪欲，须陀洹们是断了哪种贪欲呢?”佛说:“他们是断了男女之间缠绵的情、爱、欲,乃至从情、爱、欲所出发的种种身、口、行为,如打情骂俏、拥吻眄视等等。因为这些行为,虽然得到目前暂时的享受,但会博得未来无穷的苦果,所以他们已经远离不生了。但这如何能够做得到呢?他们在禅定的境界中,已经得到三昧正受之乐,就是身心内发的妙乐,所以他们能够断除男女欲乐之心,而贪著趣入涅槃境界的妙乐。大慧啊!怎样是斯陀含的境界呢?他们是对境无心,目前有色相,心中无分别,总是在禅定的乐趣境界当中。所以他们尽此一生的苦报,命终即进入有余依的涅槃境界,这就名为斯陀含。大慧啊!什么是阿那含的境界呢?他们是已经断除过去、未来、现在的三世时间的束缚,没有内外有无之心,也没有因我见而产生的偏差,所谓绝对不生妄想,究竟断除三结,这就名为阿那含,他们能住入涅槃,不再生人间而证得不还果。大慧啊!什么是阿罗汉的境界?他们已经具有世间和出世间的各种禅定三昧境界,得到解脱的能力和神而明之的通力,不再生起烦恼苦果等妄想习性,这就名为阿罗汉。”大慧又问:“您平常不是说有三种阿罗汉吗?这里所指的是哪一种的阿罗汉呢?是得寂灭清净的一乘道果呢?或者大乘境界的菩萨们,为了方便显示,故意以阿罗汉的姿态出现呢?或是佛以化身显示的呢?”佛回答说:“这是指得到寂灭清净的一乘道的声闻众中的阿罗汉,并非其余的那两种。其余两种,都是由于慈悲的愿力,视时代和环境的需要,故意显示阿罗汉的姿态,来做佛法众中的眷属,借以相得益彰,以此庄严佛众。大慧啊!所谓得果,也无非是对凡夫众生们说,因为他们根本不能远离妄想心的希望，虽然学出世法，但总是要求取得一种地位，所以才说他得果和得禅。如果是真正的禅者们证入禅的正受三昧，就根本无所谓有这些得果得禅的观念存在，只是借此表示而说已证得自心的现量果罢了。大慧啊！如果要超过各种禅定的无量境界，超越欲界、色界、无色界的三界外者，还应当舍离自己的心量境界。若是还有少许感受和细微妄想的存在，认为自己是超过心量的境界者，那就根本不对，为什么呢？因为还在心量的范围啊！”这时，佛就归纳这些道理，作了一首偈语说：

“诸禅四无量。无色三摩提。一切受想灭。心量彼无有。”（这是说：所有各种禅定，都超不出四无量的境界〈又名四等，四梵行，十二门禅中之四禅也。一、慈无量心。二、悲无量心。三、喜无量心。四、舍无量心。此四心依四禅定而修之，则得生色界之梵天，故云梵行〉，就是空无边处定、识无边处定、无所有处定、非想非非想处定。禅定最高的境界，是非想非非想处定，也叫作灭尽定。但是无色定还是不出无色界的范围。总之，四无量的禅定境界，不外欲界、色界、无色界的领域，虽然没有粗的触觉和妄想，但依然还存有细的感受和妄想。这些仍然跳不出自心的现量境界，如果能超越自心的现量，就一无所得，而解脱三界了。）

“须陀槃那果。往来及不还。及与阿罗汉。斯等心惑乱。”（这是说：初果须陀洹，二果一往来，三果是不还，四果阿罗汉等。如果认为是有法可得，有果可证，执著果位和自己所得的禅境界而不知舍离，都是自心惑乱的证见，以大乘佛法看来，不过是比较高明一点的愚痴凡夫罢了。）

“禅者禅及缘。断知见真谛。此则妄想量。若觉得解脱。”（这是说：真正的禅者，在禅定境界中，既无所谓能禅定的心，也无所谓得禅定的境。既断除了能知和所知的见，便没有真和妄的分别执著，依此而证得正觉的自性，自然就得到解脱了。）

复次大慧。有二种觉。谓观察觉。及妄想相摄受计著建立觉。大慧。观察觉者。谓若觉性自性相．选择离四句不可得。是名观察觉。大慧。彼四句者。谓离一异．俱不俱．有无非有非无．常无常。是名四句。大慧。此四句离．是名一切法。大慧。此四句观察一切法应当修学。大慧。云何妄想相摄受计著建立觉。谓妄想相摄受计著。坚湿暖动不实妄想相．四大种。宗因相譬喻计著．不实建立而建立。是名妄想相摄受计著建立觉。是名二种觉相。若菩萨摩诃萨成就此二觉相．人法无我相究竟。善知方便无所有觉．观察行地．得初地．入百三昧。得差别三昧。见百佛及百菩萨。知前后际各百劫事。光照百刹土。知上上地相．大愿殊胜神力自在。法云灌顶。当得如来自觉地。善系心十无尽句．成熟众生。种种变化．光明庄严。得自觉圣乐三昧正受。

复次大慧。菩萨摩诃萨．当善四大造色。云何菩萨善四大造色。大慧。菩萨摩诃萨．作是觉彼真谛者．四大不生。于彼四大不生．作如是观察。观察已。觉名相妄想分齐．自心现分齐．外性非性。是名心现妄想分齐。谓三界观彼四大造色性离。四句通净。离我我所。

如实相自相分段住。无生自相成。大慧。彼四大种．云何生造色。谓津润妄想大种．生内外水界。堪能妄想大种．生内外火界。飘动妄想大种．生内外风界。断截色妄想大种．生内外地界。色及虚空俱。计著邪谛。五阴集聚．四大造色生。大慧。识者．因乐种种迹境界故．余趣相续。大慧。地等四大．及造色等．有四大缘。非彼四大缘。所以者何。谓性形相处所作方便无性．大种不生。大慧。性形相．处所作方便和合生．非无形。是故四大造色相。外道妄想．非我。复次大慧。当说诸阴自性相。云何诸阴自性相。谓五阴。云何五。谓色受想行识。彼四阴非色。谓受想行识。大慧。色者．四大及造色．各各异相。大慧。非无色。有四数如虚空。譬如虚空．过数相．离于数。而妄想言一虚空。大慧。如是阴．过数相．离于数。离性非性．离四句。数相者．愚夫言说。非圣贤也。大慧。圣者如幻。种种色像．离异不异施设。又如梦影士夫身．离异不异故。大慧。圣智趣．同阴妄想现。是名诸阴自性相．汝当除灭。灭已．说寂静法。断一切佛刹．诸外道见。大慧。说寂静时．法无我见净．及入不动地。入不动地已。无量三昧自在．及得意生身。得如幻三昧。通达究竟力明自在。救摄饶益一切众生。犹如大地．载育众生。菩萨摩诃萨．普济众生．亦复如是。

复次大慧。诸外道有四种涅槃。云何为四。谓性自性．非性涅槃。种种相性．非性涅槃。自相自性．非性觉涅槃。诸阴自共相．相续流注断涅槃。是名诸外道四种涅槃。非我所说法。大慧。我所说者. 妄想识灭. 名为涅槃。大慧白佛言。世尊不建立八识耶。佛言建立。大慧白佛言。若建立者. 云何离意识. 非七识。佛告大慧。彼因及彼攀缘故. 七识不生。意识者. 境界分段计著生。习气长养. 藏识意俱。我所计著. 思惟因缘生。不坏身相. 藏识因攀缘. 自心现境界. 计著心聚生。展转相因。譬如海浪. 自心现境界风吹. 若生若灭. 亦如是。是故意识灭七识亦灭。尔时世尊欲重宣此义. 而说偈言。

我不涅槃性　所作及与相　妄想尔焰识　此灭我涅槃
彼因彼攀缘　意趣等成身　与因者是心　为识之所依
如水大流尽　波浪则不起　如是意识灭　种种识不生

两种智觉的境界

佛又说："还有两种觉相：一是观察觉，二是妄想相摄受计著建立觉。所谓观察觉是人们返照自己的知觉和感觉的自性，以体认妄心的现状，毕竟是离了互相对立的'四句'，了无自性可得，这就名为观察觉（就是凡夫智慧境界的相似觉，并非正觉的境界）。所谓四句，就是一（一体）异（不一体），俱（共同存在）不俱（不共同存在），有（有实在的）无（没有实在的）、非有（好像是没有）非无（好像不是没有），以及常（永恒的存在）无常（没有永恒的存在），这些就是互相对立的四句。大慧啊！离这四句，就是离一切法的纲要，所谓离四句，绝百非。也就要以离此四句为观察一切法而得智慧的体相，所以你们应当修学（这就是观察法无我）。大慧啊！所谓妄想相摄受计著建立觉，就是人们都在妄想境界中接受它的本能感觉，所以一般人们对于坚（地）、湿（水）、暖（火）、动（风）等的生理本能状态，执著不舍，而误认此虚妄假合的四大活动，是真实的存在。而且还根据因明的——宗、因、喻三支论理方法，于虚妄不实中强认为是真实性的。智者就在此中觉知它都是虚妄不实的妄想境界，这就名为妄想相摄受计著建立觉（这就是观察人无我）。”

菩萨境界

“大慧啊！大乘菩萨们就在此中成就二种觉相，了知人无我和法无我。由此得究竟善知方便无所有觉，又名为得入无相智的善巧观察。从此入于菩萨的初地（欢喜地）境界，‘入百三昧。得差别三昧。见百佛及百菩萨。知前后际各百劫事。光照百刹土。知上上地相。大愿殊胜神力自在。法云灌顶。当得如来自觉地。善系心十无尽句[①]。成熟众生。种种变化。光明庄严。得自觉圣乐三昧正受’。”

形而上的心物同体观

“大慧啊！大乘菩萨们，还应当了解四大所造成的色尘

① 十无尽句：初欢喜地菩萨，发广大之愿，以十无尽而成就。若此十句有尽，则我愿亦尽；此十句无尽，故我愿亦无尽，名为十无尽。一、众生界无尽。二、世间无尽。三、虚空界无尽。四、法界无尽。五、涅槃界无尽。六、佛出现界无尽。七、如来智界无尽。八、心所缘无尽。九、佛智所入境界无尽。十、世间转法转智转无尽。

（物理）作用。他们应当觉知，形而上真如自性的实际，本来没有四大种的生元，因此四大种也本自无生。若能真观察到四大无生的实际，才知道宇宙万有一切现象，都不过是名、相和妄想分别的境界，所以才感觉它的存在，无非都是自心现量的差别境象而已。其实，外界物理的性能，根本也是无自性的，这就名为心现妄想分齐（等差平等）。就是说观察三界中，所造的色尘体性自相，也本来是离四句，绝百非，究竟无一物可得，毕竟是通体清净的。它也各自离物性的自我和物我所属的作用，住在自性体相的如实法中，根本就没有物理类别的分段自相可得。因为万物一体，所谓‘是法住法位’，都住在诸法本自无生的自性体相之中。”

色尘物理形成世界的真谛

“大慧啊！那么，怎样会产生四大种，造成三界一切色尘现状呢？因为一切众生，自无始以来，妄想自性功能具有如津液般润湿的大种，所以就产生内外界水的成分。妄想自性功能又具有热能的大种，所以就产生内外界火的成分。妄想自性功能又具有飘动的大种，所以就产生内外界风的成分。妄想自性功能又具有坚定的大种，所以就产生内外界地的成分。妄想自性功能，同时又具有色相和虚空的现象，所以就产生内外各种不真实的思虑。因此和合而有五阴——色、受、想、行、识的聚集，和四大——地、水、火、风的和合，造成世间色尘的各种状况。大慧啊！所谓唯识的识，乃是由内外界种种境象，依他而起作用，由此遍计所执，乐于执著种种境界迹象，再由此贪著之心，又构成为一种力量——业力，使它相续流注而及于无穷尽的未来。大慧啊！地等四大种以及造成色尘等状况，依形器世界来说，当然是由四大种的因缘和合而生。依形而上本体自性来说，能生四大种的，却不是四大种本身的因缘和合。为什么呢？因为能形成色尘物质现状的性能，虽是偶然地、暂时地形成了各种方便，如果推穷物理性能，其所以能形成的元素，本来就没有它的自性。形而上本体的自性，虽然能生四大种的功能，生生还自无生，所以说一切万法各无自性。它形成了万象的各种形相，只是自性功能所生的一种方便现象，靠因缘和合而生。但既借因缘和合而生，就并非没有形相。所以说，外道的学者们，只认为四大种，或认为某一大种便是造成万有色尘形相的基本原因，实在是不明究竟的真谛。他们之所以如此都是由于分别妄想所生的谬论，而和我的说法不同。”

身心的五阴原理

“大慧啊！其次，我应当为你说明诸阴的自性相，什么是诸阴的自性相呢？那就是指人们身心的五阴，也就是色、受、想、行、识等五种。除了色阴以外，那四阴并非色。所谓色阴，是四大种所造成的色尘现象，各有各的不同境界。至于其余不属于色尘的四阴，并非仅限于四数，譬如虚空，是超数字的，它是不能以数字来范围的。虚空的自性，是离于有无之表，也是离四句，绝百非的。如果一定执著数字来说，那是无智愚夫们的说法，并非见道圣贤的境界，大慧啊！真正见道的圣者，处在色尘世界之中，自身和外物的境界，会亲证到都像幻梦似的存在。说它是空，并非断灭的空无。说它是有，又并非真实的存在。圣者由大智而得解脱，证到五阴都是根据妄想所显现的幻境，这就名为见到诸阴的自性体相。所以你应当消除名和数等的分别妄想，真能证得寂灭的自性，再为一切众生们谈究竟寂静之法，以断除其余外道的见解。大慧啊！说到究竟寂静法之时，是要做到法无我的清静境界，其中也没有我见到毕竟清净的理念存在。由此才能进入菩萨的第八不动地。到达此地以后，可以得无量三昧自在之力，得意生身，以及如幻三昧，和究竟通达自在之力。从此普度一切众生，犹如大地载育万物，利益众生，大乘菩萨的境界，就是如此。”

外道学派四种涅槃的辨别

“复次，大慧啊！其他外道学者们，大体说来，有四种涅槃的境界。（1）性自性非性涅槃（对境无心，内在独守清静，以此为涅槃的境界）。（2）种种相性非性涅槃（认为各种现象的自性，都无存在，以此为涅槃的境界，就是所谓断见）。（3）自相自性非性觉涅槃（对于自己身心各种色相和内在的自性，都认为根本无性，只有一灵不灭的，就是涅槃境界）。（4）诸阴自他共相相续流注不断涅槃（认为我和人们的五阴，本来就有生生不已的功能存在，以生生不已就是涅槃的境界）。这就是外道们四种不同的涅槃境界，都不是我所说的涅槃。大慧啊！我所说的涅槃，是妄想识灭，才名为涅槃。”

八识的互相关系和心王的能所因缘

大慧又问：“那么，也就无所谓有八种识的作用和关系了?”佛回答说：“当然有八种识的作用和关系。”大慧问：“既然有八种识的作用和关系，为什么您只说涅槃是离意识妄想，而不说离其余七种识呢?”佛说：“既然离了意识分别攀缘的妄想作用，其所以引起其余七种识作用的因就没有了，七种识又从何而生呢?所谓意识，是由五识——眼、耳、鼻、舌、身——分别对境，因依他而起遍计所执的关系，才产生意识的作用。意识既已形成了，再受种种境界的熏习，增长如来藏识的种子，便名为第八阿赖耶。藏识又同时受意识的增长熏习，和意识所生我和我所执的思惟因缘等等，分别妄想也就同时执著以此身相为我。所谓如来藏阿赖耶识，是因为攀缘自心显现的各种境界，总汇妄心执著的现状所生。意识连带其他七种识，都是互相辗转，互为因果的。譬如海浪，所有的波是水，所有的水是波。如来藏识和意识妄想等，也是如此。因自心现量领受境界之风的吹荡，心波藏海就迭相生灭，便互为因果。所以说，意识灭了，其余七种识也同时灭了。”这时，佛就归纳这些道理，作了一首偈语说：

“我不涅槃性。所作及与相。妄想尔焰识。此灭我涅槃。”(这是说：佛法所证的涅槃，并不是有一个涅槃寂灭的境界可得。此中既无能作与所作的出入作用，也没有涅槃之相可得。只要灭除如焰影一般的妄想，现前就是涅槃了。)

“彼因彼攀缘。意趣等成身。与因者是心。为识之所依。”(这是说：妄想意识等的生起，是因为依他而起，是由于遍计所执的互相攀缘而形成的。心念便是心王的变相作用，诸识都是心王之所生，所以也名识为心所。）

“如水大流尽。波浪则不起。如是意识灭。种种识不生。”（这是说：意识妄想，永不停灭，心海洪流，波浪汹涌，兴起了流注相续的现象。但只要意识妄想灭了，其余诸识，也就跟着而灭，不再产生作用了。）

复次大慧。今当说妄想自性分别通相。若妄想自性分别通相．善分别。汝及余菩萨摩诃萨．离妄想。到自觉圣。外道通趣善见。觉摄所摄妄想断。缘起种种相．妄想自性行．不复妄想。大慧。云何妄想自性分别通相。谓言说妄想。所说事妄想。相妄想。利妄想。自性妄想。因妄想。见妄想。成妄想。生妄想。不生妄想。相续妄想。缚不缚妄想。是名妄想自性分别通相。大慧。云何言说妄想。谓种种妙音歌咏之声．美乐计著。是名言说妄想。大慧。云何所说事妄想。谓有所说事自性．圣智所知。依彼而生言说妄想。是名所说事妄想。大慧。云何相妄想。谓即彼所说事．如鹿渴想．种种计著而计著。谓坚湿暖动相．一切性妄想。是名相妄想。大慧。云何利妄想。谓乐种种金银珍宝。是名利妄想。大慧。云何自性妄想。谓自性持此如是。不异恶见妄想。是名自性妄想。大慧。云何因妄想。谓若因若缘．有无分别．因相生。是名因妄想。大慧。云何见妄想。谓有无一异．俱不俱恶见．外道妄想计著妄想。是名见妄想。大慧。云何成妄想。谓我我所想．成决定论。是名成妄想。大慧。云何生妄想。谓缘有无性生计著。是名生妄想。大慧。云何不生妄想。谓一切性．本无生无种．因缘生无因身。是名不生妄想。大慧。云何相续妄想。谓彼俱相续。如金缕。是名相续妄想。大慧。云何缚不缚妄想。谓缚不缚因缘计著。如士夫方便．若缚若解。是名缚不缚妄想。于此妄想自性分别通相。一切愚夫．计著有无。大慧。计著缘起。而计著者．种种妄想计著自性。如幻示现种种之身。凡夫妄想．见种种异幻。大慧。幻与种种．非异非不异。若异者．幻非种种因。若不异者．幻与种种无差别．而见差别。是故非异非不异。是故大慧。汝及余菩萨摩诃萨．如幻缘起妄想自性．异不异有无．莫计著。尔时世尊欲重宣此义．而说偈言。

心缚于境界　觉想智随转　无所有及胜　平等智慧生
妄想自性有　于缘起则无　妄想或摄受　缘起非妄想
种种支分生　如幻则不成　彼相有种种　妄想则不成
彼相则是过　皆从心缚生　妄想无所知　于缘起妄想
此诸妄想性　即是彼缘起　妄想有种种　于缘起妄想
世谛第一义　第三无因生　妄想说世谛　断则圣境界
譬如修行事　于一种种现　于彼无种种　妄想相如是
譬如种种翳　妄想众色现　翳无色非色　缘起不觉然
譬如炼真金　远离诸垢秽　虚空无云翳　妄想净亦然
无有妄想性　及有彼缘起　建立及诽谤　悉由妄想坏
妄想若无性　而有缘起性　无性而有性　有性无性生
依因于妄想　而得彼缘起　相名常相随　而生诸妄想

究竟不成就　则度诸妄想　然后智清净　是名第一义
妄想有十二　缘起有六种　自觉知尔焰　彼无有差别
五法为真实　自性有三种　修行分别此　不越于如如
众相及缘起　彼名起妄想　彼诸妄想相　从彼缘起生
觉慧善观察　无缘无妄想　成已无有性　云何妄想觉
彼妄想自性　建立二自性　妄想种种现　清净圣境界
妄想如画色　缘起计妄想　若异妄想者　则依外道论
妄想说所想　因见和合生　离二妄想者　如是则为成

一般思想心理的原则分类及其真义

佛又说："现在应说分别妄想的自性和它的共通现象，如果大乘菩萨们善于了解这些道理，便可以舍离妄想，达到自觉的圣境。而且可以断除依他起的种种不同性质的妄想现象，了解外道学者们妄想的共通心理，同时也可由此断除能含藏和所含藏的妄想作用，使妄想不再生起。大慧啊！什么是妄想自性和它的分别现象，以及共通现象呢？那是指：(1）言说妄想。(2）所说事妄想。(3）相妄想。(4）利妄想。(5）自性妄想。(6）因妄想。(7）见妄想。(8）成妄想。(9）生妄想。(10）不生妄想。(11）相续妄想。(12）缚不缚妄想。这些就名为妄想自性的分别现象和共通现象。大慧啊！(1）什么是言说妄想呢？就是说，对于各种美妙的声音、歌咏和优美的音乐等等，发生贪爱不舍的心理，就叫作言说妄想。(2）什么是所说事妄想呢？就是说，所说的事物，都有一种自性，只有修行得道的圣人才能知道它的真义，这都是依他而起的言说妄想，就叫作所说事妄想。

（3）什么是相妄想呢？那就是说，对于别人所说的事物和自己内在的意识思惟，由想象而生执著，如执著于坚、湿、暖、动等的性质，就叫作相妄想。（4）什么是利妄想呢？就是说，贪求种种金银珍宝，就叫作利妄想。（5）什么是自性妄想呢？就是说，把主观成见的自性理解，认为是绝对不易的真理，这和妄想恶见无异，就叫作自性妄想。（6）什么是因妄想呢？就是说，对于事理的一切因缘，虽穷其原因的有无，但只执著现象界的因，而不探究因所由出的究竟，就叫作因妄想。（7）什么是见妄想呢？就是说，推理有和无、同和异等、形而上或世界中的事物，各自形成主观理论，落于外道学者的执著妄想，就叫作见妄想。（8）什么是成妄想呢？就是说，认为我和我所得的思想，是绝对性的真理，就叫作成妄想。（9）什么是生妄想呢？就是说，对于外缘的有无等性能，依他而发生执著的观念，就叫作生妄想。（10）什么是不生妄想呢？就是说，认为万有的性能根本就没有生，所以一切都是没有种子，都是因缘所生，就叫作不生妄想。（11）什么是相续妄想呢？就是说，这些妄想的作用，都是连接不断，由彼而生此，由此而生彼，犹如锦绣的互相连锁交织一样，就叫作相续妄想。（12）什么是缚不缚妄想呢？就是说，自认为被执著妄想烦恼等因缘所缚，自己又觉得已经解脱这些束缚了，犹如人们自打绳结，又自作解脱，就叫作缚不缚妄想。大慧啊！一般人对依他起的妄想，偏生执著，认为这些妄想都有它的各别自性。它和此身一样，明明都是自己幻化的，可是人们却认为妄想自身，却与幻化不同。其实，世间种种事物，和幻化非同非异的。如果是不同的，那幻化便不是种种事物的成因了。如果是相同的，那幻化和现前的种种事物，便无差别了。可是，在万有现象之中，幻化和种种事物，形式上却是有差别的。所以我说，幻化和种种事物，是非同非异的。因此，你和一般学大乘道的菩萨们，对于幻化般依他而缘起的妄想自性，切勿执著它是有是无。总之，这些关于妄想自性的分别和共通关系的现象，便是一般愚痴凡夫们，都在梦幻似的自相缠绕，执著它的有无而形成的。”这时，佛就归纳这些道理，作了一篇偈语说：

“心缚于境界。觉想智随转。无所有及胜。平等智慧生。”（这是说：人心被内外的境界所缚，感受和知觉等的妄想，就随着外境而转。如果住在无妄想的最难胜的寂灭境界中，就会生起一切平等性的智慧了。）

“妄想自性有。于缘起则无。妄想或摄受。缘起非妄想。”（这是说：在妄想的本身而言，当它在分别思惟的时候，是有它各别不同的特性存在。如果再仔细观察，将发现妄想的作用，都是缘起而生。因缘生法，从缘而起，从缘而灭，根本上是没有实在可以把捉的。所以要知道妄想的本身，和妄想所涵盖的各种现象和作用，都是依他而起，是缘起无生的，妄想的本身根本就是不实无根的。）

“种种支分生。如幻则不成。彼相有种种。妄想则不成。”（这是说：妄想所生起的现象，是有种种分支差别的。它的现象虽有千差万别，但都是如梦幻似的，只是偶然、暂时的显现，根本就是不实在的。）

“彼相则是过。皆从心缚生。妄想无所知。于缘起妄想。”（这是说：依他而起，对境而生的各种妄想，它的本身就是一种错觉，也就是心被外境所缚的一种变态的现象。妄想的本身是无知的，只不过面对诸缘，就会倏尔生起妄想。）

“此诸妄想性。即是彼缘起。妄想有种种。于缘起妄想。”（这是说：何以说妄想本身是无知的呢？因为这些妄想本身的性质，都是依他而起，对境而生，都是缘起而无自性的。虽然有种种不同的妄想，但都是依内外诸缘倏尔生起的。只从妄想去了解内外诸缘，妄想却不能自见其妄想。）

“世谛第一义。第三无因生。妄想说世谛。断则圣境界。”（这是说：佛所说的法，只有世谛〈世间万有的事理〉和第一义谛〈形而上的本体〉。除此以外，假使还有第三谛的话，那根本就是空洞的名词和理论，是无因而生的。妄想是属于世谛的现象，并非第一义谛。如果能断除妄想，那就是圣人的境界了。）

“譬如修行事。于一种种现。于彼无种种。妄想相如是。譬如种种翳。妄想众色现。翳无色非色。缘起不觉然。譬如炼真金。远离诸垢秽。虚空无云翳。妄想净亦然。”（这里所说的譬喻，是针对上面所说妄想缘起等等的结论。第一个譬喻，是以一般修持观想的人们来说：他们只从一心想象各种事物，就有各种事物的显现。其实，那些事物，根本就不是真的，都不过是妄想所生起的现象而已。第二个譬喻，是以一般眼有翳病的情形来说：因为人们有了翳病，眼里就现出各种色相。这些色相，既不是有，也不是没有，都不过是因为有了翳病才发生的。人们面对内外境界，所生起的色相感觉，也都是心病的变像，依他缘起所生，根本没有真实的自性，但对此幻觉，人们却不自知不自觉而已。第三个譬喻，是以炼金的情形来说：人们的清净自性，比之如金，坚固而有光辉，当它深埋在尘垢之中，就如金子埋在泥沙夹杂的矿藏里一样，必须经过一番锻炼洗刷，才恢复到纯金原有的光辉和坚实。所以当人们的妄想净尽后，此心就如虚空，更无一些云翳的遮障了。）

“无有妄想性。及有彼缘起。建立及诽谤。悉由妄想坏。”（这是说：妄想本身的自性，既不是有，也不是无，都是依他缘起所生。所以一般说心的自性为有为无，各自建立种种理论，互相诽谤，都不过是由于各人自己的妄想执著而已。）

“妄想若无性。而有缘起性。无性而有性。有性无性生。”（这是说：如果认为妄想是无自性的，只是依他缘起而生，才有妄想的性质，那也就等于是说无性的却能生有性的作用，有是从无而生的了。）

“依因于妄想。而得彼缘起。相名常相随。而生诸妄想。”（这是说：妄想本身便是因，因为妄想是依他而起的，所以才说它是缘起，也就是说它是缘起性空的。当它有了现象的时候，便有了名词，名词和现象，是互相关联而起作用的。但名和相是由妄想所生，而妄想又生起各种的名和相。因此所谓有和无，也是一种缘起的妄想而已。）

“究竟不成就。则度诸妄想。然后智清净。是名第一义。”（这是说：所以推寻妄想的究竟，说它是有，当然是错的。说它是无，也是不对。有无都不著，然后才能得到清净智，清净智便是言语的道断，心行处灭，不可思议的第一义谛。）

“妄想有十二。缘起有六种。自觉知尔焰。彼无有差别。”（这是说：妄想大约可分为十二种，已经在前面说过了。而依他缘起所生的妄想，却是由于六尘的作用。如果觉知那都是自己心上的焰影浮尘，又从哪里去把捉它的有无差别呢？）

“五法为真实。自性有三种。修行分别此。不越于如如。”（这是说：由名、相、分别、正智、如如的五法，就可以了解妄想等等的真实和不真实了。至于说到妄想的自性，它有三种：那就是依他起、遍计所执、圆成实。依他起和遍计所执两种，就是妄想缘起的成因。离此两种作用，便是妄想灭了的圆成实相。所以修行的人，能够善于分别此中道理，就可使妄想息灭，住于真如的如如之境，便“随心所欲而不逾矩”了。）

“众相及缘起。彼名起妄想。彼诸妄想相。从彼缘起生。”（这是说：一切内外的色相和缘起的各种现象，无非都是由于人们的妄想而生。所谓妄想和色相等各种现象，又都是从缘起而生。此中道理，是彼此互为因缘，互为因果的。）

“觉慧善观察。无缘无妄想。成已无有性。云何妄想觉。”（这是说：由自觉的智慧去精细地观察，既无所谓缘起，也无所谓妄想。在真如自性的第一义谛中，“成性存存”，好像如有它的性能。其实，缘起和妄想，都是无自性的，此中哪里还有妄想、感受和知觉的存在呢？）

“彼妄想自性。建立二自性。妄想种种现。清净圣境界。”（这是说：妄想自性是有是无的理论，无非都是人们妄想的推测而已。人们一有了妄想，如有种种的境界发现。如果在妄想灭了的清净自性的圣境中，哪里会有这些事呢?）

“妄想如画色。缘起计妄想。若异妄想者。则依外道论。”（这是说：妄想的生起，就同在清净的自性上，涂了尘垢似的。犹如颜色涂在素纸上，就变成了图画一样。纸上涂满了色相，犹如心上积满了尘影，人们却在其中，由依他而起，遍计所执的缘起，更加执著妄想了。如果认为其中是另有一个精神思想的主宰者，那就等于外道学者的见解和理论了。）

“妄想说所想。因见和合生。离二妄想者。如是则为成。”（这是说：上面说了这许多妄想的道理，而这些所说的，仍然是一种妄想。妄想说妄想，都是因为分析人们的妄见，以所见和妄想和合而生，才有这些理论。总之，如果能够远离有和无的妄想二见，才是真实的圆成实性。）

大慧菩萨摩诃萨复白佛言。世尊。惟愿为说自觉圣智相．及一乘。若自觉圣智相．及一乘。我及余菩萨．善自觉圣智相．及一乘。不由于他．通达佛法。佛告大慧。谛听谛听。善思念之。当为汝说。大慧白佛言。唯然受教。佛告大慧。前圣所知。转相传授。妄想无性。菩萨摩诃萨．独一静处。自觉观察。不由于他．离见妄想。上上升进．入如来地。是名自觉圣智相。大慧。云何一乘相。谓得一乘道觉．我说一乘。云何得一乘道觉。谓摄所摄妄想。如实处不生妄想。是名一乘觉。大慧。一乘觉者。非余外道声闻缘觉．梵天王等之所能得。唯除如来以是故．说名一乘。大慧白佛言。世尊。何故说三乘．而不说一乘。佛告大慧。不自般涅槃法．

故不说一切声闻缘觉一乘。以一切声闻缘觉．如来调伏．授寂静方便而得解脱．非自己力。是故不说一乘。复次大慧。烦恼障业习气不断。故不说一切声闻缘觉一乘。不觉法无我。不离分段死．故说三乘。大慧。彼诸一切起烦恼过习气断．及觉法无我。彼一切起烦恼过习气断．三昧乐味著非性。无漏界觉。觉已．复入出世间。上上无漏界满足众具。当得如来不思议自在法身。尔时世尊欲重宣此义．而说偈言。

诸天及梵乘　声闻缘觉乘　诸佛如来乘　我说此诸乘
乃至有心转　诸乘非究竟　若彼心灭尽　无乘及乘者
无有乘建立　我说为一乘　引导众生故　分别说诸乘
解脱有三种　及与法无我　烦恼智慧等　解脱则远离
譬如海浮木　常随波浪转　声闻愚亦然　相风所漂荡
彼起烦恼灭　余习烦恼愚　味著三昧乐　安住无漏界
无有究竟趣　亦复不退还　得诸三昧身　乃至劫不觉
譬如昏醉人　酒消然后觉　彼觉法亦然　得佛无上身

（卷二终）

如何是佛法的真义和一乘道的道理

大慧大士又问："如何是自觉圣智相的境界？如何是一乘佛法的道理？"佛说："古佛与先圣证知的性和相的道理，历来递相传授的，无非是指示妄想无自性的真谛。在孤独静处的时候'独一静处'，自觉观察，证知此事，并不是从他人处得来的。离一切妄想之见以后，再加以升华，便进入如来的果地，这就名为自觉圣智相。什么是佛法一乘的道理呢？就是说，扬弃能摄受和所摄受的一切妄想，而住在一念不生的真如实际里，这样就名为一乘觉。大慧啊！一乘觉的境界，决非其余外道学者，声闻、缘觉、梵天主——天人等之所能得。只有如来，才能了解，所以名为一乘。”大慧又问：“那么，为什么佛又说大小三乘的道理，却不说一乘呢?”佛回答说：“因为声闻、缘觉们不能证知所谓本来自在涅槃，是并无另一涅槃境界可以出入的，所以不说他们是在一乘中。他们的涅槃境界，是如来为了调伏他们的烦恼妄想，所以教授他们求得寂静的一种方便，使他们得到暂时的解脱，并非依仗自力而证得真际的究竟涅槃，所以不说他们是在一乘中。又因为他们的烦恼障和业力习气不能根本断除，所以不说他们是在一乘中。因为他们不能证知法无我，只能离于分段生死，当然还不能了解变易生死，所以才为他们说三乘的道理。”

真正的佛法不是偏重在出世的

“大慧啊！如果他们能断除一切所起的烦恼和错误的习气，便能证得法无我。便能了解寂静的三昧境界，并非自性的究竟，从而悟入无漏①的境界，再不耽著禅味，而觉知自性本来元是无漏。于是，再转入世，于入世中超出世间，具足上上无漏的境界，出世入世，了然无碍，就当得如来的不可思议的自在法身了。”这时，佛就归纳这些道理，作了一

① 无漏：漏者，烦恼之异名，漏泄之义。贪瞋等之烦恼，日夜由眼耳等六根门漏泄流注而不止，谓之漏。又漏为漏落之义，烦恼能令人漏落于三恶道谓之漏。因之谓有烦恼之法云有漏，离烦恼之法云无漏。

篇偈语说：

“诸天及梵乘。声闻缘觉乘。诸佛如来乘。我说此诸乘。乃至有心转。诸乘非究竟。若彼心灭尽。无乘及乘者。无有乘建立。我说为一乘。引导众生故。分别说诸乘。”（这是说：佛法由人本位、最初发心进修，由人乘、天乘、声闻乘、缘觉乘、大乘而到如来地，这些也便是佛所说的进德修业，次第渐进的一大阶梯。其中除如来地外，仍然都是有心地的转业相。而且彻底来说，诸乘都不是究竟的真谛。如果一切的妄想心灭尽，无所谓有几乘，乃至某一乘的境界，所以佛说究竟只有一乘，为了开示引导众生的关系，才说出其余各乘。）

“解脱有三种。及与法无我。烦恼智慧等。解脱则远离。”（这是说：解脱烦恼的方法和途径，约有三种，所谓性净解脱〈证得自性本来清净〉、圆净解脱〈证得自性清净圆满〉、方便净解脱〈了知一切方便法门，是本来清净〉，更进而证得法无我，那就没有烦恼和智慧的差别存在，所谓烦恼即是菩提正觉了。这样才是大解脱，才能远离烦恼和智慧的对待偏执，而得到究竟的解脱了。）

“譬如海浮木。常随波浪转。声闻愚亦然。相风所漂荡。”（这是说：声闻、缘觉二乘人们所得的解脱境界和果位，好比一根浮木，漂荡在无边无际的大海之中，虽然自身可以不致沉没，但是身外的风浪波涛，依然未息，自己就以此为究竟的解脱，仍然还是无智的愚夫。）

“彼起烦恼灭。余习烦恼愚。味著三昧乐。安住无漏界。无有究竟趣。亦复不退还。得诸三昧身。乃至劫不觉。”（这是说：二乘的人们，虽然灭了烦恼，但还不能断除余习，只是以此换彼，暂时不生而已。他们贪著三昧境界的寂乐之味，不肯放弃。他们住在无漏的境界中，并非最究竟的成就。他们也可以在各种寂乐的三昧境界中，安身立命，再不退转。甚之，住在定中，可以经过无数世劫，即使劫火洞燃，也无所觉。）

“譬如昏醉人。酒消然后觉。彼觉法亦然。得佛无上身。”（这是说：他们这种情形，是自己耽于三昧寂乐之中，贪著境界之味。犹如贪饮醇酒而至于沉醉的人们，昏昏然、不知不觉。等到三昧的酒力消失，翻然憬悟，才转而证得如来境界，方知本来清净，由来成佛已久矣。）

卷三

意生身的分类和原理

五种无间重罪的反辞巧譬

如何是佛境界的知觉

佛为什么说生前的因果事迹

佛证得什么道和说的什么法

有和无两种错误见地的分析

宗通和说通

心理意识妄想的原因和唯心的辨别

言语和语义

识与智的差别

世间缘起的空见

束缚与解脱都自一心

自性空有之辨

佛法宗纲的说明

什么是智慧的实相

宗通和说通的意义

世间理论辨证和文词的观点

内学和外道的辨别

如何是究竟涅槃和各种外道不同的见解

一切佛语心品之三

尔时世尊告大慧菩萨摩诃萨言。意生身分别通相。我今当说。谛听谛听。善思念之。大慧白佛言。善哉世尊。唯然受教。佛告大慧。有三种意生身。云何为三。所谓三昧乐正受意生身。觉法自性性意生身。种类俱生无行作意生身。修行者了知．初地上上增进相．得三种身。大慧。云何三昧乐正受意生身。谓第三第四第五地．三昧乐正受故．种种自心寂静．安住心海。起浪识相不生。知自心现境界．性非性。是名三昧乐正受意生身。大慧。云何觉法自性性意生身。谓第八地观察觉了．如幻等法悉无所有．身心转变。得如幻三昧．及余三昧门。无量相力自在明．如妙华庄严迅疾如意。犹如幻梦水月镜像．非造非所造。如造所造．一切色种种支分．具足庄严。随入一切佛刹大众．通达自性法故。是名觉法自性性意生身。大慧。云何种类俱生无行作意生身。所谓觉一切佛法．缘自得乐相。是名种类俱生无行作意生身。大慧。于彼三种身相．观察觉了．应当修学。尔时世尊欲重宣此义．而说偈言。

非我乘大乘　非说亦非字　非谛非解脱　非无有境界

然乘摩诃衍　三摩提自在　种种意生身　自在华庄严

意生身的分类和原理

这时，佛告大慧大士说："关于意生身的分类和共同的原理，我现在为你解说吧！大慧啊！有三种意生身。（1）三昧乐正受意生身。（2）觉法自性性意生身。（3）种类俱生无行作意生身。凡是修行者已经证得初地菩萨之位，了知初地境界，再加上上增进，便可得到三种意生身。什么是三昧乐正受意生身呢？就是说：达到菩萨道的第三发光地、第四焰慧地、第五难胜地的境界中而得到三昧乐正受。这时，自心寂静，安住在心性之海中，各种妄想的识浪不生。了知一切内外的境界，都不过是自心的现识作用，没有个别存在的自性，这就名为三昧乐正受意生身。什么是觉法自性性意生身呢？就是说：到了第八不动地的境界，观察觉知一切内外诸法，都是如梦似幻地存在，毕竟一无所有。由此身心转变，彻底变化了气质，得到如幻似的三昧境界和其余各种三昧；那时，就可以有自发无量的色相能力和自在神通的运用之明了，犹如绝妙莲花一样的庄严美妙。可是这种境界的情形，也是如幻似梦，如水月镜花，说它是真有的吗？它却是没有实质。说它是没有的吗？它却是真能出现。并且还具有一切的色相和美妙的肢体，能够进入一切世界，任何佛土，和各处佛国的人一样。这都是由于通达了自性法尔的原因，从自性本来具足的功能所产生，这就名为觉法自性性意生身。什么是种类俱生无行作意生身呢？就是说：已经证觉一切佛法，得到自性实际的法乐了，这就名为种类俱生无行作意生身。大慧啊！所以对于这三种意生身的情形，必须观察觉知，应当加以修学。"

这时，佛就归纳这些道理，作了一首偈语说：

“非我乘大乘。非说亦非字。非谛非解脱。非无有境界。”（这是说：佛所说的大乘道，并非真有一个什么乘可以度人，它不是言语文字所能表达的。说它是真谛，却无体可得，说似一物便不中。说它是解脱，却本来无缚，又解脱个什么？那么，就说它是个无相，没有境界的吧！事实上，它又不是绝对没有体相的，也不是没有境界的。）

“然乘摩诃衍。三摩提自在。种种意生身。自在华庄严。”（这就是说：必须由修大乘道的法门，得到三昧自在的境界，自然而然会发生种种意生身的作用，犹如莲花出于污泥而自在不染尘垢，而且具有无比的圣洁和庄严。）

尔时大慧菩萨摩诃萨白佛言。世尊。如世尊说．若男子女人．行五无间业．不入无择地狱。世尊。云何男子女人行五无间业．不入无择地狱。佛告大慧。谛听谛听。善思念之。当为汝说。大慧白佛言。善哉世尊。唯然受教。佛告大慧。云何五无间业。所谓杀父母．及害罗汉。破坏众僧。恶心出佛身血。大慧云何众生母。谓爱更受生．贪喜俱。如缘母立。无明为父。生入处聚落。断二根本。名害父母。彼诸使不现。如鼠毒发。诸法究竟断彼名害罗汉。云何破僧。谓异相诸阴和合积聚。究竟断彼。名为破僧。大慧。不觉外自共相．自心现量．七识身。以三解脱无漏恶想究竟断彼七种识佛。名为恶心出佛身血。若男子女人行此无间事者．名五无间。亦名无间等。复次大慧。有外无间今当演说。汝及余菩萨摩诃萨闻是义已．于未来世．不堕愚痴。云何五无间。谓先所说无间。若行此者。于三解脱．一一不得无间等法。除此已。余化神力．现无间等。谓声闻化神力。菩萨化神力。如来化神力。为余作无间罪者．除疑悔过。为劝发故．神力变化现无间等。无有一向作无间事．不得无间等。除觉自心现量。离身财妄想．离我我所摄受。或时遇善知识．解脱余趣相续妄想。尔时世尊欲重宣此义．而说偈言。

贪爱名为母　无明则为父　觉境识为佛　诸使为罗汉
阴集名为僧　无间次第断　谓是五无间　不入无择狱

五种无间重罪的反辞巧譬

这时，大慧大士又问："您说有人犯了某种的五无间业（无可逃避的罪行），但却不致入于无择地狱（不受时空的限制，而永远沉沦的痛苦），这究竟是什么道理呢？"佛回答说："怎样叫作五无间业呢？（1）杀父。（2）杀母。（3）杀害得道的阿罗汉。（4）破坏和合修持的清净僧众。（5）恶心蓄意出佛身血。这就叫五无间业，是无可逃避的罪行，没有时空的限度，会永堕泥犁（地狱）的。何以又说犯了五无间业，却不受地狱的苦报呢？大慧啊！你要知道：（1）什么才是众生们最亲的母性呢？那就是说：由内在的爱心引发情欲和贪著喜爱的感觉，这才是与生命同时俱来，为养育众生最亲的母性源泉。（2）那内在的一念无明，便是众生父性的根本。所以断了这两种根本的，就名为害父和母。（3）那些一切心理状态所支使的沉迷妄想等等，犹如传染病一样可怕；

如果能够把它完全断除，就名为杀害罗汉。（因为罗汉的境界，他的心中，虽然不再生起妄想的作用，但是潜在能受外界感染的习气种子，还是没有绝对的转变和断除得了。）（4）毕竟断了身心五阴——色、受、想、行、识的互为因果所累积的业力活动，就名为破坏和合僧众。（5）在凡夫心境中所不觉的内外各种境界和现象，它所发生的七种识的作用，其实都是自心的现量境界所变现的。如果能够用三解脱门（性净解脱、圆净解脱、方便净解脱）而毕竟得到解脱，以此断除七种识的作用，转第八如来藏识（阿赖耶）而变为大圆镜智，就名为恶心蓄意出佛身血。倘使有人能够做到这样的五无间业，虽然名之为犯五无间罪，其实却是证得真如自性平等的无间善业。大慧啊！此外还有一种外在无间罪业，现在再为你解说，使你们学大乘道的人们，知道了其中的妙用，将来再不会被外境所迷惑，被愚痴所蒙蔽，因此而发生怀疑。那是什么呢？就是说，如前面所讲的五种无间罪行，有人真实犯了杀父、母，害阿罗汉，破坏清净僧众和害佛身出血等罪，他们又不能觉知修三解脱门以得解脱。因此，为了要救度罪恶中的众生们，如来和菩萨，或已得声闻、缘觉的阿罗汉们，就以自在神力化身来做他们的同伴或同事，而示现做出五种罪行，然后示现果报，教他们必须彻底地忏悔，使他们知道解脱这种由罪行所得痛苦的方法；除了由衷的忏悔，是无法得究竟解脱的。他们以身作则，证明这些情形，都是自心现识境界所发生的。除了觉悟自心现量，舍离绝对自私的我身和妄想执著，以及灭除那些基于我身所发出的物欲要求等等的妄想；从此真能做到无我和无我执的一切外缘等等，才能得到毕竟的解脱。不然，要想解脱这些五无间的罪行，除非有了机会，遇见真正的善知识，才可能脱离妄想相续的无间苦报。”这时，佛就归纳这些道理，作了一首偈语说：

“贪爱名为母。无明则为父。觉境识为佛。诸使为罗汉。阴集名为僧。无间次第断。谓是五无间。不入无择狱。”（这就是说：贪爱的欲念和无明的活动，比作长养众生的父母。能够分别内外一切的境界，都是心识之所生，倘能证得纯觉无识，便比作佛的境界。破贪欲等心念所生的八十八结使[①]，比作罗汉的境界。断身心五阴等苦恼的积集，比作清净的僧众。如果有人能够依次地断除了这五种无间之业，当然就不会堕入无间地狱了。）

尔时大慧菩萨复白佛言。世尊。惟愿为说佛之知觉。世尊。何等是佛之知觉。佛告大慧。觉人法无我．了知二障．离二种死．断二烦恼．是名佛之知觉。声闻缘觉得此法者．亦名为佛。以是因缘故．我说一乘。尔

① 八十八结使：八十八者，于一切烦恼中贪、瞋、痴、慢、疑、身见、边见、邪见、见取见、禁戒取见之十惑，名为本惑，余悉名随惑，此十惑就所迷之谛理而差别为八十八结使也。结与使，皆烦恼之异名。系缚心身，结成苦果，故云结。随逐众生又驱使众生，故云使。苦集灭道之四谛，为所迷之真理，迷其真理而起，于欲界为三十二，于色界为二十八，于无色界为二十八，通三界而为八十八也。欲界之三十二者，先迷于苦谛之理而起十惑，次迷于集谛之理而起七惑，前十惑中除身边戒之三见。集谛者，业因也，无以业因而迷执我体者，故无身见，无身见，故无边见，戒禁取见。次迷于灭谛之理而起七惑，如集谛下。次迷于道谛之理而起，有八惑，于前之七惑加戒禁取之一，已上总为欲界之三十二惑。然色界与无色界各有二十八者，于四谛下之惑各除瞋之一故也。上二界为定地，故不起瞋恚之粗动烦恼。

时世尊欲重宣此义．而说偈言。

善知二无我 二障烦恼断 永离二种死 是名佛知觉

如何是佛境界的知觉

这时，大慧大士又问佛说："如何才是佛的知觉境界？"佛回答说："证觉了人无我和法无我（二无我），断除了烦恼障和所知障（二障），远离了分段生死和变易生死（二生死），断灭了贪、瞋、痴的根本烦恼和忿、恨、覆等的随烦恼（二烦恼），这就名为佛的知觉境界。如果那些修声闻、缘觉的人们，得到这种境界，他也就是佛了。所以我说佛法只有一乘之道。"这时，佛就归纳这些道理，作了一首偈语说：

"善知二无我。二障烦恼断。永离二种死。是名佛知觉。"（这个偈语的意义，已经如上文所说，不必再加解释。）

尔时大慧菩萨白佛言。世尊。何故世尊于大众中唱如是言。我是过去一切佛。及种种受生。我尔时作曼陀转轮圣王。六牙大象。及鹦鹉鸟。释提桓因。善眼仙人。如是等百千生经说。佛告大慧。以四等故．如来应供等正觉．于大众中唱如是言。我尔时作拘留孙．拘那含牟尼．迦叶佛。云何四等。谓字等．语等．法等．身等。是名四等。以四种等故．如来应供等正觉．于大众中唱如是言。云何字等。若字称我为佛。彼字亦称一切诸佛。彼字自性．无有差别。是名字等。云何语等。谓我六十四种梵音．言语相生。彼诸如来应供等正觉．亦如是六十四种梵音．言语相生。无增无减．无有差别。迦陵频伽．梵音声性。云何身等。谓我与诸佛法身．及色身相好．无有差别。除为调伏彼彼诸趣差别众生故．示现种种差别色身。是名身等。云何法等。谓我及彼佛．得三十七菩提分法．略说佛法无障碍智。是名四等。是故如来应供等正觉．于大众中唱如是言。尔时世尊欲重宣此义．而说偈言。

迦叶拘留孙　拘那含是我　以此四种等　我为佛子说

佛为什么说生前的因果事迹

这时，大慧大士又问说："为什么您在许多经典上，说过去什么佛等就是您的前生，又说您的前生也做过天帝和人间世的转轮圣王等，又说您也做过善眼仙人，和变过六牙大象及鹦鹉等类众生，这是什么道理呢？"佛回答说："有四个原因，我才这样说的。哪四个呢？就是所有的文字意义是平等的，所有的言语意义是平等的，所有的法门意义是平等的，所有的身命意义是平等的，因此我才这样说。什么是文字意义的平等呢？就是说：例如称得正觉之道的我，为佛陀，但无论用任何一种文字，来表示这个意义，也都是相同的意义。文字虽有不同的形态，但它表示的意义性质是平等没有差别的，这就名为文字意义的平等。什么是言语意义的平等呢？就是说：例如古印度的梵文，有六十四种不同的音韵，但用它们来说，却都是表达相同的旨趣，这就名为言语意义的平等。什么是身命意义的平等呢？就是说：一切证得正觉者的法身（自性的本来）和色身的相，都是同等的。而且宇宙间生物的形形色色，色身虽有差别，也无非是法身佛（自性的本来），为了教化众生而随类示现（所谓天地与我同根，万物与我一体，会万物于己者，惟圣人能之，便是此意），这就名为身命意义的平等。什么是法门意义的平等呢？就是说：我和一切佛所广说的三十七菩提道品，以及略说的无障碍智，都是相同的，这就名为法门意义的平等。综合上面所说的这四种平等意义，所以我才有这种生前因果事迹的说法。”这时，佛就归纳这些道理，作了一首偈语说：

“迦叶拘留孙。拘那含是我。以此四种等。我为佛子说。”（这个偈语的意义，已经如上文所说，不必再加解释。）

大慧复白佛言。如世尊所说．我从某夜得最正觉。乃至某夜入般涅槃。于其中间．乃至不说一字。亦不已说当说。不说是佛说。世尊。如来应供等正觉．何因说言．不说是佛说。佛告大慧。我因二法故．作如是说。云何二法。谓缘自得法．及本住法。是名二法。因此二法故．我如是说。云何缘自得法。若彼如来所得．我亦得之。无增无减。缘自得法．究竟境界。离言说妄想。离字二趣。云何本住法。谓古先圣道．如金银等性。法界常住．若如来出世．若不出世．法界常住。如趣彼城道。譬如士夫行旷野中。见向古城平坦正道。即随入城．受如意乐。大慧。于意云何。彼作是道．及城中种种乐耶。答言不也。佛告大慧。我及过去一切诸佛．法界常住．亦复如是。是故说言．我从某夜得最正觉．乃至某夜入般涅槃．于其中间不说一字．亦不已说当说。

尔时世尊欲重宣此义，而说偈言。

我某夜成道　至某夜涅槃　于此二中间　我都无所说
缘自得法住　故我作是说　彼佛及与我　悉无有差别

佛证得什么道和说的什么法

大慧又问："如您所说的：于某天的夜里证得正等正觉。乃至于说：在某夜进入涅槃。可是又说：在这中间，并未说过一字。而且还说：过去已说的，现在正在说的，和将来要说的，都不算是佛说的，这些道理，又是什么原因呢？"佛说："我因为根据两种法门，才有这样的说法，这两种法门：（1）就是根据自得的内证之法。（2）就是本来常住之法。所以才有这样的说法。什么是自得的内证之法呢？就是说：过去诸如来所证觉的心法，我也同样证得了。而且过去和现在，乃至未来的证得者，都无迟早增减的分别。因为如来的心法是不增不减的，这种自得内证的心法境界，是离言语和妄想，也没有名和相可分别的。什么是本来常住之法呢？就是说：自古至今的圣道是始终不变的，犹如金银的性能，无论变成哪样的器具，它们始终不失金银的本性（借用现代术语来说：真理只有一个，而且是亘古不变的）。如来证得的正等正觉之法，也是常住于法界而不灭（事法界、理法界、理事无碍法界、事事无碍法界，总名为法界）。无论是有佛出世与无佛在世，此法是本来常住不灭的。譬如某一个城市，它是始终存在某一地区的。假定有一个人，当他踯躅于苍凉的旷野里，忽然看见了通向这个古城的一条大道，他就马上踏上这条正道，走向这个城市，去享受其中种种的安乐。大慧啊！你以为如来所证觉的大道，也同世间的观念和世俗的生活一样，真有一个法城，具有种种世俗的快乐吗?”大慧说：“那当然不是这个意思。”佛又说：“我和过去诸佛一样，证得本来常住的法身，也是这个道理（所谓撒手到家人不识，了无一物献尊堂）。所以我说：我从某夜得最上正觉，乃至到了某夜进入涅槃，但在这段过程中，不曾说着一字，也没有过去说的、现在说的和未来说的。”这时，佛就归纳这些道理，作了一首偈语说：

“我某夜成道。至某夜涅槃。于此二中间。我都无所说。缘自得法住。故我作是说。彼佛及与我。悉无有差别。”（这个偈语的意义，已经如上文所说，不再加解释。）

尔时大慧菩萨复请世尊。惟愿为说一切法有无有相。令我及余菩萨摩诃萨．离有无有相。疾得阿耨多罗三藐三菩提。佛告大慧。谛听谛听。善思念之。当为汝说。大慧白佛言。善哉世尊。唯然受教。佛告大慧。此世间依有二种。谓依有及无堕性非性。欲见不离离相。大慧。云何世间依有。谓有世间因缘生。非不有从有生。非无有生。大慧。彼如是说者．是说世间无因。大慧。云何世间依无。谓受贪恚痴性已。然后妄想计著贪恚痴．性非性。大慧。若不取有性者．性相寂静故谓诸如来声闻缘觉．不取贪恚痴性．为有为无。大慧。此中何等为坏者。大慧白佛言。世尊。若彼取贪恚痴性．后不复取。佛告大慧。善哉善哉。汝如是解。大慧。非但贪恚痴性非性为坏者．于声闻缘觉及佛亦是坏者。所以者何。谓内外不可得故。烦恼性异不异故。大慧。贪恚痴．若内若外不可得．贪恚痴性．无身故．无取故．非佛声闻缘觉是坏者。佛声闻缘觉自性解脱故。缚与缚因非性故。大慧。若有缚者。应有缚是缚因故。大慧。如是说坏者。是名无有相。大慧。因是故．我说宁取人见如须弥山。不起无所有增上慢空见。大慧。无所有增上慢者．是名为坏。堕自共相见希望．不知自心现量．见外性．无常刹那展转坏。阴界入相续．流注变灭。离文字相妄想。是名为坏者。尔时世尊欲重宣此义．而说偈言。

有无是二边　乃至心境界　净除彼境界　平等心寂灭
无取境界性　灭非无所有　有事悉如如　如贤圣境界
无种而有生　生已而复灭　因缘有非有　不住我教法
非外道非佛　非我亦非余　因缘所集起　云何而得无
谁集因缘有　而复说言无　邪见论生法　妄想计有无
若知无所生　亦复无所灭　观此悉空寂　有无二俱离

有和无两种错误见地的分析

这时，大慧大士又请问说："请佛为我们说明一切法的有和无的真谛，使我们与未来修大乘菩萨道的人们，能够离有离无，迅速地证得无上正等正觉。"佛回答说："在这个世间的人们，都不离两种根本的思想，就是根据有或无的观念，来推究形而上和宇宙万有的本体。其实，他们所说的自性，就根本不是真理，因为他们都是为了想见自性才去离相，纵使无相，仍然还未离相。大慧啊！什么叫作世间思想的依于有呢？就是说：他们认为的确有这个世间的存在，而且世间一切的事事物物，都从集合各种因缘（因素）而产生的，并非没有的啊！这一切的事物，的确是从有而生，也并非无中生有的啊！他们这些观念，是认为形成世间的一切，根本另外没有别的原因，只是因缘（因素）的存灭，而发生有和无的现象。又，什么叫作世间思想的依于无呢？就是他们感觉到人们确有贪、瞋、痴的心理作用，但是却认为都是心理上妄想执著所发生的不同形态，根本无所谓有真实贪、瞋、痴的自性根据。所以只要不执著真实有自性的作用，那么心理上的自性和现状，就毕竟寂静无为了。所以他们认为所谓如来和声闻、缘觉等的得道人们，也不过是把这些心理上的作用扫除净尽罢了，使有归于无而已。大慧啊！你说，这种观念，其中哪里是具有彻底破坏性的断灭见解呢？它的错误又在哪里呢？”大慧回答说：“就在他们先承认有一个贪、瞋、痴等的心理作用，后来又要舍弃它，不执著它，于是又否定它们有自性的根本。”佛说：“善哉！善哉！你能够有此见解。根据这种理论，不但贪、瞋、痴等心理状态是没有根本的自性，当然可以打消它。须知即使打消了它以后，变成为声闻、缘觉，甚至佛，也不过是另一心理状态而已。推而广之，这些佛的境界，也是可以打消的啊！为什么呢？因为身心内外的一切法，毕竟没有实体可得的。所谓烦恼与清净，虽然它们的作用和性质不同，可是同是心理上的性能，根本上又是相同的啊！既然贪、瞋、痴等身心内外状态是不可得的，那么这些心理作用，就根本没有本身的根据了，因为它是没有实体可把捉的啊！这样说来，就是如来和声闻、缘觉们努力修行的结果，才能破除了这些心理障碍。其实这些心理状态，自性就会自然解脱的了。所谓心理束缚和所束缚的原因，根本上就没有真实存在的性质。如果是有束缚的，应该就会有所解脱，因为束缚当然会有原因。大慧啊！这种观念，就是破坏性的断灭论据的观点，这就名为始终依于无的无相论。大慧啊！所以我说：宁取我相人见如须弥山，不可落空如芥子许。像这种观念，就是所谓产生无所有的增上慢的空见了。这种见地，完全是彻底破坏性的断灭论，堕在自他心理现象的见相里；殊不知道这还是自心的现识境界。他只见到外界的一切现象性能，是刹那之间，互相辗转变坏，一切都是无常的。他又只看到身心内外的五阴——色、受、想、行、识等，都是心理生理的本能相续活动，虽然是不断地流注，但又随时地变灭。于是认为只要心理上离了文字和分别妄想的现象，就是对了，这就名为是彻底破坏性的断灭论。”

这时，佛就归纳这些道理，作了一篇偈语说：

“有无是二边。乃至心境界。净除彼境界。平等心寂灭。”（这是说：无论认为自性是有或是无，落空或执有，都是落在一边的境界。而且有之与无，也无非是心的现识境界的一种现象或观念而已。要净除这些落在有或无的两边境界，才能得到平等寂灭的心之自性。）

“无取境界性。灭非无所有。有事悉如如。如贤圣境界。”（这是说：只要不执著于任何境界，如明镜当空而照见万象，于万有景象过即不留，自然会体证得本来寂灭的自性。但所谓寂灭，却不是说什么都没有，如果这样，只是一种断灭空，即顽空而已。须知寂灭无为是自性天然本色，它本来能起照应事物的妙用。当它照见事物的时候，寂灭无为的自性，就在照用事物之中。但在不照不用的时候，依然还是它本来的寂灭无为。所谓当用之时，体在用中。在体之时，用归于体。这就是如如不动，无来无去，就名为如来了，也就是大乘菩萨道的圣贤境界。）

“无种而有生。生已而复灭。因缘有非有。不住我教法。”（这是说：如果认为宇宙万象的有，是从无而生的。所以生起万象以后，终归于灭。或者认为万物是因缘（因素）和合而生的，所以因缘离散以后，就没有了万象。这些理论和观念，毕竟不是我教法中的道理。）

“非外道非佛，非我亦非余。因缘所集起。云何而得无。”（这是说：我所证觉的法性，其中究竟也无所谓外道，也无所谓佛，无所谓真我，无所谓非我，也无所谓另有其余的作用。可是当它生起作用的时候，它的确是由和合因缘积聚而生，怎样又可以说它是绝对的无呢?）

“谁集因缘有。而复说言无。邪见论生法。妄想计有无。”（这是说：一切万象，都从因缘积聚而生。可是能够和合因缘的那个功能，又是谁呢？如何又说它是绝对的没有呢？如果是绝对的无，哪里会生起万象呢？所以说有说无，和执空执有之徒，都是没有彻见自性的本来。用这些谬误的见解，来讨论宇宙万有的体性，都是落于偏差，堕在执著自我主观的邪见之中。）

“若知无所生。亦复无所灭。观此悉空寂。有无二俱离。”（这是说：如果彻底了知万有的如来自性，虽能生万象，而体自无生。万象虽灭，而体自不灭。观这一切的有无、来去、生灭等等，毕竟都是空寂的，那自然就会远离这个有无的两边邪执了。）

尔时大慧菩萨复白佛言。世尊。惟愿为我及诸菩萨．说宗通相。若善分别宗通相者。我及诸菩萨通达是相。通达是相已。速成阿耨多罗三藐三菩提。不随觉想．及众魔外道。佛告大慧。谛听谛听。善思念之。当为汝说。大慧白佛言。唯然受教。佛告大慧。一切声闻缘觉菩萨．有二种通相。谓宗通．及说通。大慧。宗通者。谓缘自得胜进相。远离言说文字妄想趣无漏界自觉地自相。远离一切虚妄觉想。降伏一切外道众魔。缘自觉趣光明辉发。是名宗通相。云何说通相。谓说九部种种教法。离异不异有无等相。以巧方便随顺众生．如应说法．令得度脱。是名说通相。大慧。汝及余菩萨．应当修学。尔时世尊欲重宣此义．而说偈言。

宗及说通相　缘自与教法　善见善分别　不随诸觉想
非有真实性　如愚夫妄想　云何起妄想　非性为解脱
观察诸有为　生灭等相续　增长于二见　颠倒无所知
一是为真谛　无罪为涅槃　观察世妄想　如幻梦芭蕉
虽有贪恚痴　而实无有人　从爱生诸阴　有皆如幻梦

宗通和说通

这时，大慧大士又问："对于佛法的理论和正觉纲宗的相互关系，请您再为我们详作解释，使我们不致落于众魔和外道的知见里去。”佛回答说：“一切声闻、缘觉、菩萨们，有二种通相，那就是宗通（正觉的纲宗）和说通（说法的理论）。什么叫作宗通呢？那就是说由于自得内证的殊胜境界，这种境界，不是文字言语妄想所能想象的。由此而进入无漏界，证得自性正觉的自相，远离一切虚妄的感觉和知觉等的妄想，于是降伏一切外道和众魔，使自性正觉的光明圆满无缺，这就名为宗通之相。什么叫作说通呢？就是说对于九部[①]种种的教法，都能够融会它的异同和空有的道理，而随顺一切众生，以各种善巧方便的言语表达出来，使他们受益得度，这就名为说通之相。大慧啊！你和其他的大乘菩萨们，都应当修学。”这时，佛就归纳这些道理，作了一首偈语说：

“宗及说通相。缘自与教法。善见善分别。不随诸觉想。”（这是说：所谓宗通，是由自觉内证的实相而成就的。所谓说通，是由诸佛的教法而建立的。因为自觉内证，善见法性的真谛，依此而善于分别一切法，故能对机设教，说法如云如雨了。亦如《维摩经》所说：“善能分别一切法，于第一义而不动。”〈按：原经“能善分别诸法相，于第一义而不动”。〉所以能自觉内证而得宗通的菩萨们，他们才善于弘宗演教，并不是如一般凡夫，只是从妄想觉受来推论的。）

“非有真实性。如愚夫妄想。云何起妄想。非性为解脱。”（这是说：自觉内证的宗通之相，并非如愚痴凡夫的妄

① 九部教法：佛经之内容分类，有九种也。一、修多罗，二、祇夜，三、和伽罗那，四、伽陀，五、优陀那，六、伊帝目多伽，七、阇陀伽，八、毗佛略，九、阿浮陀达磨。此外尚有其他分法。

想所想象，真有一个自性可见。诸法虚妄，了不可得，凡有所得的，都无自性，但何以反在其中生起妄想，何以要在其中求取一个解脱的境界呢?)

“观察诸有为。生灭等相续。增长于二见。颠倒无所知。一是为真谛。无罪为涅槃。观察世妄想。如幻梦芭蕉。”(这是说：观察一切有为诸法，都是属于生灭作用。有生就有灭，好像是相续不断，其实，它没有究竟的真际。所以从有为的生灭法中，求得的知见，只有增长同异或空有的烦恼，徒自增加颠倒而已。所以唯有远离心意识，才是达到真谛的正途。如果真正远离了心意识，此中既无罪福，也无损益，二边颠倒的妄想都不再生，毕竟无为，便是涅槃。然后观察世间各种妄想，都如梦幻的飘忽，都如芭蕉似的中空，都是虚妄不实的了。)

“虽有贪恚痴。而实无有人。从爱生诸阴。有皆如幻梦。”(这是说：在自觉内证的涅槃境界中，看到人们虽然有贪、瞋、痴等的作用，其实也都是幻生幻灭，其中并没有一个人我的真实东西存在。身心五阴的一切有为作用，都由于一念爱欲所生，虽偶现暂有，也都只是梦幻而已。)

尔时大慧菩萨白佛言。世尊。惟愿为说不实妄想相。不实妄想．云何而生。说何等法名不实妄想。于何等法中．不实妄想。佛告大慧。善哉善哉。能问如来如是之义。多所饶益。多所安乐。哀愍世间一切天人。谛听谛听。善思念之。当为汝说。大慧白佛言。善哉世尊。唯然受教。佛告大慧。种种义。种种不实妄想计著．妄想生。大慧。摄所摄计著．不知自心现量．及堕有无见．增长外道见。妄想习气．计著外种种义。心心数妄想计著．我我所生。大慧白佛言。世尊。若种种义．种种不实妄想计著．妄想生。摄所摄计著．不知自心现量．及堕有无见．增长外道见。妄想习气．计著外种种义．心心数妄想．我我所计著生。世尊。若如是．外种种义相．堕有无相．离性非性．离见相。世尊。第一义亦如是．离量根分譬因相。世尊。何故一处妄想不实义．种种性计著．妄想生。非计著第一义处相．妄想生。将无世尊说邪因论耶。说一生一不生。佛告大慧。非妄想一生一不生。所以者何。谓有无妄想不生．故外现性非性。觉自心现量妄想不生。大慧。我说余愚夫．自心种种妄想相故．事业在前。种种妄想性相．计著生。云何愚夫．得离我我所计著见。离作所作因缘过。觉自妄想心量．身心转变．究竟明解一切地．如来自觉境界。离五法自性事见妄想。以是因缘故．我说妄想从种种不实义计著生。知如实义．得解脱自心种种妄想。尔时世尊欲重宣此义．而说偈言。

诸因及与缘　从此生世间　妄想著四句　不知我所通
世间非有生　亦复非无生　不从有无生　亦非非有无
诸因及与缘　云何愚妄想　非有亦非无　亦复非有无
如是观世间　心转得无我　一切性不生　以从缘生故
一切缘所作　所作非自有　事不自生事　有二事过故
无二事过故　非有性可得　观诸有为法　离攀缘所缘
无心之心量　我说为心量　量者自性处　缘性二俱离

性究竟妙净 我说名心量 施设世谛我 彼则无实事
诸阴阴施设 无事亦复然 有四种平等 相及因性生
第三无我等 第四修修者 妄想习气转 有种种心生
境界于外现 是世俗心量 外现而非有 心见彼种种
建立于身财 我说为心量 离一切诸见 及离想所想
无得亦无生 我说为心量 非性非非性 性非性悉离
谓彼心解脱 我说为心量 如如与空际 涅槃及法界
种种意生身 我说为心量

心理意识妄想的原因和唯心的辨别

这时，大慧大士又请问："什么是虚妄不实的妄想现象？这些不实虚妄的妄想是怎样生起的呢？为什么叫作不实的妄想？在什么法中才是不实的妄想？"佛说："世间种种的道理和种种不实的妄想，都因为执著妄想而生。殊不知能取和所取的作用，都是自心的现识境界。因为不识自心现识，所以就堕在有或无的二边妄见之中，由此更增长了偏差的心理，增长了妄想的习气，执著心外之法，产生种种的理论。心心念念，随时随地衍生了无数的妄想，而加深了我执和法执。"大慧又问："依照这样说来，世间种种的理论，都堕在有或无的二边妄见里。如果舍离了有和无的妄想自性，另外就没有一个什么自性可得，也没有什么可见的了。那么，所谓第一义，也应当是这个道理。它是离心量和根尘等的范围，也不是因明理则的譬喻、分析或归纳所可以达到的。为什么却说只要执著一处妄想，就有种种不同性质的执著妄想发生呢？那么，说了一个第一义，人们也就会执著第一义，岂不也是妄想吗？若是这样，岂不是佛也等于外道们的邪说一样，说某一事理是生生不已的，某一事理是不生的吗？”佛回答说：“并不是说，有一生起的，便叫作妄想，另外一不生的，便是第一义。为什么呢？就是说：是有是无的任何妄想都不生，心外无法，离心以外，也不见有性或非性的存在。自觉内证，内外一切法，无非都是自心的现量境界，一切妄想，自然不生。大慧啊！所以我说一切无智凡夫，都是执著妄想，认为种种妄想，便是自心的现象。面对种种现前的事实，又增长发生种种妄想，更加执著它的性质和现象。那么这些愚痴凡夫们要如何才能远离我执和法执的执著呢？那就是要远离能作和所作的因和缘等的错觉，证知一切妄想，无非都是自心的现量境界。由此身心转变，就能彻底了解一切菩萨地和自觉的境界，那就可以舍离了五法——名、相、分别、正智、如如等的事理妄想自性作用。出于这个原因，所以我说妄想是从种种虚妄不实的执著所生。如果了知自性本是如实无生的义理，就能解脱自心的种种妄想了。”这时，佛就归纳这些道理，作了一篇偈语说：

“诸因及与缘。从此生世间。妄想著四句。不知我所通。”（这是说：世间诸法，都由因和缘所生，凡夫妄想，不执著于有，便落于无，乃至非有或非无，而不知道我所开示的通相。）

“世间非有生。亦复非无生。不从有无生。亦非非有无。诸因及与缘。云何愚妄想。非有亦非无。亦复非有无。”（这是说：世间一切法（事物），并非从有所生处而来，也不是根本就没有生。既不是有无互相发生，也不是非有非无的辗转相生。总之，世间事物，都从因与缘的和合而生，缘起性空，何以一般凡愚们，却在此中而产生妄想呢？性空缘起之中，既不是真实的有，也不是绝对断灭的无，更不是有和无的辗转相生。）

“如是观世间。心转得无我。一切性不生。以从缘生故。”（这是说：由此观察世间的事物，然后转变妄心意识，就会证得无我的境界。其实，一切事物的自性，都是虽生而不生；因为都是因缘所生的关系。）

“一切缘所作。所作非自有。事不自生事。有二事过故。无二事过故。非有性可得。”（这是说：世间一切事物，既然都从因缘和合而生万法，所以就可知道它并不是自有的。一切事物的本身，因为是因缘和合而生的，所以一切事物并不能独自发生。如果事物的自身能生自身，就发生果能生果的谬论；但因为果不能生果，所以一切事物却是仗因托缘而生，并无自性可得。）

“观诸有为法。离攀缘所缘。无心之心量。我说为心量。”（这是说：观察世间一切有为法，能缘和所缘，都根本不可得。因缘所生法，本身是无自性可得，一切都无自性可得，都只是唯一真心的现量境界，所以我说万法唯心，只是说的这个心啊！）

“量者自性处。缘性二俱离。性究竟妙净。我说名心量。”（这是说：这个真如的现量境界，也就是万有自性的根源，它是离一切因缘的作用，亦无自性之量可得。它的体性是究竟净妙，具足圆成，所以我称它是万法一心的真心啊！）

“施设世谛我。彼则无实事。诸阴阴施设。无事亦复然。”（这是说：我随世间一般习惯，也说这个我字。事实上，这个我，根本不像世间观念认为另有一个我的存在。就是身心的五阴，也是虚幻不实的假名而已。）

“有四种平等。相及因性生。第三无我等。第四修修者。”（这是说：有四种自性平等之法，就是所谓相、因、性、生。其中第三种所谓的一切事物之自性，都是本来无我的。第四种所谓生和无生的境界，那是修行者真实修证的所得。自觉内证以后，方知这四种自性，都是平等而无自性的了。）

“妄想习气转。有种种心生。境界于外现。是世俗心量。”（这是说：世间无智凡夫，因外境的鼓荡，就依它而起，产生种种的意识妄想和外在的境界，这就是世俗的所谓心量。）

“外现而非有。心见彼种种。建立于身财。我说为心量。”（这是说：因为有依它而起的意识妄心的作用，才见到外境种种事物。世间一切凡夫，就在此中执著建立我身和赖以生存的一切物质资粮等等，这就是世俗的心量。）

“离一切诸见。及离想所想。无得亦无生。我说为心量。”（这是说：远离一切意识妄心的诸见，乃至于远离能妄想和所起妄想的作用，这个世俗妄心便了无所得，也就自觉内证而无生了。这就是我所说唯心的现量。）

“非性非非性。性非性悉离。谓彼心解脱。我说为心量。”（这是说：但离意识妄想，既无所谓自性之性，也非不是性，所谓性和非性等等意念，都要远离，才能得到自心解脱，这就是我说的唯心的现量。）

“如如与空际。涅槃及法界。种种意生身。我说为心量。”（这是说：离意识妄心以后，所谓如如、空、涅槃、法界，乃至意生身等，都是天然本具，本自现成，本自具足的，这就是我说唯心的现量。）

尔时大慧菩萨白佛言。世尊。如世尊所说．菩萨摩诃萨．当善语义。云何为菩萨善语义。云何为语。云何为义。佛告大慧。谛听谛听。善思念之。当为汝说。大慧白佛言。善哉世尊。唯然受教。佛告大慧。云何为语。谓言字妄想和合．依咽喉唇舌．齿断颊辅．因彼我言说．妄想习气计著生。是名为语。大慧。云何为义。谓离一切妄想相．言说相。是名为义。大慧。菩萨摩诃萨．于如是义．独一静处．闻思修慧。缘自觉了．向涅槃城。习气身转变已．自觉境界。观地地中间．胜进义相。是名菩萨摩诃萨善义。复次大慧。善语义菩萨摩诃萨．观语与义．非异非不异。观义与语．亦复如是。若语异义者．则不因语辨义。而以语入义．如灯照色。复次大慧。不生不灭自性涅槃．三乘一乘．心自性等。如缘言说义计著。堕建立．及诽谤见。异建立。异妄想。如幻种种妄想现。譬如种种幻．凡愚众生作异妄想．非圣贤也。尔时世尊欲重宣此义．而说偈言。

彼言说妄想　建立于诸法　以彼建立故　死堕泥犁中

阴中无有我　阴非即是我　不如彼妄想　亦复非无我

一切悉有性　如凡愚妄想　若如彼所见　一切应见谛

一切法无性　净秽悉无有　不实如彼见　亦非无所有

言语和语义

这时，大慧大士又问："如佛所说，大乘菩萨，应当善于语义而说法。什么叫作语义？怎样是语？怎样是义呢？"佛说："所谓语，就是指声音单字言语的组合，依咽、喉、唇、舌、齿、龂、颊等而发声。这种言说的作用，是因为言说妄想习气的执著而发生，就总名它为语。所谓义，就是离妄想的作用，和言说的语义，而是另有所指者就总名为义。大慧啊！大乘菩萨们，得闻如来所指示的语义，独居静处，深思冥想，内证它的义理，而得智慧解脱。得到了内证自觉以后，便全心趣向涅槃之城。由此使习气逐渐转变了以后，在自觉的境界里，观菩萨初地以及上升入诸地的中间胜义相，是名菩萨善解义相。其次，大慧啊！真正善于语义的菩萨们，他看语和义，或义与语，虽是两个东西而所表示的却是一个义理。如果言语和义理是不同的，那就不能因为听到言语便能够辨别它的意义了。事实上，人们都能从言语而了解它的义理。犹如灯能照色，灯虽然不就是色相，可是色相却也因灯而被照见的啊！再其次，大慧啊！如来虽然说不生不灭、自性涅槃，三乘、一乘、心、自性等等名言，如果人们只知攀缘执著言说名相和它的语义，而不亲自内证语义的究竟，那就等于堕在诽谤佛法的知见里，就不合于如来建立名言的本意，等于是另一种不同的妄想而已。这也就是凡夫妄想的境界，只是另外又生出种种佛法的名言妄想罢了。譬如愚痴凡夫们，见到幻影而产生各种幻想，并自以为实有，这都不是圣贤的境界。"这时，佛就归纳这些道理，作了一首偈语说：

“彼言说妄想。建立于诸法。以彼建立故。死堕泥犁中。”（这是说：一般凡夫们，执著世俗的各种言语妄想，而以为是不易的法则，随他执著而轮转生死，接受天堂和地狱的苦乐等果报。）

“阴中无有我。阴非即是我。不如彼妄想。亦复非无我。”（这是说：身心五阴之中，就根本没有真我。也就是说，五阴并不是我。可是也不像他们所想象的，根本就没有我的存在。）

“一切悉有性。如凡愚妄想。若如彼所见。一切应见谛。”（这是说：一般的凡夫们，除了认为根本没有我的存在以外，有些人却妄想认为一切事物，都自有它的性能的，所以认为人我也有一个自性的存在。如果真是这样的话，一切事物和人们，也应该确实见到有一个真谛的自性了。）

“一切法无性。净秽悉无有。不实如彼见。亦非无所有。”（这是说：一切事物，从本以来，就无所谓另有一个自性的存在，净和秽、生和灭等等，毕竟都是没有实在的自性存在。诸法如幻而不实，都如水月镜花似的显现，但也不是断见，认为它是根本无所有的。）

复次大慧。智识相．今当说。若善分别智识相者。汝及诸菩萨．则能通达智识之相．疾得阿耨多罗三藐三菩提。大慧。彼智有三种。谓世间。出世间。出世间上上。云何世间智。谓一切外道凡夫．计著有无。云何出世间智。谓一切声闻缘觉．堕自共相．希望计著。云何出世间上上智。谓诸佛菩萨．观无所有法见不生不灭．

离有无品。如来地．人法无我。缘自得生。大慧。彼生灭者是识。不生不灭者是智。复次堕相无相．及堕有无种种相因是识。超有无相是智。复次长养相是识。非长养相是智。复次有三种智。谓知生灭。知自共相。知不生不灭。复次无碍相是智。境界种种碍相是识。复次三事和合生．方便相是识。无事方便自性相是智。复次得相是识。不得相是智。自得圣智境界．不出不入故。如水中月。尔时世尊欲重宣此义．而说偈言。

采集业为识　不采集为智　观察一切法　通达无所有
逮得自在力　是则名为慧　缚境界为心　觉想生为智
无所有及胜　慧则从是生　心意及与识　远离思惟想
得无思想法　佛子非声闻　寂静胜进忍　如来清净智
生于善胜义　所行悉远离　我有三种智　圣开发真实
于彼想思惟　悉摄受诸性　二乘不相应　智离诸所有
计著于自性　从诸声闻生　超度诸心量　如来智清净

识与智的差别

佛说："我现在应当一说智与识的不同情形，你们了解智与识的不同现象后，就容易证得无上正等正觉了。大慧啊！智有三种，所谓：世间智、出世间智、出世间上上智。什么叫作世间智呢？就是一切外道和凡夫们，执著世间一切事理的有或无的知识。什么叫作出世间智呢？就是一切声闻、缘觉们，堕在自己或随众所希求出离尘世的执著里。什么叫作出世间上上智呢？那就是诸佛菩萨们，观世间和出世间，是幻现暂有的，见到万法从本以来，就不生不灭，离有离无而入于如来果地。人无我和法无我，都本来是自性如如，不假修证的。大慧啊！那生灭的就是识，不生不灭的就是智。其次，堕在有相可得，或无相可得的，以及堕在有无种种相和因中的便是识，超有无之相的便是智。再其次，增益习气的便是识，不增益习气的便是智。复次有三种智，那就是知生灭之智，知自相和共相之智，知不生不灭之智。复次，无挂碍相的便是智，种种境界有挂碍相的便是识。复次，根、尘、识三事和合而生的作用便是识，无事于心，自性无生的便是智。复次，有所得相的便是识，无所得相便是智。智是由于修行自觉内证之法，证入自得圣智境界，不出不入，无所从来，亦无所去，所以譬喻如水中明月的境界。”这时，佛就归纳这些道理，作了一篇偈语说：

“采集业为识。不采集为智。观察一切法。通达无所有。”（这是说：凡是吸收采集业力习气的便是识。反之，不吸收采集业力习气的便是智。依着无所得的智境界，来观察一切万法，彻底通达它的一无所有便是解脱境界。）

“逮得自在力。是则名为慧。缚境界为心。觉想生为智。无所有及胜。慧则从是生。”（这是说：自觉内证智相，住于了无所得之境，渐渐得到自在无碍之力，就名为智慧之力。凡是为境界所缚的，便都是妄想心意识，而自觉内证妄想心的便是智。只要常住了无所有的殊胜境界，由此就可以发生慧力。）

“心意及与识。远离思惟想。得无思想法。佛子非声闻。寂静胜进忍。如来清净智。生于善胜义。所行悉远离。”（这是说：有相或无相，空和有，出世和入世等等境界，无非都是心意识的思想分别作用。无分别，离一切相，都无所住，才是真正的佛法，这是和一般声闻沉空住寂的法门不同的。由此得到毕竟寂静的无生法忍，成就如来的清净智慧，生起善解的胜义，远离一切烦恼的执著。）

“我有三种智。圣开发真实。于彼想思惟。悉摄受诸性。”（这是说：如来具有上述的三种智，由此而得到圣自在的真果，不仅能够普遍了解意识妄想的思惟现象，而且也完全了解世间和出世间的内外诸法之自性。）

“二乘不相应。智离诸所有。计著于自性。从诸声闻生。超度诸心量。如来智清净。”（这是说：声闻和缘觉二乘圣人们的智慧，是不能了解这个道理的。因为他们沉空住寂，离有入无，还是著相。避有著空，便执著空为自性，还都是声闻的教法，没有真实的证觉。如果超越二乘的心量，证知万法唯心所现才是如来的清净智慧。）

复次大慧。外道有九种转变论．外道转变见生。所谓形处转变。相转变。因转变。成转变。见转变。性转变。缘分明转变。所作分明转变。事转变。大慧。是名九种转变见。一切外道．因是起有无．生转变论。云何形处转变。谓形处异见。譬如金．变作诸器物．则有种种形处显现。非金性变。一切性变．亦复如是。或有外道作如是妄想。乃至事变妄想。彼非如非异妄想故。如是一切性转变．当知如乳酪酒果等熟。外道转变妄想。彼亦无有转变。若有若无．自心现．外性非性。大慧。如是凡愚众生．自妄想修习生。大慧。无有法若生若灭．如见幻梦色生。尔时世尊欲重宣此义．而说偈言。

形处时转变　四大种诸根　中阴渐次生　妄想非明智
最胜于缘起　非如彼妄想　然世间缘起　如揵闼婆城

世间缘起的空见

佛说："其次，外道的学者们，有九种转变的理论，他们根据这九种转变的道理，作为生命转变的空见。那就是所谓形处转变（形体转变）、相转变（现象转变）、因转变（起因转变）、成转变（情况转变）、见转变（所见转变）、性转变（性质转变）、缘分明转变（所缘转变）、所作分明转变（作用转变）、事转变（事实转变），这就是外道学者们九种转变的见解。一切外道，都由于这九种见解，或者说有，或者说无，用它来说明生命转变的理论。什么是形处转变呢？就是说：他们根据形体的变异，譬如金子变作一切器皿和其他的东西，从表面看来，形相是完全不同的了。但是无论形相如何转变，金子的自性还是一样的；同理，宇宙万有的一切物理，虽然形变但自性仍然是不变的。可是有些外道学者，产生上面所说的种种妄想，乃至以此妄见妄想而概括一切事物。其实，他们的见解和理论，似通而又不通；因为都是由于妄想而生，徒有名言，并无实义。例如乳类一变而为酥油醐酪，米麦水果等物变为酒浆，只因时节因缘成熟，它的变化是当然的。一切万有形相性质的转变，也是如此的。但是一般外道们，就在这种情形中发生妄想和妄见，却不知道它的本来自性并没有转变。所以他们说有说无，都是向自心现量境外求法，所说的一切性都非实性。大慧啊！这些都是由于愚痴凡夫们，自己妄想的熏习所生。其实，一切万法，从本以来，自性就并无生灭，只如人们在梦幻之中，生出色相形状等不同的境界，醒了以后，却是了无一物可得。”这时，佛就归纳这些道理，作了一首偈语说：

“形处时转变。四大种诸根。中阴渐次生。妄想非明智。”（这是说：世间一切万有的形状，是与空间、时间而和合转变的，所以有物理上的四大——地、水、火、风，和生理心理上的六根——眼、耳、鼻、舌、身、意等的根尘出现，然后身心逐渐生起，中阴识身也逐渐形成。凡夫境界的形相、时空、因果和识身习染等作用，随时随地都在转变，但心意识本身，并未转变。因为人们不知这个道理，而作种种说法，都是妄想所生，不是廓然了澈的明智之说。）

“最胜于缘起。非如彼妄想。然世间缘起。如揵闼婆城。”（这是说：佛为最殊胜的正觉者，他是说世间一切，都是因缘而生的，并非如一般人们执著妄想，误以为真，因为因缘互起的世间，只是如海市蜃楼，梦幻似的存在而已。）

尔时大慧菩萨复白佛言。世尊。惟愿为说．一切法相续义。解脱义。若善分别一切法．相续不相续相。我及诸菩萨善解一切相续巧方便。不堕如所说义计著相续。善于一切诸法．相续不相续相．及离言说文字妄想觉。游行一切诸佛刹土．无量大众。力自在通．总持之印。种种变化。光明照曜觉慧。善入十无尽句。无方便行。犹如日月．摩尼．四大。于一切地．离自妄想相见。见一切法如幻梦等。入佛地身。于一切众生界．随其所应而为说法．而引导之。悉令安住．一切诸法如幻梦等．

离有无品。及生灭妄想．异言说义。其身转胜。佛告大慧。善哉善哉。谛听谛听。善思念之。当为汝说。大慧白佛言。唯然受教。佛告大慧。无量一切诸法．如所说义．计著相续。所谓相计著相续。缘计著相续。性非性计著相续。生不生妄想计著相续。灭不灭妄想计著相续。乘非乘妄想计著相续。有为无为妄想计著相续。地地自相妄想计著相续。自妄想无间妄想计著相续。有无品外道依妄想计著相续。三乘一乘无间妄想计著相续。复次大慧。此及余．凡愚众生．自妄想相续。以此相续故．凡愚妄想。如蚕作茧。以妄想丝．自缠缠他。有无有相续相计著。复次大慧。彼中亦无相续．及不相续相。见一切法寂静．妄想不生故。菩萨摩诃萨．见一切法寂静。复次大慧。觉外性非性．自心现相无所有。随顺观察自心现量．有无一切性无相。见相续寂静故．于一切法．无相续不相续相。复次大慧。彼中无有若缚若解。余堕不如实觉知．有缚有解。所以者何。谓于一切法有无有．无众生可得故。复次大慧。愚夫有三相续。谓贪恚痴。及爱未来．有喜爱俱。以此相续．故有趣相续。彼相续者续五趣。大慧。相续断者。无有相续不相续相。复次大慧。三和合缘．作方便计著．识相续无间生。方便计著．则有相续。三和合缘识断．见三解脱．一切相续不生。尔时世尊欲重宣此义．而说偈言。

不真实妄想　是说相续相　若知彼真实　相续网则断
于诸性无知　随言说摄受　譬如彼蚕虫　结网而自缠
愚夫妄想缚　相续不观察

束缚与解脱都自一心

这时，大慧大士又请佛解说：“一切法的束缚（执著相续）和解脱（不执著相续）的道理。”佛说：“有无量诸法，都会使人发生执著的。举若执著如来所说佛法深密的内义来说：例如相执著相续（名相的执著）、缘执著相续（所缘的执著）、性非性执著相续（有自性和非自性的执著）、生不生妄想执著相续（分别有生或无生的执著）、灭不灭妄想执著相续（分别灭或不灭的执著）、乘非乘妄想执著相续（分别大小乘或非大小乘的执著）、有为无为妄想执著相续（分别有为和无为的执著）、地地自相妄想执著相续（分别大乘各地境界的执著）、自妄想无间妄想执著相续（分别自己的妄想现状的执著）、有无品外道依妄想执著相续（分别外道有无理论的执著）、三乘一乘无间妄想执著相续（分别佛法的究意是一乘或三乘的执著）。其次，这些情形，都是愚痴凡夫们自心所生的妄想执著，犹如钩锁连环，相续不断。都是自心以妄想不断之丝而自缚其心，如春蚕作茧，在无始妄想状态中相续执著难舍。复次，大慧啊！在这些执著自心妄想和如何才是不执著而得解脱的关键中，其实，并非另有一个解脱的方法，但能见到一切法是本来寂静的，自然就妄想不生了。大乘菩萨们，都亲证一切法的本来寂静。复次，证觉一切外物都无它的自性，都是自心现量的现象，本来也是一无所有的。依此而随顺观察，一切都是自心现量境，所有的有和无的一切自性，都无相可见。在此无可见相中，寂静相续，所以对于一切法，就没有相续不相续的观念了。复次，此中既无所谓有束缚，也无所谓有解脱。如果没有得到这种如实证知自觉的究竟，那就生出有所谓束缚和解脱的见解了。为什么呢？因为一切法的有和无，求其体性本来都是了不可得的。因此对于众生来说，本来无缚又向何处去求解脱呢？再说，愚痴的凡夫们，有三种相续，就是贪、瞋、痴，同时又为了未来的贪欲，因此相续不断，所以就有各种各类的生命相续，流转延绵，而形成五趣[①]之身。大慧啊！所谓相续断呢？就是说没有相续和不相续的观念和现象存在。复次，因为三缘的和合[②]，有习惯性的方便执著，而识的作用，就在其中生起相续无间的生生不已了。因为有方便和习惯的执著，所以才有相续流转的作用，如果断除三和合缘中的业识，就可以见到三解脱，一切相续和不相续的执著，得到了解脱，这就叫作相续断。”这时，佛就归纳这些道理，作一首偈语说：

“不真实妄想。是说相续相。若知彼真实。相续网则断。”（这是说妄想是不真实的，然而人们却不能看出它是虚妄的，所以才有相续无间的业识作用，流注不绝。换言之，世间一切现象的相续无间，都是这种不真实的妄想所生。如果是证知了妄想的虚幻不实，而不去执著，那么相续无间的罗网就被切断了。）

“于诸性无知。随言说摄受。譬如彼蚕虫。结网而自缠。愚夫妄想缚。相续不观察。”（这是说：因为人们都不能了知一切法的自性，只是跟着言语意识而摄受一切境界，譬如春

① 五趣：又曰五道。一、地狱，二、饿鬼，三、畜生，四、人，五、天。

② 三缘和合：三缘和合等者，外道妄计根尘我三缘和合，诸识次第相续而起。三事即根尘及我三事，和合相应而生是识。

蚕作茧，自缚难解。所以愚痴无智的凡夫们，不能观察自觉，都在相续无间中，流转不已。）

大慧复白佛言。如世尊所说．以彼彼妄想．妄想彼彼性。非有彼自性．但妄想自性耳。世尊。若但妄想自性．非性自性相待者。非为世尊如是说烦恼清净．无性过耶。一切法妄想自性．非性故。佛告大慧。如是如是。如汝所说。大慧。非如愚夫性自性妄想真实。此妄想自性．非有性自性相然。大慧。如圣智有性自性。圣知．圣见．圣慧眼．如是性自性知。大慧白佛言。若使如圣．以圣知圣见圣慧眼。非天眼．非肉眼。性自性．如是知。非如愚夫妄想世尊。云何愚夫离是妄想．不觉圣性事故。世尊。彼亦非颠倒．非不颠倒。所以者何。谓不觉圣事．性自性故。不见离有无相故。世尊。圣亦不如是见．如事妄想。不以自相境界．为境界故。世尊。彼亦性自性相．妄想自性如是现。不说因无因故。谓堕性相见故。异境界．非如彼等．如是无穷过。世尊。不觉性自性相故。世尊。亦非妄想自性．因性自性相。彼云何妄想非妄想．如实知妄想。世尊。妄想异．自性相异。世尊。不相似因．妄想自性相。彼云何各各不妄想。而愚夫不如实知。然为众生离妄想故．说如妄想相不如实有。世尊何故遮众生有无有见．事自性计著。圣智所行境界计著．堕有见。说空法非性．而说圣智自性事。佛告大慧。非我说空法非性。亦不堕有见．说圣智自性事。然为令众生离恐怖句故。众生无始以来计著性自性相。圣智事自性．计著相见。说空法。大慧。我不说性自性相。大慧。但我住自得如实空法。离惑乱相见。离自心现性非性见。得三解脱．如实印．所印于性自性。得缘自觉观察住．离有无事见相。

复次大慧。一切法不生者。菩萨摩诃萨．不应立是宗。所以者何。谓宗一切性非性故．及彼因生相故说一切法不生宗．彼宗则坏。彼宗一切法不生。彼宗坏者．以宗有待而生故。又彼宗不生。入一切法故．不坏相不生故．立一切法不生宗者．彼说则坏。大慧。有无不生宗。彼宗入一切性．有无相不可得。大慧。若使彼宗不生．一切性不生而立宗．如是彼宗坏。以有无性相不生故．不应立宗。五分论多过故．展转因异相故．及为作故．不应立宗分。谓一切法不生。如是一切法空．如是一切法无自性．不应立宗。大慧。然菩萨摩诃萨．说一切法．如幻梦。现不现相故。及见觉过故．当说一切法．如幻梦性。除为愚夫．离恐怖句故。大慧。愚夫堕有无见。莫令彼恐怖．远离摩诃衍。尔时世尊欲重宣此义．而说偈言。

无自性无说　无事无相续　彼愚夫妄想　如死尸恶觉
一切法不生　非彼外道宗　至竟无所生　性缘所成就
一切法不生　慧者不作想　彼宗因生故　觉者悉除灭
譬如翳目视　妄见垂发相　计著性亦然　愚夫邪妄想
施设于三有　无有事自性　施设事自性　思惟起妄想
相事设言教　意乱极震掉　佛子能超出　远离诸妄想
非水水想受　斯从渴爱生　愚夫如是惑　圣见则不然

圣人见清净　三脱三昧生　远离于生灭　游行无所有
修行无所有　亦无性非性　性非性平等　从是生圣果
云何性非性　云何为平等　谓彼心不知　内外极漂动
若能坏彼者　心则平等见

自性空有之辨

大慧大士又问："如您所讲的，既然一切法，都是由于各种各样的妄想所生，那么，一切万物并没有自性，只是妄想本身所呈现的自性而已。如果只是妄想本身的自性，那么非自性就和自性互相对立了。但您却说烦恼和清净，是没有自性的，岂不又产生矛盾了吗？因为一切法都是妄想所生，而妄想却本无自性的啊！"佛说："是的。是的。诚然如你所说，但我的意思，并非像一般凡愚的人们所想象的，认为一切万法都有一个真实的自性。而这个妄想自性，并非真有存在；它并非如实证相似的可以如实得见啊！大慧啊！如果自觉内证圣智，依此圣知、圣见、圣慧眼，就可如实得知一切法的自性体相了。"大慧又问："这里所谓的圣知、圣见和圣慧眼，当然不是天眼，也不是肉眼，那是自性自知诸法体相，而是一种自性的睿智，并非如凡夫们的妄想；但要怎样使凡夫们离了妄想，使他们自觉内证圣智呢？所以说，那些凡夫的妄想，既不能说是绝对的颠倒，也并非不是颠倒，为什么呢？只是说他们不能自觉内证妄想本自无性，不能远离于有无之相，所以不能证得圣位。但是，自觉的圣者们，也并没有本自无性，及远离有无之相，例如他们对境应物，也同样地会产生妄想，只是不执著自心起的妄想相，而以为是真实的境界罢了。他们也同样地会于自觉内证无生的自性中，生起分别自性的作用。因为起用便有妄想，所有妄想的自性，便是如此显现，在这里更没有另外的原因，却也不是无因而孤起的。如果有了有无之见，便堕在有性或著相的境界里了。但是没有自觉亲证自性的人，却并不如此，所以就会有无穷的过患，那都是因为他们不能自觉自性是本无性相可得的。而且也不是因为分别妄想的原因，才知妄想性的无自性，所谓妄想本身，本来便无妄想实体可得，这样才能如实得知妄想的自性。又因为人们妄想的各有不同，所以便觉得自性也各有同异之处，因为凡夫们以各种不相似的因，用妄想来推测自性的体相。但他们却不能反省各各不同的观点，无非是各种不同的妄想所生，所以说凡夫们的不切实了知自己，有如此者。可是佛为了众生们解脱远离妄想的困扰，说这些妄想都是不实在的。为了遮止众生们落在著有著无的固执里，以或有或无为自性而生起执著。甚之还执著圣智内证所行，认为是别有一种境界，因此堕在有所见、有所得的谬执里。却说空无自性为非法，而说实有圣智自性的事相可得。”佛说：“我不是说空无自性为非法，也不是以堕在有所见、有所得中为圣智内证自性的事，而是为了避免众生以落空为恐怖的心理，才说出这种反复的论证。因为众生自无始以来，都执著自性是有自性之相，证得自性之相，才为圣境界的事。为了劝止人们对自性的执著，我才说一切法空。大慧啊！我不说自性有自性之相，但是我安住在自得的如实空法之中，远离颠倒惑乱的相和见，离自心现量，见知外性非性，得三解脱的如实法印，以此印证所有的一切法，对于自性本来面目得到自在观察的自觉住，远离有无二见。”

佛法宗纲的说明

“再次，大慧啊！大乘道的菩萨们，不应该立一切法不生为宗旨。为什么呢？因为所谓一切法，元来是非性的，说是不生，即已著初因之相了。所以主张此说者，所立的宗，就不成立。为什么说一切法不生，不能成立为宗呢？因为他所立的宗，还是相对待的（不生是与生生相对待）。而且他所立的不生，也还是在一切法的一切范围以内，自己却不能破除不生的观念啊！所以说立不生而为宗者，不攻而自破。再说，有一不生，或是本无而不生，那他所立的宗，也还是入于一切性的范围，况且有无之相，追根究本，就根本不可得。如果他以不生为宗，以一切性都不生而立宗，那他自宗也就不能成立。因为无论有或无的性相既然根本不生了，就不应该立宗了。即使用因明的五分论方法去辨证，也会错误多端的。总之，这些立宗之说，他的宗旨和初因，都是可以辗转为因，是非纷然的。况且既已立宗，就落在有为有作之中，所以说不应该以任何一法而立宗。由这个一切法不生为宗的道理，推而广之，所谓一切法空，乃至于一切无自性，也都不应立宗了。然而大乘菩萨们，为什么又说一切法都如梦似幻呢？所谓似梦如幻，并不是绝对没有的，只是象征它的不实在，说明它的不永存罢了。一切法虽然出现，但不永存，所以说一切法都是如梦似幻的，这说是为了除去无智凡夫们的恐怖落空心理。因为无智凡夫们，平常都堕在有或无的见解里，如果要使他们不致对有无很难把捉而生恐怖，为

法本法无法、无法亦法法

此而远离大乘之道，故以梦幻来说明。”这时，佛就归纳这些道理，作了一篇偈语说：

“无自性无说。无事无相续。彼愚夫妄想。如死尸恶觉。”（这是说：所谓自性，原来是无自性可得，所以亦无名言可说。此中既无事和相之可得，更无相续的所依和能依，只因凡夫愚痴，以妄想推测自性，犹如逐臭不舍，但于行尸走肉上而起恶觉，其愚叹为观止。）

“一切法不生。非彼外道宗。至竟无所生。性缘所成就。”（这是说：如果认为一切法不生，便是立论的宗旨，那不是我说的法，而是外道的见解。如果一切毕竟不生，何以一切不生的自性，却有待于因缘生法呢?）

“一切法不生。慧者不作想。彼宗因生故。觉者悉除灭。”（这是说：如果是大智慧者，绝不会有一切法不生的观念。因为一切法，确借因缘而生起，这岂不与他的宗旨相违背吗？所以正觉者，应当舍除这些过失。）

“譬如翳目视。妄见垂发相。计著性亦然。愚夫邪妄想。”（这是说：譬如有眼病的人，幻觉空中有毛轮如垂发等现象。那些执著于自性的人，也和有眼病的人一样，都只是愚痴无智，自生邪曲的想象而已。）

“施设于三有。无有事自性。施设事自性。思惟起妄想。”（这是说：即如所说的三有〈欲界、色界、无色界〉的情状，也是本来并无自性和事实的存在。但为了名词思辨上的设立，才描述它的作用，凡夫们却于此中生起了妄想。）

“相事设言教。意乱极震掉。佛子能超出。远离诸妄想。”（这是说：所有的名相和名相所指的事实，都是为了思惟辨证时的方便而成立的。如果执著名相，把它当作实法，便将徒乱人意，使人们意乱神迷，为妄想所摄而增加散乱了。学佛的人们，要能超出于名相的藩篱，不要分别它的有和无才对。）

“非水水想受。斯从渴爱生。愚夫如是惑。圣见则不然。”（这是说：譬如狂渴时的麋鹿，反误以荒野里的焰影是水，拼命去追求它。无智凡夫，追逐于世间事物和执著于名相，也犹如渴鹿逐水一样。唯有圣者，方能解脱这些妄见。）

“圣人见清净。三脱三昧生。远离于生灭。游行无所有。”（这是说：圣者的境界，是亲证一切法的本来清净，已得到了三解脱的三昧，远离了一切的生灭心，游行于无所有的寂灭境界中。）

“修行无所有。亦无性非性。性非性平等。从是生圣果。”（这是说：若能从了无所有处修行，不要分别所谓自性和非自性等等，自然就性相平等，由此可生圣果了。）

“云何性非性。云何为平等。谓彼心不知。内外极漂动。若能坏彼者。心则平等见。”（这是说：所谓性和非性，以及如何是自性平等的境界呢？那就是说人们不能彻底了解身心内外诸法，都是无常而无自性可得的，所以妄想分别，漂流在内外境界现象之中。如果能够破除妄想执著，自然就可以见到自性平等的境界了。）

尔时大慧菩萨复白佛言。世尊。如世尊说．如攀缘事．智慧不得。是施设量．建立施设。所摄受非性．摄受亦非性。以无摄故．智则不生。唯施设名耳。云何世尊。为不觉性自相共相．异不异故．智不得耶。为自相共相．种种性自性相．隐蔽故．智不得耶。为山岩石壁。地水火风障故．智不得耶。为极远极近故．智不得耶。为老小盲冥．诸根不具故．智不得耶。世尊。若不觉自共相异不异．智不得者。不应说智．应说无智。以有事不得故。若复种种自共相性自性相．隐蔽故智不得者。彼亦无智．非是智。世尊。有尔焰故智生．非无性会尔焰．故名为智。若山岩石壁地水火风．极远极近．老小盲冥．诸根不具．智不得者。此亦非智．应是无智。以有事不可得故。佛告大慧。不如是。无智．应是智．非非智。我不如是隐覆说攀缘事。智慧不得．是施设量建立。觉自心现量．有无有．外性非性。知而事不得。不得故．智于尔焰不生。顺三解脱．智亦不得。非妄想者．无始性非性．虚伪习智．作如是知．是知彼不知。故于外事处所．相性无性．妄想不断。自心现量建立．说我我所相．摄受计著。不觉自心现量。于智尔焰而起妄想。妄想故．外性非性．观察不得．依于断见。尔时世尊欲重宣此义．而说偈言。

有诸攀缘事　智慧不观察　此无智非智　是妄想者说
于不异相性　智慧不观察　障碍及远近　是名为邪智
老小诸根冥　而智慧不生　而实有尔焰　是亦说邪智

什么是智慧的实相

这时，大慧大士又问："依您所说，这个分别攀缘的妄想心，如加以智慧观照，就都无根本可得，只是依世间的习惯，假设而形成的。事实上，假设的妄心现象，根本就没有能摄取和所摄取的自性存在。如果能够了知这些都是内心意识分别的所生，于是能摄和所摄的也都自然空了。那么，所谓的智，也同样没有能摄及所摄的境界，也只是一种表达时的假设名词而已。然而，究竟是因为人们不能感觉自他等共同性相的异同，所以不能证得智相呢？或因为自他等种种的自性相，可以自由隐蔽，所以不能证得智相呢？或是因为被物质世界的山岩、石壁、地、水、火、风所障碍，不能证得智相呢？或是因为空间远近的距离，不能证得智相呢？或是因为年龄的老小以及身心诸根的聋盲，不能证得智相呢？假使是由于不能感觉自他等共同性相的同异，而不能证得智者，那就不应该说是智，而是无智，因为他连这些事都不能证得啊！假使是由于被自他等种种性相所隐蔽，而不能证得智者，也只能说是无智，而不能说是智。因为能明照一切，才说是智，并不是不能明照一切的也算是智啊！假使由于山岩石壁地水火风，或远近距离、老小聋盲等身心诸不健全的关系，不能证得智相者，应该说是根本无智，因为也有许多事是智所不能证得啊！”佛说：“我不是像你所说的，这样便是无智，那样才是智，但也不是说这些就不属于智的范围，我不会这样含糊隐约其辞的。在妄想分别和攀缘执著的妄心现状中，是不能求得智慧实相的。这些都是妄心的设施量所形成的心理状态。但能自觉内证都是自心现量，了知一切外物之性都是非性，究竟是有或是没有，事实上都不可得，与其了不可得，所以在内外一切境界上，智慧朗然，幻影不生。由此顺着三解脱门而证觉所谓智，也是不可得的。这不是像普通人以妄想分别，从无始以来，就习惯于有性、无性的虚妄习气之中，以推测智相的实境，认为这样才算是知道了智，那样却不是知道智。所以人们对外界一切境象，寻求性和无性等的妄想不断发生。却不自知都是自心现量所形成，却说那是我和我所的各种状态。而且加以执著，不能自觉内证自心现量，却推测智相而生起许多妄想。由于用妄想心以求智，所以观察外性非性而不可得，就堕入断见之中，认为根本没有自性了。”这时，佛就归纳这些道理，作了一首偈语说：

“有诸攀缘事。智慧不观察。此无智非智。是妄想者说。”（这是说：在有妄想分别的攀缘状态中，观察智慧实相，说这是智那不是智等等，都是妄想者所说，并不是智的实相。）

“于不异相性。智慧不观察。障碍及远近。是名为邪智。老小诸根冥。而智慧不生。而实有尔焰。是亦说邪智。”（这是说：如果说因为自他同异等性相的分歧，或是被物质所障碍，以及远近距离所阻隔，才得不到智相，这些观念，都是邪见。还有认为是因年龄老小，以及身心诸根不健全的关系，而明照一切的智慧境界不生，这也是邪见。）

复次大慧。愚痴凡夫. 无始虚伪. 恶邪妄想之所回转。回转时. 自宗通. 及说通. 不善了知。著自心现. 外性相故。著方便说. 于自宗四句. 清净通相. 不善分别。大慧白佛言。诚如尊教。惟愿世尊. 为我分别说通及宗通。我及余菩萨摩诃萨. 善于二通。来世凡夫声闻缘觉．不得其短。佛告大慧。善哉善哉。谛听谛听。善思念之。当为汝说。大慧白佛言。唯然受教。佛告大慧。三世如来．有二种法通。谓说通。及自宗通。说通者。谓随众生心之所应．为说种种众具契经。是名说通。自宗通者。谓修行者．离自心现．种种妄想。谓不堕一异．俱不俱品。超度一切心意意识。自觉圣境界。离因成见相。一切外道声闻缘觉．堕二边者．所不能知。我说是名自宗通法。大慧。是名自宗通．及说通相。汝及余菩萨摩诃萨．应当修学。尔时世尊欲重宣此义．而说偈言。

我谓二种通　宗通及言说　说者授童蒙　宗为修行者

宗通和说通的意义

佛说："大慧啊！其次，愚痴凡夫们，被无始以来的虚伪妄想所迷转，所以就不善于了知宗通和说通的真意，而迷著于自心所现的内外性相，执著方便之说，对于自宗四句①的清净通相，就不善于分别了。"大慧问："诚如尊教，唯愿您为我解说宗通和说通之相，使我和其他学大乘菩萨道的人，善于了解二通，不致堕入凡夫、声闻、缘觉们的妄知邪见。"佛回答说："过去、现在、未来的三世如来，有两种法

① 四句：四句执。一、常句。外道计过去之我，即为今我，相续不断，执之为常，即堕于常见，是名常句。二、无常句。外道计我今世始生，不由过去之因，执为无常，即堕于断见，是名无常。三、亦常亦无常句。外道于上二句，皆见有过失，便计我是常，身是无常，若尔则离身即无有我，此亦成过，此名亦常亦无常。四、非常非无常句。外道计身有异故非常，我无异，故非无常，若尔则离身亦无有我，此亦成过，是名非常非无常句。

通，就是说通和自宗通。所谓说通，是为了适应众生心理上所希求的，为他们解说种种不同的经典，这就名为说通。所谓自宗通，就是实际修行者，离自心所现的种种妄想，不再困在一异、同俱和不同俱的知见里，超脱一切意识，远离因和果等知见，而自觉内证圣智境界。一切外道、声闻、缘觉们，堕在二边对待之见，所以不能了知这个道理。这就是我说的自宗通法。大慧啊！这种宗通和说通，你和其他一切大菩萨们，都应当修学。”这时，佛就归纳这些道理，作了一首偈语说：

“我谓二种通。宗通及言说。说者授童蒙。宗为修行者。”（这个偈语的意义，已详如上文所说，不须再释。）

尔时大慧菩萨白佛言。世尊。如世尊一时说言．世间诸论种种辩说．慎勿习近。若习近者。摄受贪欲．不摄受法。世尊何故作如是说。佛告大慧。世间言论．种种句味．因缘譬喻．采集庄严。诱引诳惑愚痴凡夫。不入真实自通。不觉一切法．妄想颠倒。堕于二边。凡愚痴惑而自破坏。诸趣相续不得解脱。不能觉知自心现量。不离外性自性．妄想计著。是故世间言论．种种辩说．不脱生老病死．忧悲苦恼。诳惑迷乱。大慧。释提桓因广解众论．自造声论。彼世论者．有一弟子。持龙形像．诣释天宫．建立论宗。要坏帝释千辐之轮。随我不如断一一头．以谢所屈。作是要已。即以释法．摧伏帝释。释堕负处．即坏其车。还来人间。如是大慧。世间言论．因譬庄严。乃至畜生．亦能以种种句味．惑彼诸天．及阿修罗．著生灭见。而况于人。是故大慧。世间言论．应当远离。以能招致苦生因故。慎勿习近。大慧。世论者。惟说身觉境界而已。大慧。彼世论者．乃有百千。但于后时后五百年．当破坏结集。恶觉因见盛故．恶弟子受。如是大慧。世论破坏结集。种种句味．因譬庄严．说外道事。著自因缘．无有自通。大慧。彼诸外道．无自通论。于余世论．广说无量百千事门．无有自通。亦不自知．愚痴世论。尔时大慧白佛言。世尊。若外道世论．种种句味因譬庄严．无有自通．自事计著者。世尊亦说世论．为种种异方诸来会众．天人阿修罗．广说无量种种句味．亦非自通耶。亦入一切外道智慧．言说数耶。佛告大慧。我不说世论．亦无来去。唯说不来不去。大慧。来者趣聚会生。去者散坏。不来不去者．是不生不灭。我所说义．不堕世论妄想数中。所以者何。谓不计著外性非性．自心现处。二边妄想．所不能转。相境非性。觉自心现．则自心现妄想不生。妄想不生者．空．无相．无作．入三脱门．名为解脱。

大慧。我念一时于一处住。有世论婆罗门．来诣我所。不请空闲．便问我言。瞿昙。一切所作耶。我时答言。婆罗门。一切所作．是初世论。彼复问言。一切非所作耶。我复报言。一切非所作．是第二世论。彼复问言。一切常耶。一切无常耶。一切生耶。一切不生耶。我时报言．是六世论。大慧。彼复问我言。一切一耶。一切异耶。一切俱耶。一切不俱耶。一切因种种受生现耶。我时报言．是十一世论。大慧。彼复问言。一切无记耶。一切记耶。有我耶。无我耶。有此世耶。无此世耶。有他世耶。无他世耶。有解脱耶。无解脱耶。一切刹那耶。一切不刹那耶。虚空耶。非数灭耶。涅槃耶。瞿昙作耶。非作耶。有中阴耶。无中阴耶。大慧。我时报言．婆罗门。如是说者．悉是世论。非我所说。是汝世论。我惟说无始虚伪．妄想习气。种种诸恶。三有之因。不能觉知自心现量．而生妄想攀缘外性。如外道法．我诸根义．三合知生。我不如是。婆罗门。我不说因．不说无因。惟说妄想摄所摄性．施设缘起。非汝及余．堕受我相续者．所能觉知。大慧。涅槃．虚空．灭．非有三种。但数有三耳。复次大慧。尔时世论婆罗门．复问我言．痴爱业因故．有三有耶。为无因耶。我时报言．此二者．亦是世论耳。彼复问言．一切性皆入自共相耶。我复报言．此亦世论。婆罗门。乃至意流妄计外尘．皆是世论。复次大慧。尔时世论婆罗门．复问我言．颇有非世论者不。我是一切外道之宗。说种种句味．因缘譬喻庄严。我复报言．婆罗门。有。非汝有者。非为非宗．非说．非不说种种句味．非不因譬庄严。婆罗门言．何等为非世论．非非宗．非非说。我时报言．婆罗门。有非世论．汝诸外道所不能知。以于外性．不实妄想．虚伪计著故。谓妄想不生．觉了有无自心现量．妄想不生。不受外尘．妄想永息。是名非世论。此是我法．非汝有也。婆罗门。略说彼识．若来若去．若死若生．若乐若苦．若溺若见．若触若著．种种相。若和合相续。若爱．若因计著。婆罗门。如是比者。是汝等世论．非是我有。大慧。世论婆罗门作如是问．我如是答。彼即默然．不辞而退。思自通处．作是念言。沙门释子．出于通外。说无生．无相．无因．觉自妄想现相．妄想不生。

大慧。此即是汝向所问我．何故说习近世论．种种辩说．摄受贪欲．不摄受法。大慧白佛言。世尊。摄受贪欲及法。有何句义。佛告大慧。善哉善哉。汝乃能为未来众生．思惟咨问如是句义。谛听谛听。善思念之。当为汝说。大慧白佛言。唯然受教。佛告大慧。所谓贪者．若取若舍．若触若味。系著外尘．堕二边见。复生苦阴．生老病死．忧悲苦恼。如是诸患．皆从爱起。斯由习近世论．及世论者。我及诸佛．说名为贪。是名摄受贪欲．不摄受法。大慧。云何摄受法。谓善觉知自心现量。见人无我．及法无我相．妄想不生。善知上上地。离心意意识。一切诸佛．智慧灌顶。具足摄受．十无尽句。于一切法．无开发自在。是名为法。所谓不堕一切见．一切虚伪．一切妄想．一切性．一切二边。大慧。多有外道痴人．堕于二边．若常若断．非黠慧者。受无因论．则起常见。外因坏．因缘非性．则起断见。大慧。我不见生住灭故．说名为法。大慧。是名贪欲及法。汝及余菩萨摩诃萨．应当修学。尔时世尊欲重宣此义．而说偈言。

一切世间论　外道虚妄说　妄见作所作　彼则无自宗
惟我一自宗　离于作所作　为诸弟子说　远离诸世论
心量不可见　不观察二心　摄所摄非性　断常二俱离

乃至心流转　是则为世论　妄想不转者　是人见自心
来者谓事生　去者事不现　明了知去来　妄想不复生
有常及无常　所作无所作　此世他世等　斯皆世论通

世间理论辨证和文词的观点

这时，大慧大士又问："您常说，对于世间各种言论文词，以及种种辩说，慎勿习近。如果习近世间言论，只是增益摄受贪欲，却不能接受正法。这是什么道理呢？"佛回答说："世间的种种言论文词，都是综论世间的因缘法，以巧妙的譬喻和词句来修饰，以引诱诳惑愚痴的凡夫们。但用这些言词却不能觉悟一切法的究竟，进入真实自通的境界。只是增益颠倒妄想，堕于相对的二边见解里。凡夫愚痴，反以此为乐，不求自解，所以在诸恶趣中，相续流转不止，不得解脱，不能觉知一切都是自心现量。他们的见解都不离外性自性的虚妄分别，都在妄想和执著之中。因为世间种种论辩和文词，不脱生老病死、忧愁苦恼和诳惑迷乱。大慧啊！世间言论文词，都只说身体的感觉和知觉境界而已。而且世论有千差万别，当我寂灭以后，再五百年，因为邪见外道的盛行，将会破坏佛的遗教所结集的经典，我法中的恶弟子们，也会接受这种世论。大慧啊！就是因为以世论破坏佛的遗教所结集的经典，以种种文词隽永的句子和富丽堂皇的譬喻，来宣传外道的见解，徒然执著于世间因缘之法，而不能自通。这些外道们，没有自通之论，只在其余世论之中，广说无量百千事相的差别法门，既不能自觉内证自通，也不自知愚痴世论，是更为痴迷荒谬的了。"大慧又问："如果说，外道世论种种美丽的文词譬喻，只是徒增痴迷执著，不能自觉内证自通。可是您也常说世论，也是为了各处来会的大众们，广说无量种种句义，难道您也不是自通，和他们一样从事于言说吗?”佛回答说：“我不说世论，也无来去之迹，唯说不来亦不去之法。大慧啊！所谓来，是指会集和积聚。所谓去，便是指散坏。不来也不去，就是不生不灭。我所说的义理，是不会堕在世论妄想的范围，为什么呢？就是说我不执著内外的自性，或非自性，了知一切都是自心的现量，不被相对待的二边妄想所转。一切万象有相之境，都非自性，既自觉内证一切都是自心现量，那么一切自心现量的妄想就不生。妄想不生，便得空、无相、无作之法，而入于三解脱门，方名为解脱。”

内学和外道的辨别

“大慧啊！我记得过去有一个时间，住在某处，有一位专通世论的婆罗门，到我那里来，一到马上就问我：一切是由主宰所创造的吗？我答他说：那是第一种的世论见解。他又问：一切不是由主宰所创造的吗？我回答说：那是第二种世论的见解。他又问：一切是常存或不常存的呢？一切是有生或不生的呢？我回答说：那是第六种的世论。他又问：一切是一或是多呢？一切是同时俱在或不同时俱在的？一切是因为有种种因缘而显现受生的吗？我回答他说：那是第十一种世论。他又问：一切是无记的或是有记的呢？有我或是无我呢？有此世或是无此世呢？有他世或是无他世呢？有解脱或是无解脱呢？一切是刹那或不是一刹那呢？一切是虚空呢？或不是缘尽而灭呢？是不生不灭呢？或有主宰或无主宰呢？有中阴身，或无中阴身呢？我回答说：你这些所说的，都是世论，都非我所说的，我只是说众生们自无始以来，因为虚妄的习气，而生起诸恶的三有（欲、色、无色）之因。人们却不能觉知自心现量，只生妄想分别，攀缘外性，如外道们的说法，说我与根（身心的机能）、尘、意等三缘和合，才产生了智。我却不是如此，我既不说因，也不说无因，只说妄想的能摄和所摄作用，设施说为缘起而生诸法；却不是你和其余那些堕在我相中者所能觉知。大慧啊！涅槃、虚空和寂灭，并非三种境界，只是名数上有三而已。当时，那个婆罗门又问我说：是由于痴爱业为因，才生三有吗？或是无因而生三有的呢？我当时回答说：你所问的两点，也是世论。他又问：一切性都能列入自他的共相吗？我又回答说：这也是世论，乃至心意流动而执著外境，都是世论。当时，他问说：又有什么不是世论的呢？我婆罗门是一切外道的正宗，说种种文句意义，因缘譬喻等，极为庄严。我回答说：婆罗门啊！有是有的，却非你们所有，既非有为，也非非宗，也非有说，但也不是不说种种句义，也非不因譬喻而得庄严。他又问：什么才是非世论、非非宗、非非说呢？我当时回答说：有非世论，但你和其他诸外道都不能知。因为你们只求心外之性，执著不实的虚伪妄想。我是说，一切妄想不生，觉了有和无，都是自心的现量。妄想既然不生，就不受外尘所染污，从此妄想永息，就名为非世论。这就是我所说的法，却非你们所有。婆罗门啊！我再为你略说这个识，它是似来似去，似死似生，似苦似乐，似溺似见，似触似执等种种法相，似和合相续，似爱着诸因缘。例如这些相对的推论，就是你们的世论，却不是我之所说。大慧啊！这就是当时那个世论婆罗门，这样地问，我就这样地答，于是他就默然不辞而退，他心想：释迦的出世法，是出于通外，说的无生无相无因之法，已自觉内证妄想的现相，因此妄想不生。

“大慧啊！这也就是你刚才所问我的，为什么说习近世论的种种辩说，只能摄受贪欲，却不能接受正法的道理。”大慧又问：“所谓摄受贪欲，以及正法，是有哪些不同的道理呢？”佛回答说：“所谓贪者，例如取和舍，感触和嗜味，凡是系著外尘境象，堕在或有或无的二边见解里，因此产生苦阴，乃至生老病死，忧愁苦恼等。所有这些过患，都是从爱的一念而起，这都是由于习近世论和创造世论者，所以我及诸佛称之为贪。这也就是所谓摄受贪欲，而不接受正法。大慧啊！什么是接受正法呢？就是说，善于觉知一切都是自心现量，证见人无我，及法无我相，妄想不生，善知菩萨种种上上地相，离心、意、识，得一切诸佛智慧灌顶，具足摄受十无尽句，对于一切法，无须待他力启蒙而能自在自得，这就名为法。也就是所谓不堕在一切见、一切虚妄、一切妄想、一切性、一切二边之中。大慧啊！有许多的外道痴人，堕于二边之中，例如断见、常见等的黠慧者；因为接受一切无因论，就产生常见，又因为见到缘尽则灭，就起断见。我法是见本来就没有生、住、灭的，所以名为佛法。这也就是说明贪欲和佛法的不同，你和其余的大菩萨们，应当修学。”这时，佛就归纳这些道理，作了一篇偈语说：

“一切世间论。外道虚妄说。妄见作所作。彼则无自宗。惟我一自宗。离于作所作。为诸弟子说。远离诸世论。”（这是说：一切世间的世论学说，都是虚伪妄想所生的理论而已。他们妄见有一能作的和所作的，根本就没有自宗。佛说只有佛法一自宗，是离于所作和能作的妄想，所以佛教弟子们，必须远离一切世论之学。）

“心量不可见。不观察二心。摄所摄非性。断常二俱离。乃至心流转。是则为世论。”（这是说：世论之学，是不能究竟了知自心现量的，而且也观察不到妄心对待的二边，更不能了知能摄和所摄的，都是非性，也不能远离断见和常见。总之，一切在妄想心中流转不止，这就名为世论。）

“妄想不转者。是人见自心。来者谓事生。去者事不现。明了知去来。妄想不复生。有常及无常。所作无所作。此世他世等。斯皆世论通。”（这是说：如果不起妄心，不随妄想流转，便可以见到自心现量了。所谓来的现象，是指自心现量境生起事相而说。去的现象，是对自心现量境事相消散而说。如果明了自心，而知无所从去，也无所从来，那妄想分别就不再生起了。至于推求事物的有常性或无常性，有主宰，或无主宰，乃至此世他世等等，这些都是世论之学，与自觉内证的宗通，都是了不相关的。）

尔时大慧菩萨复白佛言．世尊。所言涅槃者。说何等法．名为涅槃。而诸外道各起妄想。佛告大慧。谛听谛听。善思念之。当为汝说。如诸外道妄想涅槃。非彼妄想随顺涅槃。大慧白佛言．唯然受教。佛告大慧。或有外道．阴界入灭。境界离欲．见法无常．心心法品不生。不念去来现在境界．诸受阴尽。如灯火灭．如种子坏．妄想不生。斯等于此．作涅槃想。大慧。非以见坏．名为涅槃。大慧。或以从方至方．名为解脱。境界想灭．犹如风止。或复以觉所觉见坏．名为解脱。或见常无常．作解脱想。或见种种相想．招致苦生因。思惟是已．不善觉知自心现量．怖畏于相。而见无相．深生爱乐．作涅槃想。或有觉知内外诸法．自相共相．去来现在．有性不坏．作涅槃想。或谓我人．众生．寿命．一切法坏．作涅槃想。或以外道．恶烧智慧见自性及士夫．彼二有间。士夫所出．名为自性．如冥初比。求那转变．求那是作者．作涅槃想。或谓福非福尽。或谓诸烦恼尽。或谓智慧。或见自在．是真实作生死者．作涅槃想。或谓展转相生．生死更无余因。如是即是计著因。而彼愚痴．不能觉知。以不知故．作涅槃想。或有外道言．得真谛道．作涅槃想。或见功德．功德所起．和合一异．俱不俱．作涅槃想。或见自性所起．孔雀文彩．种种杂宝．及利刺等性．见已作涅槃想。大慧。或有觉二十五真实。或王守护国．受六德论．作涅槃想。或见时是作者．时节世间．如是觉者．作涅槃想。或谓性。或谓非性。或谓知性非性。或见有觉．与涅槃差别．作涅槃想。有如是比．种种妄想．外道所说不成所成．智者所弃。大慧。如是一切．悉堕二边．作涅槃想。如是等．外道涅槃妄想。彼中都无．若生若灭。大慧。彼一一外道涅槃．彼等自论。智慧观察．都无所立。如彼妄想．心意来去．漂驰流动．一切无有得涅槃者。

大慧。如我所说涅槃者。谓善觉知自心现量．不著外性。离于四句．见如实处。不堕自心现．妄想二边．摄所摄不可得。一切度量．不见所成。愚于真实．不应摄受。弃舍彼已。得自觉圣法。知二无我。离二烦恼。净除二障。永离二死。上上地．如来地。如影幻等．诸深三昧。离心意意识。说名涅槃。大慧。汝等及余菩萨摩诃萨．应当修学。当疾远离一切外道．诸涅槃见。尔时世尊欲重宣此义．而说偈言。

外道涅槃见　各各起妄想　斯从心想生　无解脱方便
愚于缚缚者　远离善方便　外道解脱想　解脱终不生
众智各异趣　外道所见通　彼悉无解脱　愚痴妄想故
一切痴外道　妄见作所作　有无有品论　彼悉无解脱
凡愚乐妄想　不闻真实慧　言语三苦本　真实灭苦因
譬如镜中像　虽现而非有　于妄想心镜　愚夫见有二
不识心及缘　则起二妄想　了心及境界　妄想则不生
心者即种种　远离相所相　事现而无现　如彼愚妄想
三有惟妄想　外义悉无有　妄想种种现　凡愚不能了
经经说妄想　终不出于名　若离于言说　亦无有所说
（卷三终）

如何是究竟涅槃和各种外道不同的见解

这时，大慧大士又问："所谓涅槃，究竟是怎样的境界？可是一般外道们，也都有他们的涅槃妄想啊！"佛说："一般外道所说的涅槃，都是妄想，他们并非由于妄想不生，而证得涅槃。大慧啊！有些外道，说五阴——色、受、想、行、识，十八界，十二入等身心作用完全入于灭尽，于一切外境界上，完全离欲，见一切法是无常的，各种的心境善法不生，也不念过去未来现在等境界。一切感觉的阴影已尽，犹如火尽灯灭，也犹如种子的毁坏，说一切妄想不起，他们就把这种情形认为是涅槃境界。他们并不是见到一切法本自寂灭，而名为涅槃的。大慧啊！有的或者认为由这一方到达那一方，便名为解脱，那时，一切境界妄想都灭了，就如风平浪静。有的或者认为看不见能觉和所觉的境界生灭，便名为解脱。有的或者认为对于常和无常不起分别，便名为解脱。有的或者认为世间的种种现象，都是妄想所招来，作为生命的苦因，都只是思惟意识而已，由于不善于觉知自心现量，而畏怖一切现象以求无相之境，执此深爱不舍，而以为是涅槃的境界。有的或者认为只要觉知内外诸法自他的共相，以及过去未来现在三世中，确有一不坏灭的自性，便以为这是涅槃的境界。有的认为舍弃我、人、众生、寿命等一切法，便是涅槃的境界。还有的被邪见所烧灼，认为确有一自性和人物而并存，人与万物，互相变化，只是时间空间上的间隔，但都出于自性的作用。不过他认为在最初，自性只是许多物质原素，这些原素才是创造万物的主体，他们就以此为涅槃的境界。有的或者认为罪恶或福报都销尽了，或说一切烦恼都尽了，或说只有智慧，或自在天主，才是真实创造众生的主宰，便以此为涅槃的境界。有的说，万物是辗转相生的，生死更无其他的原因，但不知这样便是执著有因了！可是他们愚痴无智，不能自己觉知，因为不自觉知，便以此作为涅槃的境界。有的外道，说自己得到真谛之道，便以为是涅槃的境界。有的以为见到能作和所作及所生起的和合同异，俱全和不俱全，便以为是涅槃的境界。有的见到自然界的自然力量，会生出孔雀等文彩，以及种种世间杂宝，和荆棘利刺等物性，便以自然是涅槃的境界。有的说觉到二十五真实①，或国王守护众生，受六德论②，便以为是涅槃的境界。有的见到时间为创造世间的主因，便以此为涅槃的境界。或有说性，或有说非性，有的以有为为涅槃，有的以无为为涅槃，有的以有无为涅槃，甚至有的以为事事物物，或说有涅槃有知觉，或见涅槃无知觉，就是涅槃的境界。大慧啊！举例来说，有这种种的外道妄想，以不成理由的理由作为理论的根据，实在被智者所不齿了。这一切，无非都是堕在互相对待的二边见解里，自以为是涅槃的境界。像这些外道们的涅槃妄想，终不能和如实的正法相应了。大慧啊！这些外道涅槃，只是他们的自圆其说，如果以真正智慧来观察，就都是无稽之谈。就如他们自己的妄心一样，来去漂驰流动，而不能把捉，他们所说的涅槃，也是如此。

"大慧啊！而我所说的涅槃，就是说善于觉知自心现量，

---

① 二十五真实：二十五谛真实也。二十五谛为数论外道所立，说明宇宙万有开展状况顺序之根本原理也。即自性（物质的本体）受神我（精神的本体）之作用而生大，由大生我慢，由我慢生五唯（色、声、香、味、触），五知根（眼、耳、鼻、舌、身），五作业根（口、手、足、男女、大遗），心根，又由五唯生五大（空、风、火、水、地）。而神我与自性之关系，恰如跛者与瞽者。神我虽有智的作用，然不能动，自性虽有活动作用，然不能生为其活动之源之动机，盖神我为使自性有活动者，自性为使活动动机实现者，由此二相生中间之二十三谛也。

② 六德论：六德，梵语薄伽梵之六义也，有时亦通用于王者之六德。一自在、二炽盛、三端严、四名称、五吉祥、六尊贵。

不执著于心外之性，离于四句，见到本来如实之处。不堕于自心所现的相对的二边见解里，舍弃能摄和所摄，及一切妄心的推度，把愚痴和真实一起抛却，能这样舍弃，就得到自觉的圣法。同时还要了知二无我（人无我、法无我），离二烦恼（贪瞋痴等根本烦恼和忿恨覆等随烦恼），净除二障（烦恼障、所知障），永离二死（分段生死、变易生死），证入菩提次第的上上地，乃至于如来地，证得一切如梦似幻般的各种甚深三昧，离心、意、识，便是涅槃的境界。大慧啊！你和其余的大乘菩萨们，应当赶快远离一切外道等各种涅槃的见解。”这时，佛就归纳这些道理，作了一篇偈语说：

“外道涅槃见。各各起妄想。斯从心想生。无解脱方便。愚于缚缚者。远离善方便。外道解脱想。解脱终不生。”（这是说：各种外道的涅槃见解，都是妄心妄想所生，没有真正解脱的方便法门。愚痴无知，愈缚愈深，不能善于运用解脱法门，虽然也是为了求得解脱，但始终得不到解脱。）

“众智各异趣。外道所见通。彼悉无解脱。愚痴妄想故。一切痴外道。妄见作所作。有无有品论。彼悉无解脱。”（这是说：各种外道的旨趣，虽然各自不同，但都是心外求道的见解，在这点上却是彼此相同的。所有的外道，都不能证得究竟解脱之道，无非是由于愚痴妄想的作用。他们执迷不悟，妄认有能造作的主宰和所造作的物体，而且在有无之间，落于相对的偏见，而不能究竟解脱。）

“凡愚乐妄想。不闻真实慧。言语三苦本。真实灭苦因。譬如镜中像。虽现而非有。于妄想心镜。愚夫见有二。”（这是说：愚痴无智的凡夫们，只乐于执著妄心妄想，不闻真实的智慧。贪著言语理论，便是随于三界的苦本。如果内证真实的自觉，才能灭除一切苦因。譬如镜中现像，虽然人物来照时就显现出来，但去后却不留形迹，一切妄心妄想，对境依他而起，自心现量，也犹如镜子一样，本无来去生灭的踪迹可得，只因愚夫妄见，而产生有无等二边的妄想而已。）

“不识心及缘。则起二妄想。了心及境界。妄想则不生。心者即种种。远离相所相。事现而无现。如彼愚妄想。”（这是说：凡夫们因为不识自心现量和缘起生法，所以就产生有无的二边妄想。如果了见自心和外境，就不会生起妄想分别之心了。心虽然是种种的根本，但它却是没有自相和所现的相可得。即使心中现出各种事相，也只是一现即空，而实无所现的。犹如愚迷凡夫们的妄想，也是无从把捉的。）

“三有惟妄想。外义悉无有。妄想种种现。凡愚不能了。经经说妄想。终不出于名。若离于言说。亦无有所说。”（这是说：三界所有的欲、无明和业等，都无非是唯心妄想所产生的。除此以外，实在没有另外一个东西的存在。妄想分别，便现出种种事相，只是凡夫愚痴，不能自知罢了。既如佛所说的种种经典，处处都指破这个妄想。所有佛经的各种不同说法，也只是名词论辩的不同而已。如果不去执著名词而实证涅槃，本来就没有什么可说的了。）

卷四

证得如来和身心内外的关系

真理的究竟归属是什么

言语文字和真理

佛法和外道的基本异同

一切法无自性但觉自心现量

关于诸法无常的分辨

三界唯心 心外无法

大小乘入灭尽定的差别境界

大乘菩萨道十地境界的真义

如来是否常住

佛法是否常存

唯识的精义

四禅的灭尽定

详说名相等法的内义——五法、
三自性、八识、二无我的内义

三世诸佛的有无

佛与恒河沙的譬喻

生死的边际何在

刹那空和八识的现象

六度的差别目的

关于佛的存在和佛法与唯识的
几个怀疑问题

素食的理由

一切佛语心品之四

尔时大慧菩萨白佛言。世尊。惟愿为说三藐三佛陀。我及余菩萨摩诃萨．善于如来自性。自觉觉他。佛告大慧。恣所欲问．我当为汝随所问说。大慧白佛言。世尊。如来应供等正觉。为作耶。为不作耶。为事耶。为因耶。为相耶。为所相耶。为说耶。为所说耶。为觉耶。为所觉耶。如是等辞句。为异为不异。佛告大慧。如来应供等正觉．于如是等辞句．非事非因。所以者何。俱有过故。大慧。若如来是事者。或作．或无常。无常故．一切事应是如来。我及诸佛．皆所不欲。若非所作者。无所得故．方便则空。同于兔角．槃大之子。以无所有故。大慧。若无事无因者．则非有非无。若非有非无．则出于四句。四句者。是世间言说。若出四句者．则不堕四句。不堕四句故．智者所取。一切如来句义亦如是。慧者当知。如我所说一切法无我。当知此义．无我性．是无我。一切法有自性．无他性。如牛马。大慧。譬如非牛马性。非马牛性。其实非有非无。彼非无自性。如是大慧。一切诸法．非无自相．有自相。但非无我愚夫之所能知。以妄想故。如是一切法空．无生．无自性．当如是知。如是如来与阴．非异非不异。

若不异阴者．应是无常。若异者．方便则空。若二者．应有异。如牛角．相似故不异。长短差别故有异。一切法亦如是。大慧。如牛右角异左角。左角异右角。如是长短种种色．各各异。大慧。如来于阴界入．非异非不异。

如是如来解脱．非异非不异。如是如来．以解脱名说。若如来异解脱者．应色相成。色相成故．应无常。若不异者．修行者得相．应无分别。而修行者见分别。是故非异非不异。

如是智及尔焰．非异非不异。大慧。智及尔焰非异非不异者．非常非无常。非作非所作。非有为非无为。非觉非所觉。非相非所相。非阴非异阴。非说非所说。非一非异。非俱非不俱。非一非异．非俱非不俱故．悉离一切量。离一切量．则无言说。无言说．则无生。无生．则无灭。无灭．则寂灭。寂灭．则自性涅槃。自性涅槃．则无事无因。无事无因．则无攀缘。无攀缘．则出过一切虚伪。出过一切虚伪．则是如来。如来则是三藐三佛陀。大慧。是名三藐三佛陀佛陀。大慧。三藐三佛陀佛陀者．离一切根量。尔时世尊欲重宣此义．而说偈言。

悉离诸根量　无事亦无因　已离觉所觉　亦离相所相
阴缘等正觉　一异莫能见　若无有见者　云何而分别
非作非不作　非事亦非因　非阴非在阴　亦非有余杂
亦非有诸性　如彼妄想见　当知亦非无　此法法亦尔
以有故有无　以无故有有　若无不应受　若有不应想

或于我非我　言说量留连　沉溺于二边　自坏坏世间
解脱一切过　正观察我通　是名为正观　不毁大导师

证得如来和身心内外的关系

这时，大慧大士又请佛为他解说正等正觉之法，使他和其余的大乘菩萨们，善于了解如来自性，自觉觉他。于是他问："如来证得正觉，是有所为？或无为呢？是果？或是因呢？有自相？或是所见之相呢？是说？或所说呢？是觉？或是所觉呢？而且这些问题，是异？或是同呢？"佛回答说："如来应供等正觉，和你所说的这些问题，迥不相涉，既非事相的果，也不是因，为什么呢？因为你这些问题，都是有语病的。假使如来是事相的果，这个果，设使是被创造的，那么有作就有坏，也是无常的。设使无常就是如来的事相之果，那么，一切的事，也应该就是如来。倘使如此，我与诸佛如来，就不必去追求这个了。假使不是被创造的，就根本无所得，只是一个方便假说而已，只是一个绝对的空，正和兔子有角，石女生儿的假设相同，根本就不可能有此事的。假使是无事相之果，而且也无因，那就是非有或非无了。倘是如此，则出于相对的四句，所谓四句便是世间的言论。如果是超于四句以外的，那就不堕于四句之中，不堕在四句中，才是智者所追求的，你先须了解，一切如来的涵义，便是如此，智慧通达的人，便应当知之。大慧啊！如我所说的，一切法无我。无我的涵义，便是打破我执。一切法都是各有自己的性质。例如牛便是牛，马便是马，牛没有马性，马没有牛性，但并不是说它们没有自己的性质。牛和马只是在这两个动物上，加以命名，牛和马的名词本身，绝不是牛和马自身的物性。其实呢！名词的表示和事实，既不是绝对的有，也不是绝对的无，它又并不是没有肯定的自性的。大慧啊！由此可知，诸法不是没有自相，也不是有自相，但这却不是尚未达到无我境界的愚痴凡夫们所能知的，因为他们有妄想。同样地，所谓一切法本空、无生、无自性的道理，也应当用这个观点来了解。至于所说的如来呢？也是如此，如来与身心的五阴界是相异的，也是相同的。如果如来是和五阴相同，那便是无常了；因身心五阴，是念念无常的。如果如来是和五阴相异，那也只是方便假设而空说罢了。那么，究竟如来和五阴是异是同呢？应该说是有异又不异，犹如牛的两只角一样，因同是一只牛头上的角，总是相似的，所以是不异的。但是尽管是同一牛，两只角却有长短等不同的差别，所以又是有异的。一切法也是和牛角一样，有长短色相的不同。大慧啊！如来证得正觉，他和身心的五阴、十八界、十二入的关系，也是如此，是非异非不异的。

“同样地，如来和解脱，也是非异非不异的，因此，如来又别名为解脱者。如果如来不是解脱者，那就有色相所形成，而色相的形成，却是无常的。如果如来是解脱者，那修行所得之相，就应无能证和所证的分别了。可是修行者的见地，确于其间见到差别之相，所以说，如来和解脱，是非异非不异的。

“同理可以了知，智慧和妄想，也是非异非不异的，何以如此呢？因为智慧和妄想，都是非常、非无常。非作、非所作。非有为、非无为。非觉、非所觉。非相、非所相。非阴、非异阴。非说、非所说。非一、非异。非俱、非不俱的。因为是非一、非异、非俱、非不俱，所以是离一切量的，但离一切量，就无言说。无言说，就无生。无生，就无灭。无灭，就寂灭。寂灭，就自性涅槃。自性涅槃，就无事无因。无事无因，就无攀缘。无攀缘，就超过一切虚妄。超过一切虚妄，就是如来。如来就是正等正觉，所以便名为佛陀。大慧啊！证得无上正等正觉的佛陀者，是永离一切根和量的境界的。”这时，佛就归纳这些道理，作了一篇偈语说：

“悉离诸根量。无事亦无因。已离觉所觉。亦离相所相。阴缘等正觉。一异莫能见。”（这是说：如来正觉，是远离一切根尘境界，此中既无事亦无因，远离能觉和所觉，远离能见和所见。以及一切缘起和五阴等作用，在如来正觉中，既不是一，也不是多。）

“若无有见者。云何而分别。非作非不作。非事亦非因。非阴非在阴。亦非有余杂。亦非有诸性。如彼妄想见。当知亦非无。此法法亦尔。”（这是说：但是，也不能认为如来正觉，是没有能见和所见的。如果是没有能见和所见，那如何又能善于分别一切法呢？总之，一切空、无相、无作，并非如凡夫妄想所推测的，有一真性可见，可是却也不是什么都没有的无，只是本来法尔如此，原是不增不减的。）

“以有故有无。以无故有有。若无不应受。若有不应想。”（这是说：法尔本来如此，而生起万有的相和用。可是因为有，有复还无。因为无，无又生起万有的相和作用。如果是绝对的无，无就不可能领受一切的相和用。如果是真实的有，有就本来有在。不应该凭借妄想才能知道相和用。）

“或于我非我。言说量留连。沉溺于二边。自坏坏世间。”（这是说：凡夫们不能亲证我和无我的道理，只是听闻言说，便妄加推测。须知执著无我，却又落于一边。凡夫们不执著于我，便执著无我，总在二边相对之中，不仅使自己沉迷沦溺，而且也破坏了世间和出世间的正法。）

“解脱一切过。正观察我通。是名为正观。不毁大导师。”（这是说：远离这些知见的过错，观察我法，自能得到通达，这样才名为正观，否则就是毁谤世间大导师的佛法了。）

尔时大慧菩萨复白佛言。世尊。如世尊说修多罗摄受不生不灭。又世尊说. 不生不灭是如来异名。云何世尊为无性故. 说不生不灭。为是如来异名。佛告大慧。我说一切法不生不灭. 有无品不现。大慧白佛言。世尊。若一切法不生者. 则摄受法不可得。一切法不生故。若名字中有法者. 惟愿为说。佛告大慧。善哉善哉. 谛听谛听。善思念之。吾当为汝分别解说。大慧白佛言。唯然受教。佛告大慧。我说如来非无性. 亦非不生不灭摄一切法。亦不待缘故不生不灭。亦非无义。大慧。我说意生. 法身. 如来名号。彼不生者。一切外道. 声闻缘觉. 七住菩萨. 非其境界。大慧。彼不生. 即如来异名。大慧。譬如因陀罗释迦. 不兰陀罗。如是等诸物. 一一各有多名。亦非多名而有多性。亦非无自性。如是大慧。我于此娑呵世界. 有三阿僧祇. 百千名号。愚夫悉闻. 各说我名. 而不解我如来异名。大慧。或有众生．知我如来者。有知一切智者。有知佛者。有知救世者。有知自觉者．有知导师者。有知广导者。有知一切导者。有知仙人者。有知梵者。有知毗纽者。有知自在者。有知胜者。有知迦毗罗者。有知真实边者。有知月者。有知日者。有知主者。有知无生者。有知无灭者。有知空者。有知如如者。有知谛者。有知实际者。有知法性者。有知涅槃者。有知常者。有知平等者。有知不二者。有知无相者。有知解脱者。有知道者。有知意生者。大慧。如是等三阿僧祇百千名号．不增不减。此及余世界．皆悉知我。如水中月．不出不入。彼诸愚夫．不能知我．堕二边故。然悉恭敬供养于我．而不善解知辞句义趣。不分别名．不解自通。计著种种言说章句。于不生不灭．作无性想．不知如来名号差别。如因陀罗释迦．不兰陀罗。不解自通．会归终极。于一切法．随说计著。

大慧。彼诸痴人．作如是言。义如言说．义说无异。所以者何。谓义无身故。言说之外．更无余义。惟止言说。大慧。彼恶烧智．不知言说自性。不知言说生灭．义不生灭。大慧。一切言说．堕于文字．义则不堕。离性非性故．无受生．亦无身。大慧。如来不说堕文字法。文字有无．不可得故。除不堕文字。大慧。若有说言．如来说堕文字法者。此则妄说。法离文字故。是故大慧。我等诸佛及诸菩萨．不说一字．不答一字。所以者何。法离文字故。非不饶益义说。言说者．众生妄想故。大慧。若不说一切法者．教法则坏。教法坏者．则无诸佛菩萨缘觉声闻。若无者．谁说为谁。是故大慧。菩萨摩诃萨．莫著言说。随宜方便．广说经法。以众生希望烦恼不一故．我及诸佛．为彼种种异解众生．而说诸法。令离心意意识故。不为得自觉圣智处。

大慧。于一切法．无所有．觉自心现量．离二妄想。诸菩萨摩诃萨依于义．不依文字。若善男子善女人．依文字者．自坏第一义。亦不能觉他。堕恶见相续．而为众说。不善了知．一切法．一切地．一切相．亦不知章句。若善一切法．一切地．一切相．通达章句．具足性义。彼则能以正无相乐．而自娱乐。平等大乘．建立众生。大慧。摄受大乘者．则摄受诸佛菩萨缘觉声闻。摄受诸佛菩萨缘觉声闻者．则摄受一切众生。摄受一切众生者．则摄受正法。摄受正法者．则佛种不断。佛种不断者．则能了知得殊胜入处。知得殊胜入处．菩萨摩诃萨常得化生．建立大乘十自在力。现众色像。通达众生形类希望．烦恼诸相．如实说法。如实者．不异。如实者．不来不去相．一切虚伪息。是名如实。大慧。善男子善女人．不应摄受．随说计著。真实者．离文字故。大慧。如为愚夫．以指指物．愚夫观指．不得实义。如是愚夫随言说指．摄受计著．至竟不舍。终不能得．离言说指第一实义。大慧。譬如婴儿．应食熟食．不应食生。若食生者．则令发狂。不知次第方便熟故。大慧。如是不生不灭．不方便修．则为不善。是故应当．善修方便。莫随言说．如视指端。是故大慧。于真实义．当方便修。真实义者．微妙寂静．是涅槃因。言说者．妄想合。妄想者．集生死。大慧。真实义者．从多闻者得。大慧。多闻者．谓善于义．非善言说。善义者．不随一切外道经论。身自不随。亦不令他随。是则名曰大德多闻。是故欲求义者．当亲近多闻。所谓善义。与此相违计著言说．应当远离。

尔时大慧菩萨．复承佛威神而白佛言。世尊。世尊显示不生不灭．无有奇特。所以者何。一切外道因．亦不生不灭。世尊亦说虚空．非数缘灭．及涅槃界不生不灭。世尊。外道说因．生诸世间。世尊亦说无明爱业妄想为缘．生诸世间。彼因此缘．名差别耳。外物因缘．亦如是。世尊与外道论．无有差别。微尘．胜妙．自在．众生主等．如是九物．不生不灭。世尊亦说一切性不生不灭．有无不可得。外道亦说四大不坏自性．不生不灭．四大常。是四大．乃至周流诸趣．不舍自性。世尊所说．亦复如是。是故我言无有奇特。惟愿世尊．为说差别所以奇特．胜诸外道。若无差别者。一切外道皆亦是佛。以不生不灭故。而世尊说．一世界中多佛出世者．无有是处。如向所说。一世界中应有多佛．无差别故。

佛告大慧。我说不生不灭．不同外道不生不灭。所以者何。彼诸外道有性自性．得不生不变相。我不如是堕有无品。大慧。我者离有无品．离生灭。非性．非无性。如种种幻梦现故．非无性。云何无性．谓色无自性相摄受．现不现故。摄不摄故。以是故．一切性．无性非无性。但觉自心现量．妄想不生。安隐快乐。世事永息。愚痴凡夫妄想作事。非诸圣贤不实妄想。如揵闼婆城．及幻化人。大慧。如揵闼婆城及幻化人．种种众生．商贾出入。愚夫妄想．谓真出入。而实无有出者入者．但彼妄想故。如是大慧。愚痴凡夫．起不生不灭惑。彼亦无有有为无为。如幻人生。其实无有若生若灭。性无性．无所有故。一切法亦如是．离于生灭。愚痴凡夫堕不如实．起生灭妄想。非诸圣贤。不如实者．不尔。如性自性妄想．亦不异。若异妄想者．计著一切性自性．不见寂静。不见寂静者．终不离妄想。是故大慧。无相见胜．非相见。相见者．受生因．故不胜。大慧。无相者。妄想不生．不起不灭．我说涅槃。大慧。涅槃者。如真实义见．离先妄想心心数法。逮得如来自觉圣智．我说是涅槃。尔时世尊欲重宣此义．而说偈言。

灭除彼生论　建立不生义　我说如是法　愚夫不能知
一切法不生　无性无所有　揵闼婆幻梦　有性者无因
不生无自性　何因空当说　以离于和合　觉知性不现
是故空不生　我说无自性　谓一一和合　性现而非有
分析无和合　非如外道见　梦幻及垂发　野马揵闼婆
世间种种事　无因而相现　折伏有因论　申畅无生义
申畅无生者　法流永不断　炽然无因论　恐怖诸外道

尔时大慧以偈问曰。

云何何所因　彼以何故生　于何处和合　而作无因论

尔时世尊复以偈答。

观察有为法　非无因有因　彼生灭论者　所见从是灭

尔时大慧说偈问曰。

云何为无生　为是无性耶　为顾视诸缘　有法名无生

名不应无义 惟为分别说

尔时世尊复以偈答。

非无性无生 亦非顾诸缘 非有性而名 名亦非无义

一切诸外道 声闻及缘觉 七住非境界 是名无生相

远离诸因缘 亦离一切事 惟有微心住 想所想俱离

其身随转变 我说是无生 无外性无性 亦无心摄受

断除一切见 我说是无生 如是无自性 空等应分别

非空故说空 无生故说空 因缘数和合 则有生有灭

离诸因缘数 无别有生灭 舍离因缘数 更无有异性

若言一异者 是外道妄想 有无性不生 非有亦非无

除其数转变 是悉不可得 但有诸俗数 展转为钩鏁

离彼因缘鏁 生义不可得 生无性不起 离诸外道过

但说缘钩鏁 凡愚不能了 若离缘钩鏁 别有生性者

是则无因论 破坏钩鏁义 如灯显众像 钩鏁现若然

是则离钩鏁 别更有诸性 无性无有生 如虚空自性

若离于钩鏁 慧无所分别 复有余无生 贤圣所得法

彼生无生者 是则无生忍 若使诸世间 观察钩鏁者

一切离钩鏁 从是得三昧 痴爱诸业等 是则内钩鏁

钻燧泥团轮 种子等名外 若使有他性 而从因缘生

彼非钩鏁义 是则不成就 若生无自性 彼为谁钩鏁

展转相生故 当知因缘义 坚湿暖动法 凡愚生妄想

离数无异法 是则说无性 如医疗众病 无有若干论

以病差别故 为设种种治 我为彼众生 破坏诸烦恼

知其根优劣 为彼说度门 非烦恼根异 而有种种法

惟说一乘法 是则为大乘

真理的究竟归属是什么

这时，大慧大士又问：“在您平常所说的经典中，指示不生不灭，便是如来的别名，这个意思是说，本来就没有法性，叫作不生不灭，这样便是如来的别名吗？”佛回答说：“我所说的一切法不生不灭，是说有和无的情形都不存在。如果说是没有，已落在无的误解里了。”大慧又问：“如果一切法是不生的话，就根本不能包括一切，如果在这个不生的字义中，是有法存在的话，那么，就请您为我们说明吧。”佛回答说：“我说如来的境界，不是无性，也不是以不生不灭来包括一切法，也不待因缘的作用，才有不生不灭，更不是随便定名，而没有任何义理的。大慧啊！我是用这意生法身的如来名号。我所说的不生，却不是一切外道、声闻、缘觉，以及七地菩萨们所能够了知的。这种不生，便是如来的别名。譬如天王帝释等等，以及世间各种物象，每一件事物，都有许多不同的名字。可是，却不是因为有许多不同的名字，便有许多不同的自性存在。不过，也不能说，每一不同的名号中，就没有特殊的意义。大慧啊！同样地，我在这个世界上，有三阿僧祇（不尽知、无量数）的名号，在一般凡愚的见闻中，都可随意地想象它，各自说出我的名字，但他们却不了解那就是我的别名。例如：有些人知我名为如来，有的知我名为一切智，有的知我名为佛，有的知为救世者，有的知为自觉者，有的知为导师者，有的知为广导者，有的知为一切导者，有的知为仙人者，有的知为梵者，有的知为毗纽者[①]，

① 毗纽：即自在天也。又为那罗延天之别名。

有的知为自在者，有的知为胜者，有的知为迦毗罗者[①]，有的知为真实边者，有的知为月者，有的知为日者，有的知为主者，有的知为无生者，有的知为无灭者，有的知为空者，有的知为如如者，有的知为谛者，有的知为实际者，有的知为法性者，有的知为涅槃者，有的知为常者，有的知为平等者，有的知为不二者，有的知为无相者，有的知为解脱者，有的知为道者，有的知为意生者。大慧啊！如来有这种种无量的名号，都是不增不减，遍于无际的空间和所有的世界上，大家都知道我，犹如水中明月，不出不入，无去无来。可是他们这些凡夫，都因为堕在对待的二边见解里，都不能实在了知我。可是，却都恭敬供养我，只是不善于了解词句和义理的真趣，不去分别这许多不同的名号，都是基于相通的至理而来，反而执著种种言说章句理论，于不生不灭中，而作无性之想。却不知如来名号的不同，犹如纲之于网，不解自通，最后的真际，都是归于无上的终极。无奈他们，偏要执著一切名字声音，被言说文字所迷惑。

言语文字和真理

“大慧啊！他们这些愚痴的人，却说：真义就在言语中，真义和言论是没有两样的。为什么呢？他们认为真义本身是空无所有，除了言论以外，更没有别的真义存在。所以说，真理便在言论之中。这些都是被恶智所烧灼的见解，根本就不知道言语自性，也不知道言语是生灭的，真义是不生不灭

① 迦毗罗：数论派之祖，立二十五谛之义。

的。总之，一切言语，都囿于文字，而真义却不然，因为真义是离于有无，在无可感受之处，也无有本身可得。所以如来说法，不会囿于文字的范围里，因为文字的若有若无，是根本不可得的。因此唯有不囿于文字言语中，才知如来的本来面目。如果有人说如来也仍然在文字中，那便是妄说了。因为真正的佛法，是离文字相的。大慧啊！所以我等诸佛菩萨，是不说一字，不答一字。什么道理呢？因为真正的佛法，是离文字相的。并非不愿作利益众生的真义的说法，只是唯恐言说反而增加了众生的妄想。但是如果不说一切法呢？那教法就要被破坏了。教法一坏，也就无诸佛菩萨、缘觉、声闻等等了。如果连这些都没有，又有谁在说法，又为了谁说法呢？所以大乘菩萨们，切莫执著于言语相，只是方便随宜，广说一切经法，因为众生的烦恼和希望不一，所以我和诸佛，为种种见解不同的众生而说一切法，无非是为了使他们远离妄心意识，而不是为了要使他们内证圣智才成立诸法的。

“大慧啊！如果能够了知一切法本无所有，证得唯有自心现量，而离于空有等的二边妄想，才是大乘菩萨道的依于真义，而不依于文字的道理。如果一般人，但依文字相，只执著于文字言语，那便是自坏了第一义，也就不能觉他了。这样，便将堕在恶见相续之中，便以此为众生说法，他当然就不善于了知一切法、一切地、一切相，以及不知文字章句的真义所指了。如果是善于了知一切法、一切地、一切相，乃至通达文字章句的彻底的理性和真义，他就能够以真正的无相乐而自娱，就可以在平等性的大乘之中，成就一切众生了。大慧啊！能够摄受大乘之道，他便能够摄受诸佛菩萨和声闻缘觉，如此，就能够摄受一切众生和摄受正法。唯有摄受正法，才能使佛种不断，然后才能知道殊胜的入处。因此大乘菩萨，常化生不息，继续建立大乘的十自在力，现众色像，通达众生一切形状种类的各种希望和烦恼情形，而作如实的说法。所谓如实，便是不异，没有过去未来来去动静之相，一切虚妄就此永息，才名为如实。所以人们不要随着言语文字，便钻进在文字语言的执著里去。因为如来的真实境界，是离文字相的。大慧啊！犹如愚夫们，别人以指指物给他们看，他们却不去观物，却瞪视指头以为就是所指之物，这样便永远也不能得到真义了。同样地，一般人们，也都是执著言语文字相，犹以指为物，执著不舍，所以终不能得到离言说所指的第一实义了。又譬如婴儿，应该要吃滋养的熟食，不应该乱吃生冷，否则，消化不良，就会生病。须知做成熟食，是有其程序和方法的，同理，不生不灭之法，如果没有方便法门去修证它，就会执著不生不灭的文字相。所以应当好好修习方便法门，切莫只随着文字言说而流转，犹如愚人但视指端，不知所指之物了。大慧啊！所以你们对于如来真实之义，应当以方便法门去修证。真实义是微妙寂静的，是涅槃之因。言语文字，只是妄想的组合。而妄想，只是累积生死的根本。至于真实义，又是从多闻博知才能得到的。所谓多闻博知，便是说：善于通达真义，而不是善于言语文字。所谓善于通达真义，便是说：不随一切外道的经论在转，不但自身不随，同时也不教他人随转，这才配称为是多闻的大德。所以要求真义者，就应当亲近多闻的大德。相反地，那些与此理相违背，只执著言语文字相的，却应当远离。”

佛法和外道的基本异同

这时，大慧大士又问：“您所显示的不生不灭，并无奇特之处，为什么呢？一切外道所说的因，是不生不灭的。您也说虚空并非是随着数量和因缘等而灭的，您乃至说涅槃境界是不生不灭的。外道们说：依着许多因缘而生世间。您也说：由无明、爱、业、妄想等因缘，而生世间。外道们说：依外物和因缘，而生诸法。您也是如此说的。所以您和外道的理论是没有什么差别的。外道们说：因为微尘，或胜妙的自在天主和大梵天主等，才是众生的主宰。共有九种事物（即为：一、时。二、方。三、虚空。四、微尘。五、四大种。六、大梵天。七、胜妙天。八、大自在天。九、众生主的神我），都是不生不灭的。您也说一切诸法，是不生不灭的，有无都不可得。外道们说：四大——地、水、火、风，是不坏的，它的自性也是不生不灭，四大便是永恒的，甚至周流于六道之中，仍然不会舍离自性。您所说的，也是如此。因此我说您所讲的并无特别之处。惟愿您为我们说明佛法和外道差别之处，和优于外道的地方，究竟在哪里？假使并无差别，那么，一切外道，也都是佛，因为他们也说不生不灭啊！可是您又说：一个世界之中，同时有很多的佛存在，那是错误的。假定一切外道，也和佛所说相同，那也就是在这一个世界中，有很多的佛并存，于是内外之道，也就根本没有差别了。”

一切法无自性但觉自心现量

佛说："大慧啊！我所说的不生不灭，不同于外道的不生不灭。为什么呢？他们是说另有一性能，它是人们的自性，只有它才得到不生不变相的。我却并不如此地堕在有或无的范围。我说的，是超有无，离生灭，非有性，也非无性。譬如种种幻梦的境界一样，所以不是无性。所谓无性便是说：像一切色相，并无真正的自性形状可得，只是有可见和不可见，有可把捉和不可把捉而已。因此我说：一切法是无自性的，但也不是绝对的没有，只是自心现量所生。那么妄想分别不生，就安隐快乐，世累永息了。可是一般愚痴的凡夫们，只是用妄想做事，并非是圣贤境界。大慧啊！迷心逐物，沉湎于不实的妄想之中，犹如海市蜃楼和幻梦中的人物，看来也有种种众生和商贾的出入，但那也只是在迷惑中的人，才认为其中确有真实世界的存在。愚痴凡夫们，自认为妄想分别，是真有出入的。但在根本上，却非真实，只是自心妄想所生而已。所以他们惑于自性，会产生不生不灭的谬解，实际上，就根本没有无为或有为的存在，也犹如幻梦中的人物，根本就没有若生若灭的；因为自性本来就非性，本来就了无所有。一切法也同样如此，离于生灭，只因愚痴凡夫，执著妄想，所以不知真如实际，便生起生灭的妄想，并非是圣贤境界。所谓不知真如实际，就是他们认为有一自性，这个自性，也就是由于妄想分别，推测而得的。所以他们所说的自性，也等于妄想无异了。如果认为这个自性，是异于妄想的，那便是执著一切万法，的确是另有一自性，而不见自心的毕竟寂静了。如果不能证见自心毕竟寂静，就始终摆脱不了妄想分别。大慧啊！所以见到无相寂静的，才名为真正见到殊胜之境。所以胜义的境界，不是有相可见的，如果是有相，就是有生灭之因，那就不是胜义了。所谓无相，便是妄想不生、不起、不灭，也就是我说的涅槃。所谓涅槃，便如真实胜义之见，是舍离妄想心，和心所生的无量数现象，由此再进而至于如来的自觉圣智，这才是我说的涅槃。”这时，佛就归纳这些道理，作了一篇偈语说：

“灭除彼生论。建立不生义。我说如是法。愚夫不能知。一切法不生。无性无所有。揵闼婆幻梦。有性者无因。不生无自性。何因空当说。”（这是说：为了灭除外道们的生灭理论，才建立佛法的不生不灭的真义，这可不是一般愚痴无智的凡夫们所能了解的。万有一切诸法本自不生，也没有自性，也都是了无所有的。犹如海市蜃楼和梦境，幻化成万有的一切。如果认为它是另有一个自性的，这自性从何因而来？如果本自无因，那这自性也便是无因可得，岂非成为无因论了。就因为一切诸法，本自不生，所以我才说无自性，这也就是因为自性本空的缘故啊！）

“以离于和合。觉知性不现。是故空不生。我说无自性。谓一一和合。性现而非有。分析无和合。非如外道见。”（这是说：一切诸法，都从因缘和合而生，当因缘离散的时候，可以被知觉的自性，就无从得见了。所以说性是本来空而无生的，我才说无自性。因为一切诸法，一一都待因缘和合而生，当它和合生时，虽然好像有自性，可是实际上却了不可得，毕竟是没有的。因此再去分析和合的诸缘性，也根本无有自性。这就是佛所说的法，是不同于一般外道们的见解。）

“梦幻及垂发。野马揵闼婆。世间种种事。无因而相现。折伏有因论。申畅无生义。申畅无生者。法流永不断。炽然无因论。恐怖诸外道。”（这是说：一切诸法，都如梦幻似的存在。世间种种事物，并无一个最初的因可得。所以若要折伏有因论的观点，必须要申述本自不生的真义。如果能够申述无生的道理，便可使法流永不断灭。说一切诸法并无最初因的理论，是可以使外道们起惊怖的。我们在此处须特别注意者，这所说的无因，是专指无最初因的说法，切勿作无因而生诸法去理解，龙树菩萨在《中论》里讲得很明白，如：“诸法不自生。亦不从他生。不共不无因。是故知无生。”）

这时，大慧又以偈问佛说：

“云何何所因？彼以何故生？于何处和合？而作无因论？”（这是问：什么是因？它是怎样生起的？在哪里和合呢？）

佛回答说：

“观察有为法。非无因有因。彼生灭论者。所见从是灭。”（这是说：你只要观察一切有为诸法，既不是无因而来，也不是有一个最初的因而生，说有说无，都无非是从生灭法立论的。如果真能见到生灭本空，那么有无之见，便无从产生了。）

大慧又问：

“云何为无生？为是无性耶？为顾视诸缘，有法名无生？名不应无义，惟为分别说。”（这是说：什么叫作无生？那是指根本没有自性吗？或是看到一切诸法，从因缘而生，所以就假名叫作无生吗？既然有了这个名词，不应该说是没有意义的啊，希望为我们详细说明一下。）

佛回答说：

“非无性无生。亦非顾诸缘。非有性而名。名亦非无义。一切诸外道。声闻及缘觉。七住非境界。是名无生相。”（这是说：并非是说，根本就没有自性而能生一切诸法的。也不是说，由于因缘生法，才假立一无生的名词。而且这个名词，也不是没有意义的。这个道理，却不是一切外道、声闻、缘觉，乃至七地菩萨们所能了解，因为这不是他们的境界，所以才名为无生无相的。）

“远离诸因缘。亦离一切事。惟有微心住。想所想俱离。其身随转变。我说是无生。”（这是说：要远离一切因缘所生法，而且也远离一切的事物，唯心而住，这时，能想和所想都要远离，渐使其身也跟着转变，我说这便是得到无生的境界。）

“无外性无性。亦无心摄受。断除一切见。我说是无生。如是无自性。空等应分别。非空故说空。无生故说空。”（这是说：一切外物，有性无性，都无心去领会，只要断除内外一切妄见，我说这便是得到无生。因此，对于无自性和空等诸法，都应分别了知。为什么呢？不是说有一个空的境界，或者是你去空掉它，才名为空。因为本自无生，自性本空，所以我说是空。）

“因缘数和合。则有生有灭。离诸因缘数。无别有生灭。舍离因缘数。更无有异性。若言一异者。是外道妄想。有无性不生。非有亦非无。除其数转变。是悉不可得。”（这是说：因缘和数的和合，才生起一切诸法，有生便有灭，所以一切诸法，都在生灭之中。如果离了因缘和数，就别无生灭之相。而且离了因缘和数的和合，再也没有自性同异之相，如于此中还要推寻同异的理论，那都是外道们的妄想而已。何况有与无，根本就是自相对立的矛盾观念，有生于无，无生于有，那都是名言思辨的妄想。本来就没有无与有的实际可得，故说非有也非无。一切诸法，除了因缘与数的和合转变而显现外，也本来都是了不可得的。）

“但有诸俗数。展转为钩锁。离彼因缘锁。生义不可得。生无性不起。离诸外道过。但说缘钩锁。凡愚不能了。若离缘钩锁。别有生性者。是则无因论。破坏钩锁义。如灯显众像。钩锁现若然。是则离钩锁。别更有诸性。”（这是说：世俗所见所知形而下的一切诸法，都只是因缘和数的和合所形成，互相辗转变化，犹如钩锁连环，除此以外，所谓能生诸法的主宰或自性，根本都了不可得。所以缘起无生，此中别无另一个自性的存在。这是和外道不同的地方，不是愚痴无智的凡夫所能了解的。如果说离了因缘互变以外，别有一个能生的自性，那便是无因论，破坏因缘生法的定理。譬如因灯而显现色像一样，灯照色显，是互为因果的，犹如钩锁连环，缺一便不能起作用，所以离了因缘互变以外，再没有另一个自性的存在了。）

“无性无有生。如虚空自性。若离于钩锁。慧无所分别。复有余无生。贤圣所得法。彼生无生者。是则无生忍。”（这是说：一切诸法，都无自性，也本自无生，体如虚空，了不可得。如果离了因缘互变，如钩锁连环似的生生不已外，竭尽智慧去观察，也无从分别其极致了。此外，所谓无生的境界，便是得道贤圣所证得之法，那是他自心所生的无生境界，便是所谓无生忍了。）

“若使诸世间。观察钩鏁者。一切离钩鏁。从是得三昧。痴爱诸业等。是则内钩鏁。钻燧泥团轮。种子等名外。”（这是说：能够观察到世间一切事物的法则，都是因缘缘起所生，犹如钩锁连环，生生不已。如果在因缘生灭之中，不造因，不著缘，舍离钩锁连环的作用，便可在其中安身立命，自入寂灭的三昧之乐了。贪瞋痴爱等诸法，也如钩锁连环，彼此互相辗转而生，这便是内在因缘的连锁现象。钻木取火，凸镜照日引火，以及泥团轮机等物，互相辗转为用，便成陶器。稻麦种子等，从因缘而得生生不已，这些统统名为外缘的钩锁现象。）

“若使有他性。而从因缘生。彼非钩鏁义。是则不成就。若生无自性。彼为谁钩鏁。展转相生故。当知因缘义。”（这是说：假使另有一个自性，可是它确靠因缘而生，那个自性与因缘，有什么连带的关系呢？这个道理，显然是不成立的。如果能生诸法的，便无自性，那它又是谁来和因缘发生连锁性的作用呢？故知一切诸法，只是因缘彼此互相辗转，互为因果而相生的，这便是因缘生法的道理。）

“坚湿暖动法。凡愚生妄想。离数无异法。是则说无性。”（这是说：物理世界中的坚〈地〉、湿〈水〉、暖〈火〉、动〈风〉等物质的法则，也都是因缘互变所生。凡夫愚痴，却在其中发生妄想。不认为有一造物者所主宰，便认为是自然界所自来。其实，离了因缘辗转互变以外，更无其他的原因，这便是诸法无自性的道理。）

“如医疗众病。无有若干论。以病差别故。为设种种治。我为彼众生。破坏诸烦恼。知其根优劣。为彼说度门。非烦恼根异。而有种种法。唯说一乘法。是则为大乘。”（这是说：佛为大医王，能医众生的心病。故佛说一切法，为度一切心。种种不同的说法，无非如医者因病施药，为了破除众生妄心烦恼的心病而已。但是烦恼的根本，并非真有种种不同的差异，万别千差的烦恼，都是根元于一心，证知万法唯心，一切唯识，了知一心之法，便是唯一的大乘佛法了。）

尔时大慧菩萨摩诃萨复白佛言。世尊。一切外道．皆起无常妄想。世尊亦说一切行无常．是生灭法。此义云何。为邪为正。为有几种无常。佛告大慧。一切外道．有七种无常．非我法也。何等为七。彼有说言．作已而舍．是名无常。有说形处坏．是名无常。有说即色是无常。有说色转变中间．是名无常。无间自之散坏．如乳酪等转变．中间不可见。无常毁坏．一切性转。有说性无常。有说性无性无常。有说一切法不生无常．入一切法。大慧。性无性无常者．谓四大．及所造．自相坏。四大自性．不可得．不生。彼不生无常者．非常无常．一切法有无不生。分析乃至微尘．不可见．是不生义非生。是名不生无常相。若不觉此者．堕一切外道．生无常义。大慧。性无常者．是自心妄想．非常无常性。所以者何。谓无常自性不坏。大慧。此是一切性无性．无常事。除无常．无有能令一切法．性无性者。如杖瓦石．破坏诸物现见各各不异．是性无常事．非作所作有差别。此是无常．此是事。作所作无异者．一切性常。无因性。大慧。一切性．无性有因．非凡愚所知。非因不相似事生。若生者．一切性．悉皆无常。是不相似事．作所作．无有别异．而悉见有异。若性无常者．堕作因性相。若堕者．一切性不究竟。一切性．作因相堕者．自无常应无常．无常无常故．一切性不无常．应是常。

若无常入一切性者．应堕三世。彼过去色与坏俱。未来不生。色不生故。现在色与坏相俱。色者．四大积集差别。四大及造色．自性不坏．离异不异故。一切外道．一切四大不坏一切三有．四大及造色．在所知．有生灭。离四大造色．一切外道．于何所思惟性无常．四大不生．自性相不坏故。离始造无常者．非四大．复有异四大。各各异相自相故．非差别可得。彼无差别。斯等不更造．二方便不作。当知是无常。

彼形处坏无常者．谓四大及造色不坏．至竟不坏。大慧。竟者．分析乃至微尘。观察坏四大及造色．形处异见．长短不可得非四大。四大不坏．形处坏现。堕在数论。色即无常者．谓色即是无常。彼则形处无常。非四大。若四大无常者．非俗数言说。世俗言说非性者．则堕世论。见一切性但有言说．不见自相生。转变无常者．谓色异性现．非四大。如金作庄严具．转变现．非金性坏。但庄严具处所坏。如是余性转变等．亦如是。如是等．种种外道．无常见妄想。火烧四大时．自相不烧。各各自相相坏者．四大造色应断。

大慧。我法起非常非无常。所以者何。谓外性不决定故。惟说三有微心．不说种种相．有生有灭。四大合会差别．四大及造色故。妄想二种事摄所摄。知二种妄想．离外性无性．二种见。觉自心现量妄想者．思想作行生．非不作行。离心性无性妄想。世间．出世间．出世间上上一切法．非常非无常。不觉自心现量．堕二边恶见相续。一切外道．不觉自妄想。此凡夫无有根本。谓世间．出世间．出世间上上．从说妄想生。非凡愚所觉。尔时世尊欲重宣此义．而说偈言。

远离于始造　及与形处异　性与色无常　外道愚妄想
诸性无有坏　大大自性住　外道无常想　没在种种见
彼诸外道等　无若生若灭　大大性自常　何谓无常想
一切唯心量　二种心流转　摄受及所摄　无有我我所
梵天为树根　枝条普周遍　如是我所说　惟是彼心量

关于诸法无常的分辨

这时，大慧大士又问："一切外道，皆起无常妄想，您也说一切有为法都是无常的，都是生灭灭生的，这是什么道理？佛和他们所说的，究竟哪一种是邪？哪一种是正？或是有几种妄想呢？"佛回答说："一切外道，有七种无常，都非我所说的法。哪七种呢？（1）他们认为，作了便舍，就是无常。（2）有的说：有形相的，就有坏灭，这便是无常。（3）有的说：色相等法，便是无常。（4）有的说：色法等转变了，在这转变中间，便名无常。因为一切相续之间，自然会不断地坏灭，例如乳变为酪等等，在这转变的中间，根本就不可能见到它不变的本体，所以便名为无常。（5）有的说：性是无常的。（6）有的说：所谓性，本来就是无性，所以名为无常。（7）有的说：一切法的自性不生所以是无常。这些无常之见是遍在一切法之中。大慧啊！所谓（6）性无性是无常，就是说四大物理性能，以及它所造成的物质现象，必然会毁坏的，但是四大自身物理的性能，却不可得，而且还是本来不生不灭的。所谓（7）不生无常，就是说一切法本来是不恒常存在的，这样才叫作无常。因为一切法的有和无，根本就是不生，如此加以分析直到不可见的微尘，便见虽生而不生的道理，这便名为不生无常。如果他们不知此理，便堕在一切外道的见解中，认为虽生诸法却是无常的了。所谓（5）性无常，就是由于一切都是自心妄想所推测，认为一切诸法不是常存的，都因为别有一个无常之性的关系。为什么呢？也就是说有一无常之性是不坏的。换言之，就是说一切诸法之性，除了无常的自性外，都不是恒常存在的。殊不知根本就没有一法，能够使一切法性至于无性的。如果有一无常之性，能使诸法无性的，那也只是像用杖棒等物击破瓦石，使人们能够见到它的作用啊！人们所看见的现前各种事物，都有它的同处，那所说的无常之性，就没有能作和所作的差别，却指不出来这是无常之因，那是事实之果的作用了。如果能作和所作是相同的，那一切诸法，性本是常，就没有另外一个无因而生的无常之性了。大慧啊！一切诸法的自性，何以是无自性的？那是有它的原因的，但却不是愚痴凡夫们所能了知。如果不是相同的因，却能够生成同类事实之果，那么，一切诸法之性，便都是无常，那因果就不成立，能作和所作也就没有差异。事实上，一切诸法，都可以见到它的异处。如果有一无常之性，那就堕在有一能作之因的性相之中。而且一切诸法之性，根本上都不是究竟的，那无常之性，它自身也便是无常的。既然无常之性，它本身也是无常，那就应该另有一恒常之体，能生无常之性了。

“如果无常也入于一切法性当中，那便堕在时间的三世律里了。那么，过去时的色相，已经随着坏灭而去，未来的还没有生，现在的，却和坏灭同时。而且色相是因为四大（地、水、火、风）累积的差别所形成，四大和所造成的色相，现象虽有不同，而能造作色相的自性，却并不变灭，它是超然于色相的异同。一切外道们，认为四大是不灭的，三界（欲界、色界、无色界）之间，都是依于四大而造作一切色相，因此才知道色相都会有生、住、灭的作用。那么，离了四大造作色相以外，外道们所说的无常之性，究竟要怎样去思惟呢？如果四大本来不生不灭，那么，能生四大的自性，就根本没有坏灭啊！如果最初造作无常的，不是四大，是另有不同于四大的作用，那就各有它的不同情形。假使是各有它的自相，那就不是从差别法中所可求得的。倘使无差别，四大就不会造作色相了。有差别与无差别，都不能造作，当知四大原来是无常。

“所谓（2）形状变灭，叫作无常，就是说四大种和所造成的色相，是不会灭的，而且是毕竟不坏的。大慧啊！你观察物质形状的究竟，分析至于微尘，毕竟还是会毁坏的。四大和所造成的色相形状变异了，长短大小便有不同，所以他说四大种不坏，只是形状的变灭，这是堕在数论中的见解。所谓（3）色相便是无常。殊不知色相只有形状和位置的变异，说名叫作无常，并非是四大种性是无常的。如果四大种性是无常的，那在普通世俗的理论里，也是说不通的。因为世俗理论所说的性和非性，只是一种空言。他们对于所说的性，但有名言理论，并不能亲自见到它的境界。所谓（4）转变便是无常。殊不知转变只是色相形状的事，种性还是现前的，并非是四大种性也跟着转变了。例如金子做成各种东西，只是形状色相的转变，只是装饰的器具和位置坏了变了，却不是金性有了坏灭。同样地，其余四大种性的转变，也是这个道理。大慧啊！诸如此类的外道们，对于无常的见解，各有他们分别妄见的理论。他们妄认劫火洞燃，烧及四大之时，四大的自相，还是不为所烧。他们认为四大的各种自相，如有毁坏，四大创造色相的作用，便会断灭。”

三界唯心 心外无法

“大慧啊！我所说的法，认为外物，既不是绝对的常，也不是绝对的无常。为什么呢？因为外物的性能，是没有绝对性的。我只说三界唯心，唯心精微，能造三有，却不说一切相是有生有灭的。四大缘合，就造成色相的差别，四大和所造的色相，它的能造和所造，都是唯心妄想能取和所取的功能。如果了知能所二种，都是妄想，就会舍离物性有无的二种妄见了。只要觉知自心现量，便知所有妄想，都是由自心所造成的行为所生，离了唯心自性，却本无妄想的自性。

世间和出世间的一切诸法，同样地，既非是常，也不是无常。如果不能觉知一切诸法，都是自心现量，就会堕在有无二边的恶见里，相续不休。一切外道，不能觉知自心妄想，所以便说他们是凡夫，不知根本的了义，所以对于我所说的，世间的、出世间和出世间的上上法，都是妄想所生的话，他们就茫然无所适从，根本无法觉知真谛。”这时，佛就归纳这些意思，作了一篇偈语说：

“远离于始造。及与形处异。性与色无常。外道愚妄想。诸性无有坏。大大自性住。外道无常想。没在种种见。”（这是说：外道们愚妄分别，不了解四大种的性能，看到形而下万物所生的色相，形状和位置的变灭，都受另一无常之性的支配。这种见解，都是凡夫的妄想。岂不知物理四大种的性能，并无坏灭，只是色相形状的变易而已。外道们，对此而作无常之想，只是看见外物种种情形，自心就被外物现象所沉没了。）

“彼诸外道等。无若生若灭。大大性自常。何谓无常想。”（这是说：又有些外道，也说一切诸法，都是不生不灭的，既然四大的性能，本来是常住的，那么所谓无常的，又是什么啊！）

“一切唯心量。二种心流转。摄受及所摄。无有我我所。梵天为树根。枝条普周遍。如是我所说。唯是彼心量。”（这是说：须知一切诸法，只是自心现量所生，能取和所取的两种境界，都无非是此心的流转现象。此中既没有我，更没有我所作的依存。三界之中，上至梵天，乃至万有一切诸法，正如我所说，皆是心外无法，都是自心之所显现。）

尔时大慧菩萨复白佛言。世尊。惟愿为说．一切菩萨声闻缘觉．灭正受次第相续。若善于灭正受次第相续相者。我及余菩萨．终不妄舍灭正受乐门。不堕一切声闻缘觉外道愚痴。佛告大慧。谛听谛听。善思念之。当为汝说。大慧白佛言。世尊。惟愿为说。佛告大慧。六地菩萨摩诃萨．及声闻缘觉入灭正受。第七地菩萨摩诃萨．念念正受．离一切性自性相正受．非声闻缘觉。诸声闻缘觉．堕有行觉．摄所摄相．灭正受。是故七地．非念正受。得一切法．无差别相。非分得种种相性。觉一切法．善不善性相正受。是故七地．无善念正受。大慧。八地菩萨．及声闻缘觉．心意意识．妄想相灭。初地乃至七地菩萨摩诃萨．观三界心意意识量。离我我所．自妄想修。堕外性种种相。愚夫二种自心．摄所摄．向无知。不觉无始过恶．虚伪习气所熏。大慧。八地菩萨摩诃萨．声闻缘觉涅槃。菩萨者．三昧觉所持．是故三昧门乐．不般涅槃。若不持者。如来地不满足。弃舍一切有为众生事故．佛种则应断。诸佛世尊．为示如来不可思议无量功德。声闻缘觉．三昧门．得乐所牵故．作涅槃想。大慧。我分部七地．善修心意意识相。善修我我所．摄受人法无我．生灭自共相。善四无碍．决定力三昧门地。次第相续．入道品法。不令菩萨摩诃萨．不觉自共相．不善七地．堕外道邪径．故立地次第。大慧。彼实无有若生若灭。除自心现量。所谓地次第相续．及三界种种行．愚夫所不觉。愚夫所不觉者．谓我及诸佛．说地次第相续．及说三界种种行。

复次大慧。声闻缘觉．第八菩萨地．灭三昧门乐醉所醉。不善自心现量．自共相。习气所障．堕人法无我。法摄受见．妄想涅槃想．非寂灭智慧觉。大慧。菩萨者．见灭三昧门乐。本愿哀愍大慧成就．知分别十无尽句．不妄想涅槃想。彼已涅槃妄想不生故．离摄所摄妄想。觉了自心现量．一切诸法．妄想不生。不堕心意意识。外性自性相计著妄想。非佛法因不生。随智慧生．得如来自觉地。如人梦中．方便度水。未度而觉。觉已思惟．为正为邪．非正非邪。余无始见闻觉识．因想．种种习气．种种形处．堕有无想。心意意识梦现。大慧。如是菩萨摩诃萨．于第八菩萨地．见妄想生。从初地．转进至第七地．见一切法．如幻等方便．度摄所摄心．妄想行已。作佛法方便．未得者令得。大慧。此是菩萨．涅槃方便不坏。离心意意识．得无生法忍。大慧。于第一义．无次第相续．说无所有妄想寂灭法。尔时世尊欲重宣此义．而说偈言。

心量无所有　此住及佛地　去来及现在　三世诸佛说
心量地第七　无所有第八　二地名为住　佛地名最胜
自觉智及净　此则是我地　自在最胜处　清净妙庄严
照曜如盛火　光明悉遍至　炽焰不坏目　周轮化三有
化现在三有　或有先时化　于彼演说乘　皆是如来地
十地则为初　初则为八地　第九则为七　七亦复为八
第二为第三　第四为第五　第三为第六　无所有何次

大小乘入灭尽定的差别境界

这时，大慧大士又问："希望佛再说明菩萨和声闻、缘觉们，他们所入灭尽定的情形。"佛回答说："大乘的六地菩萨（现前地），与声闻、缘觉们（辟支佛），他们是入灭尽定的。七地菩萨（远行地），念念之间，不离三昧正受，他们是住于远离一切有性无性的自性三昧正受之中，却不是如声闻、缘觉们境界。因为声闻、缘觉们的境界，是堕于觉有灭尽，和有所取著灭尽的三昧正受。七地菩萨的三昧正受，是得到一切诸法，都无差别之相，住于无分别之中，而且善巧了知种种诸法的性相，觉知一切法的善和不善，性相如如的三昧正受。所以说，七地菩萨，并非以一善念作为三昧正受的境界。至于八地菩萨（不动地）的境界，更非是声闻、缘觉们的心意识等妄想所能了知的，因为他已经转了心、意、识的作用，灭尽妄想了。大乘的初地菩萨（欢喜地），乃至七地菩萨，他们已观察到三界唯心。三界一切诸法，无非是心、意、识的现量，从本以来，就是离我和我所的。如果不了解自心，而依妄想起修，便执著心外的种种相。愚夫无智，大都不执于有，即著于空的两种妄见，却从来不知这些谬见，都是无始以来的过患，被虚妄习气所熏习蒙蔽。大慧啊！八地菩萨，同于声闻、缘觉们的涅槃（寂灭无为）境界，但大乘菩萨道的三昧境界，心持正觉，所以虽得三昧之乐，而不入于涅槃。如果菩萨们不心持正觉，如来地的功德，便不能满足，那就会舍弃一切众生，不肯努力去做觉他利他的种种事业了。假使如此，佛种就会断灭。故知诸佛世尊，都为了显示如来不可思议的无量功德，所以不住涅槃。

声闻、缘觉们为三昧的法乐所醉，沉湎于禅定法乐，所以他们便以此为涅槃的境界。大慧啊！大乘菩萨的七地境界，都是善于修持心、意、识，远离我与我所取的法执，了然于人法无我，觉知自他的生灭情状，且善于通达四无碍（义无碍、法无碍、辞无碍、乐说无碍），于三昧正受而得自在，以证得地地的相续次第法门，具足菩提道品。唯恐修大乘菩萨道的人们，不觉自他的境界，不善了知七地的次第，容易堕入外道邪径，所以建立菩萨地的行相次第。大慧啊！其实，各地的境界，并不是由此另生一新境界，进而灭除前一境界。所谓地地的相续次第，以及三界种种法行，都只是自心现量罢了。无奈只为了愚夫不能了知，所以我和诸佛，才说菩萨的相续次第，及说三界内外的种种法行。”

大乘菩萨道十地境界的真义

“再次，声闻、缘觉们，进入八地菩萨境界，但被三昧正受的法乐所醉，不善于了知自心现量，却被自他习气所障，堕于人无我与法无我的见取之中，住于微细妄想境界自以为涅槃境界，这不是真正的寂灭智慧正觉。大慧啊！修大乘的菩萨们，虽然自己已经得到寂灭的三昧法乐，但因为初心本愿，为了哀悯众生的愿力，所以起无尽大悲利他之心，自知分别于十无尽句，因此才不妄想涅槃的境界。换言之，他已经不生涅槃妄想之念，已经远离能取和所取的妄想，觉知自心现量的境界。所以对于一切诸法，再也不生妄想，不堕在心、意、识之中，不执著于外性自性等相的妄想。但不是使佛法的正因也不生，为了证得如来的自觉之地，只是依随智慧辗转修行。譬如一个人，在梦中设法渡河，他在将渡未渡之间便醒了，醒了以后，他才能思考梦中所做的事和境界，究竟是正是邪，或非正非邪。因此才觉得往昔这些情形，无非都是无始以来，由见闻觉知的妄想所生，种种习气，种种形状和位置的熏习，致使身在大梦之中，堕在有无的妄想境界，才有心、意、识等等的如梦似幻的现象存在。大慧啊！同样地，大乘菩萨们，在第八地境界中，得见妄想生心的现象，从初地辗转进至第七地，见到一切法皆如梦幻，在自度于能取和所取的妄心法行以后，便乘愿而起方便教化，以普度未得者。这就是菩萨在涅槃之中，既不坏于方便利他，而自己又能远离心、意、识，证得无生法忍。大慧啊！应当了知第一义谛，本无次第相续可言，无一法可得，便是妄想寂灭，法尔性空。”这时，佛又归纳这些道理，作了一篇偈语说：

“心量无所有。此住及佛地。去来及现在。三世诸佛说。”（这是说：一切诸法，无非是自心现量之所生，所谓住涅槃的境界，和如来的果地，也是唯心而已。这便是过去、现在和未来的三世诸佛的说法。）

“心量地第七。无所有第八。二地名为住。佛地名最胜。”（这是说：自心现量，是包藏了菩萨七地〈远行地〉的境界。了无所得，是菩萨第八不动地。此二地便是修行者的住地。佛地便是修行者最高而最殊胜的成就。）

“自觉智及净。此则是我地。自在最胜处。清净妙庄严。照曜如盛火。光明悉遍至。炽焰不坏目。周轮化三有。化现在三有。或有先时化。于彼演说乘。皆是如来地。”（这是说：内证自觉智慧圆净，这便是如来的果地，便是自在庄严，最为殊胜的佛地。在这里般若智光，照耀犹如大火，光明遍在，慧焰升腾，化度三界一切众生，使其不坏天人眼目。至于化度众生的方法，有时或先或后，方便却有多门，演说大小诸乘，无非都是如来地的变化。）

“十地则为初。初则为八地。第九则为七。七亦复为八。第二为第三。第四为第五。第三为第六。无所有何次。”（这是说：修大乘菩萨道的十地次第境界，都是唯心现量的建立。十地〈法云地〉等于初地〈欢喜地〉。初地又等于八地〈不动地〉。九地〈善慧地〉等于七地〈远行地〉。七地又等于八地。二地〈离垢地〉等于三地〈发光地〉。四地〈焰慧地〉又等于五地〈难胜地〉。三地〈发光地〉等于六地〈现前地〉。因此证得无生法忍时，了无所得，于第一义谛中，毕竟一无所有，犹如觉时说梦，哪有次第的相续可言呢。）

尔时大慧菩萨复白佛言。世尊。如来应供等正觉．为常为无常。佛告大慧。如来应供等正觉．非常非无常。谓二俱有过。若常者．有作主过。常者一切外道说。作者无所作。是故如来常．非常。非作常．有过故。若如来无常者．有作无常过．阴所相。相无性阴坏．则应断。而如来不断。大慧。一切所作皆无常．如瓶衣等．一切皆无常过。一切智．众具方便．应无义．以所作故。一切所作．皆应是如来．无差别因性故。是故大慧。如来非常非无常。复次大慧。如来非如虚空常。如虚空常者．自觉圣智众具．无义过。大慧。譬如虚空．

非常非无常。离常无常．一异俱不俱．常无常过．故不可说。是故如来非常。复次大慧。若如来无生常者．如兔马等角．以无生常故．方便无义。以无生常过故．如来非常。复次大慧。更有余事．知如来常。所以者何。谓无间所得智常故如来常。大慧。若如来出世．若不出世．法毕定住。声闻缘觉．诸佛如来．无间住。不住虚空。亦非愚夫之所觉知。大慧。如来所得智．是般若所熏。非心意意识．彼诸阴界入处所熏。大慧。一切三有．皆是不实妄想所生。如来不从不实虚妄想生。大慧。以二法故．有常无常．非不二。不二者寂静．一切法无二生相故。是故如来应供等正觉．非常非无常。大慧。乃至言说分别生．则有常无常过。分别觉灭者．则离愚夫常无常见。不寂静慧者．永离常无常．非常无常熏。尔时世尊欲重宣此义．而说偈言。

众具无义者　生常无常过　若无分别觉　永离常无常
从其所立宗　则有众杂义　等观自心量　言说不可得

如来是否常住

这时，大慧大士又问：“如来应世，证得正觉之后的法身，是历劫常住？或是无常的呢？”佛回答说：“如来证得正觉的法身，不是常住，也不是无常的。倘使说它是常或无常，便落在二边的错误之中。法身若是常住的，便有所主宰了。这是所有外道的说法，他们说另有作为万象之主者，它是无所作的。但如来法身，并非有为有作，所以乃是常而非常。如果如来法身是无常的，等同有为有作之物，例如身心五阴的能所作用，都无自性，阴境界坏灭了，作用和现象也就断灭了。但是如来法身，却非断灭的。大慧啊！一切有所作成的，都是无常，例如瓶子和衣服等物，有所作成，便有坏灭，所以无常。如果一切都是无常，那么一切智，以及一切功德方便等法，也应该都属于无常了。因为这些也都是出于有作的啊！可是一切所作，又都是如来的相和用，因为有和无，本来都无自性，也无差别之因可得。所以我说如来法身，既不是常，也不是无常。其次，如来法身，也并非如虚空一样地常住，如果像虚空一样地常住，那么，所谓圣智和功德具足，便都是没有意义的事了。譬如虚空，非常非无常，正因为它离常和无常，非同异，离俱和不俱，所以无言语可说，有说即落于边见，便成为错误。如果如来法身，是无生常住的，那么，例如兔马等角，也是无生常住的，它就不能具足方便，能生万法了。也正因为它不是无生常住的，所以如来法身是非常的。但是还有余事，可证如来法身是常住的，是什么呢？因为诸佛如来，内证自觉所得智，是无间常恒，清净不变的，所以说是常住。”

佛法是否常存

“大慧啊！无论如来出世或不出世，法性是毕竟常住的。声闻、缘觉们，他们不如诸佛如来都是无间常住的，而一般愚痴凡夫们更不能觉知这道理。大慧啊！如来所得智，是般若的成就，不是心、意、识和身心五阴、根尘、界处等妄想熏习所成。三界一切诸法，都是不实妄想所生，如来却不从妄想所生。所谓常和无常，是二边对待之法，既落相对，就不是一，唯有了然于不二寂静者，方知一切诸法的不二无生之旨。所以如来应世，证得正觉，既不是常，也不是无常。乃至有言语可说，妄生分别，就落在常或无常的谬误里。如果灭了分别妄觉，就远离愚痴凡夫们的常和无常的妄见，心自寂静。须知寂静之慧，是远离了常和无常，非常非无常等妄想熏习之所生。”这时，佛就归纳这些道理，作了一首偈语说：

“众具无义者。生常无常过。若无分别觉。永离常无常。从其所立宗。则有众杂义。等观自心量。言说不可得。”（这是说：一般不知真义的人，就会产生常或无常的对待妄见，如果妄心不生分别觉知，就永离这些边见和执著了。无论落于何种境界和理论，既有所立，便有对待的理论纷然杂陈，这些无非都是妄心分别之所生。如果观一切诸法，无非都是自心现量的境界，本来便了不可得，也就无言语可说了。）

尔时大慧菩萨复白佛言。世尊。惟愿世尊．更为我说阴界入生灭。彼无有我．谁生谁灭。愚夫者依于生灭。不觉苦尽．不识涅槃。佛言。善哉．谛听。当为汝说。大慧白佛言。唯然受教。佛告大慧。如来之藏．是善不善因。能遍兴造一切趣生。譬如伎儿。变现诸趣．离我我所。不觉彼故．三缘和合．方便而生。外道不觉．计著作者。为无始虚伪恶习所熏．名为识藏。生无明住地．与七识俱。如海浪身．常生不断。离无常过．离于我论。自性无垢．毕竟清净。其余诸识．有生有灭。意意识等．念念有七。因不实妄想．取诸境界．种种形处．计著名相。不觉自心．所现色相。不觉苦乐。不至解脱。名相诸缠．贪生生贪．若因若攀缘。彼诸受根灭．次第不生。余自心妄想．不知苦乐．入灭受想正受。第四禅。善真谛解脱．修行者作解脱想。不离不转．名如来藏识藏。七识流转不灭。所以者何。彼因攀缘诸识生故。非声闻缘觉修行境界。不觉无我．自共相摄受．生阴界入。见如来藏．五法自性．人法无我则灭。地次第相续转进．余外道见．不能倾动．是名住菩萨不动地。得十三昧道门乐。三昧觉所持。观察不思议佛法自愿。不受三昧门乐．及实际。向自觉圣趣。不共一切声闻缘觉．及诸外道．所修行道。得十贤圣种性道及身智意生．离三昧行。是故大慧。菩萨摩诃萨欲求胜进者．当净如来藏．及识藏名。大慧。若无识藏名．如来藏者．则无生灭。大慧。然诸凡圣．悉有生灭。修行者自觉圣趣．现法乐住．不舍方便。大慧。此如来藏识藏．一切声闻缘觉．心想所见。虽自性清净。客尘所覆故．犹见不净。非诸如来。大慧。如来者．现前境界．犹如掌中视阿摩勒果。大慧。我于此义．以神力建立。令胜鬘夫人．及利智满足诸菩萨等．宣扬演说如来藏．及识藏名．七识俱生。声闻计著．见人法无我。故胜鬘夫人承佛威神．说如来境界。非声闻缘觉．及外道境界。如来藏识藏．惟佛及余利智依义菩萨．智慧境界。是故汝及余菩萨摩诃萨．于如来藏识藏．当勤修学。莫但闻觉．作知足想。尔时世尊欲重宣此义．而说偈言。

甚深如来藏　而与七识俱　二种摄受生　智者则远离
如镜像现心　无始习所熏　如实观察者　诸事悉无事
如愚见指月　观指不观月　计着名字者　不见我真实
心为工伎儿　意如和伎者　五识为伴侣　妄想观伎众

唯识的精义

这时，大慧大士又问：“请佛为我们解说身心五阴（色、受、想、行、识）、十二入

眼	耳	鼻	舌	身	意
|	|	|	|	|	|
色	声	香	味	触	法

十八界

六尘：	眼	耳	鼻	舌	身	意
	|	| 识 |		| 界 |		|
六根：	色	声	香	味	触	法

的生灭作用，既然都是无我，那又是谁在生灭呢？一切愚夫们，只依于生灭的流转，却不知尽灭苦因，所以不识涅槃，流浪于生死。”佛说：“如来藏（阿赖耶识）是善和不善的因，它能创造六道众生生死的因缘，譬如能变幻术的伎师，变化各种人物，他所变现的各种东西，却没有我和我所作的作用。一切愚夫们，因为不自觉内证其中事理，所以遇根、尘、识三缘和合，就随业力而入各种种类的生趣了。外道们不知此理，便执著另有一造物主的存在。这都是因为无始以来，被虚妄恶习所熏，才有这些妄见。其所以名为如来藏，或藏识，是由于和无明等七识同时俱生（第七识名为末那，即是俱生我执意根和异熟等作用，合眼、耳、鼻、舌、身、意六识，共为七个识）。犹如大海中的波浪，重重连续，长生不断，如果远离了生灭无常，觉知无我，便内证自性无垢，毕竟清净

了。其余的诸识，是有生有灭的，意识等等的念念起灭，便形成了七个识，它们都是因为不实的妄想所生，执著各种境界，执著各种形状和名相，不能觉知诸法色相都是自心所现。愚夫们不知此中苦乐之因，所以不得解脱，只是被各种名相所缚，由贪恋浮生尘境而生贪著。”

四禅的灭尽定

“如果不起妄想攀缘的因，那些根尘觉受都灭，识相次第不生，自心妄想不起，便不生苦乐等觉受，于是就进入受想都灭了的灭尽定中，便得四禅了。如果是善于修行真谛解脱者，他不生解脱的妄想，殊不知不离不转，才名为如来藏。识所藏者，才名为藏识。藏识含藏七识，流转不灭，其所以生起流转者，都是因为妄想的攀缘作用，才引起诸识的生灭。这就不是声闻、缘觉们所修行的境界。因为不知人无我和法无我，及自他的共相摄受，便有了身心的五阴、十二根尘、十八界的生灭。如果证见如来藏，所谓五法、三自性、人无我和法无我（此处诸名相，详见前三卷），便寂灭清净了。由此从菩萨地依次相续转进，就不会被其余的外道谬见所动摇，便能进入菩萨的第八不动地，可以得到十种三昧的道门乐，纯粹在三昧正觉所持的境界中，观察不可思议的佛法，只缘愿力自发不愿享受三昧之乐，不住寂灭的真际，所以不趋向自觉圣趣的如来地。这种境界，是不同于一切声闻、缘觉，以及外道们所修行的途径。这是得到菩萨境界的十贤圣的种性道，及如来的意生身之智，离三昧行的无为之乐，得无功用道。所以说，修大乘菩萨道的人，要求上上胜进者，应当自觉内证清净的如来藏，转了识和藏的作用，不被名相所缚。大慧啊！如果没有藏识的现象和作用，所谓如来藏的体性，就本来了无生灭的。可是一切凡夫和圣者，都是有生灭的作用，一般大乘的修行者，因为了知识藏的关系，虽然自觉内证圣智，现前便能住于法乐境界，但他们仍然不舍功德方便，勇猛精进而不休息。一切声闻、缘觉们，虽然也知道了如来藏和识藏的道理，但他们却只是一心要入涅槃。可是本来自性清净的如来藏，受无始以来客尘烦恼的污染，虽一再用心求证，但所见的仍是不净的识藏而已，却非如来现证的境界。大慧啊！所谓如来，只是亲证的现前境界，犹如掌中看阿摩勒果一样，历历分明。我对于这个道理，曾以神力宣扬令胜鬘夫人[①]，及利智满足菩萨等，宣扬演说如来藏。阐扬藏识等名相，和前七识是同时俱生的，为解脱声闻等的执著。使他们切实证得人无我和法无我，所以胜鬘夫人秉承佛的威神，演说如来的境界，却不是声闻、缘觉及外道们的境界。如来藏和藏识的微妙差别，唯有佛及其他的利智依义菩萨们的智慧境界，才能分明了知。所以要你和其他修大乘的菩萨们，当勤加修学，切莫但凭多闻知觉，便作知足之想。”这时，佛就归纳这些道理，作了一首偈语说：

“甚深如来藏。而与七识俱。二种摄受生。智者则远

① 胜鬘夫人：舍卫国波斯匿王之女，嫁阿踰阇国为王妃。佛在给孤独园，波斯匿王夫人共致书于其女阿踰阇国王妃胜鬘夫人称扬佛德。胜鬘得书欢喜说偈，遥请佛来现，佛即现身。胜鬘说偈赞叹其德，佛为授记。胜鬘复发十弘誓愿，感天花天音，乃至说大乘了义，广明二乘不了义。佛赞印是放光升空而还独园，告阿难及天帝释结名付属。

离。”（这是说：所谓如来藏的意义和境界，是很深奥微妙的，它是和末那〈俱生我执〉、眼、耳、鼻、舌、身、意识等同时俱生的。它具有产生能取和所取的两种功能，显现空无和幻有的作用。唯有大智大慧者，才能远离现象而证得如来藏。）

“如镜像现心。无始习所熏。如实观察者。诸事悉无事。”（这是说：如来藏正像一大圆镜，依他而起，便会显现物象，我们也名它为心。其实，这个心的作用，都是无始以来，受习气染污熏习而生，如果依实相来观察，这一切都本来无事的。）

“如愚见指月。观指不观月。计著名字者。不见我真实。”（这是说：佛所说的法，也无非都是直指本来无事的法门，犹如以手指月，只希望人们因指见月而已。无奈一般愚夫，便误认指头为月亮，只知执著名相，却不能见到名相所指的真如实际。）

“心为工伎儿。意如和伎者。五识为伴侣。妄想观伎众。”（这是说：万法唯心，一切唯识，八个识便是妄心的分层作用，而妄心也就是八识的总名。所以依心论识，妄心犹如工于演戏的伎师，意识犹如戏中的配角，而前五识的作用，犹如一群善于变演戏法的戏剧班子，由这些人物的组合以演出身心的种种现象。于是自己的妄想，又来欣赏自己，或悲叹自己，所以说妄想是演员又是观众。其实，演员和观众，幕前和幕后，堂上和堂下，都是一群剧中人，曲终人散，依旧是一片虚无。）

尔时大慧菩萨白佛言。世尊。惟愿为说．五法自性识．二种无我．究竟分别相。我及余菩萨摩诃萨．于一切地次第相续．分别此法．入一切佛法。入一切佛法者．乃至如来自觉地。佛告大慧。谛听谛听。善思念之。大慧白佛言。唯然受教。佛告大慧。五法自性识．二种无我．分别趣相者。谓名．相．妄想．正智．如如。若修行者修行．入如来自觉圣趣。离于断常有无等见。现法乐正受住．现在前。大慧。不觉彼五法自性识．二无我．自心现外性。凡夫妄想．非诸圣贤。大慧白佛言。世尊。云何愚夫妄想生．非诸圣贤。佛告大慧。愚夫计著俗数名相．随心流散。流散已．种种相像貌．堕我我所见．希望计著妙色计著已．无知覆障．故生染著。染著已．贪恚痴所生业积集。积集已．妄想自缠．如蚕作茧。堕生死海．诸趣旷野．如汲井轮。以愚痴故．不能知。如幻．野马．水月．自性离我我所。起于一切不实妄想。离相所相．及生住灭。从自心妄想生。非自在．时节．微尘．胜妙生。愚痴凡夫．随名相流。大慧。彼相者。眼识所照．名为色。耳鼻舌身意意识所照．名为声香味触法。是名为相。大慧。彼妄想者。施设众名．显示诸相。如此不异．象马车步男女等名。是名妄想。大慧。正智者。彼名相不可得。犹如过客。诸识不生．不断不常。不堕一切外道声闻缘觉之地。复次大慧。菩萨摩诃萨．以此正智．不立名相。非不立名相。舍离二见．建立及诽谤．知名相不生。是名如如。大慧。菩萨摩诃萨．住如如者．得无所有境界故。得菩萨欢喜地。得菩萨欢喜地已．永离一切外道恶趣。正住出世间趣。法相成熟．分别幻等一切法。自觉法趣相。离诸妄想。见性异相。次第乃至法云地。于其中间．三昧力自在．神通开敷。得如来地已。种种变化．圆照示现．成熟众生．如水中月。善究竟满足十无尽句。为种种意解众生．分别说法。法身离意所作。是名菩萨入如如所得。

尔时大慧菩萨白佛言。世尊。云何世尊。为三种自性入于五法．为各有自相宗。佛告大慧。三种自性．及八识．二种无我．悉入五法。大慧。彼名及相．是妄想自性。大慧。若依彼妄想。生心心法．名俱时生。如日光俱。种种相各别．分别持。是名缘起自性。大慧。正智如如者．不可坏故．名成自性。复次大慧。自心现妄想．八种分别。谓识藏．意．意识．及五识身相者。不实相妄想故。我我所．二摄受灭．二无我生。是故大慧。此五法者。声闻缘觉．菩萨如来．自觉圣智．诸地相续次第．一切佛法．悉入其中。复次大慧。五法者。相．名．妄想．如如．正智。大慧。相者．若处所．形相．色像等现。是名为相。若彼有如是相．名为瓶等．即此非余。是说为名。施设众名．显示诸相．瓶等．心心法。是名妄想。彼名彼相．毕竟不可得。始终无觉。于诸法无展转。离不实妄想。是名如如。真实决定．究竟自性不可得．彼是如相。我及诸佛．随顺入处。普为众生．如实演说．施设显示于彼．随入正觉．不断不常．妄想不起随顺自觉圣趣。一切外道声闻缘觉．所不得相。是名正智。大慧。是名五法．三种自性．八识．二种无我．一切佛法．悉入其中。是故大慧。当自方便学．亦教他人．勿随于他。尔时世尊欲重宣此义．而说偈言。

五法三自性　及与八种识　二种无有我　悉摄摩诃衍
名相虚妄想　自性二种相　正智及如如　是则为成相

详说名相等法的内义——五法、三自性、八识、二无我的内义

这时，大慧大士又问：“五法、三自性、八识、二无我的究竟道理，是怎样分别的？”佛回答说：“五法，便是名、相、分别（妄想）、正智、如如。如果修行的人，证入如来的自觉圣趣，远离有和无等常见和断见，现前证得法乐的三昧正受之时，便可见到这些法相，始终不外一心。如果不自觉五法，三自性、二无我等法，只是一心所现，却在心外追求法性，那都是凡夫的妄想，不是圣贤的境界。”大慧又问：“什么是愚夫的妄想所生，不是圣贤的境界呢？”佛回答说：“愚痴凡夫们，执著世俗的种种数字，以及名词和现象，便随妄心流浪，而不知所归。如此流散不已，便产生种种现象，堕在我和我所有的欲求里，而执著于微妙的色相。如此执著不休，就被无知无明所盖覆障碍，于是产生染著。如此染着不已，贪、瞋、痴等所生的业力，便一直累积聚集。如此积聚不已，妄想自缠，如蚕作茧，便堕在生死海里，流浪于无边无涯的旷野中，犹如汲井辘轳，轮回旋转不休。因为愚痴无智，所以不能自知这些现象，正如浮光掠影，水中明月，都无自性。其实这些现象，本来都是离我和我所的，但

凡夫们妄想执著，却于其中以虚为实。殊不知离了现象和现象的变化，所谓生、住、灭等等，也无非是自心的妄想所生，并非是自在天主，或时间，或物质，或是无比大神所产生的。无奈愚痴凡夫，只是随名著相，流转不休。大慧啊！所谓相者，当眼识所照的，便名为色，当耳、鼻、舌、身、意所照的便名为声、香、味、触、法，这些统称为相。于是自心妄想，便对境依他而起，设立各种名词，用它来表示这些现象。正如象马舟车男女等等名称，都是妄想分别所生。所为正智呢？它不是名和相的境界，它是了知所表的名相本身，根本了不可得。名相和妄想分别等等，犹如往来过客，生灭不休，并无真实可得。如果一切识和妄想不生，本来不断不常，就不会堕入一切外道和声闻、缘觉之见了。因此，大乘菩萨们，只依此正智，而不执著于名相。可是也并非不立名相，只是要舍离有和无的二边见解，既不主观地执著，也不武断地否定，因为他们了知名相本自不生，这就名如如。大慧啊！住在如如之境的大乘菩萨们，因为已达无所有的境界，所以得到菩萨初地的欢喜地。由此永离一切外道们的恶趣，安住在出世间的善趣，使种种法相逐渐成熟，善于分别一切法，得到内证自觉法乐的境界，远离一切妄想，而见到诸法性相的差别，次第升进，乃至到达菩萨十地的法云地。在这中间，得三昧之力，开发自在神通，最后进入如来之地。从此种种变化，圆明朗照，示现世间，成熟一切众生，降伏梦里魔军，大作空花佛事，善于究竟满足十无尽句，乃为种种尚耽误在意解中的众生，分别说法。但如如法身，毕竟是远离心、意、识所起的作用，这便名为菩萨进入如如所得的境界了。”

大慧又问：“是不是三种自性，归入于五法之中呢？或是各自有它的法相宗趣呢？”佛说：“三种自性，以及八个识，和二种无我，都归入于五法之中。因为所说的那些名和相，都是妄想的自性。因为依他而起妄想的心心诸法，是和心法同时生起的，犹如日光一出，便同时照见一切万物。种种现象，虽然各别存在，但心却能同时分别它们的差别，这就名为缘起自性。大慧啊！只有正智是如如不动，不可坏灭的，所以便名为圆成自性。复次，自心所现的各种妄想，有八种分别作用，就是藏识（阿赖耶）、末那识（俱生我执）、意识和前五识。所谓身相，只是一种不实在的现象，也是坚固妄想所形成的，只要使我和我所的二种执著和感受灭了，二无我的境界，便自然显现。大慧啊！这所谓的五法，就是声闻、缘觉，以及菩萨和如来内证自觉圣智的实际理地之相续次第，一切佛法，也都归入其中。其次，再说所谓五法的名、相、妄想（分别）、正智、如如。所谓相，便是处所和形状等等，例如色相等现象，都名为相。如果有了这个相，人们就依相立名。例如有了瓶的形状色相，所以便取名为瓶，这个瓶的名，就是指瓶而言，并非其他等物所可通用。由此类推，设立种种的名词，就是为了表示种种的现象。能够表示一切相犹如瓶等的作用，那便是心数的心法，也就是妄想。但是要追究名和相的根本，毕竟是不可得的。如果在名相的生灭界中，始终远离妄觉，便不受一切诸法的轮转缠绕。既然离了不实的妄想，那便名为如如。如如之中，真实不虚，绝对无待，而诸法自性，了不可得，那便是如如的境界。是我和诸佛随顺正理的入处，也就是我为一切众生，如实演说所显示的法门。但于如如之境，随着进入正觉，不断不常，妄想不起，便是随顺自觉圣趣，乃一切外道、声闻、缘觉所不能得的境界，所以便名为正智。因此我说，五法、三自性、八识、二无我，以及一切佛法，都入于五法之中。这便是我劝你们应当寻觅方便而学习的法门，并且也以此教导他人，使他们不为外道的教义而转。”这时，佛就归纳这些道理，作了一首偈语说：

“五法三自性。及与八种识。二种无有我。悉摄摩诃衍。名相虚妄想。知性二种相。正智及如如。是则为成相。”（这是说：所谓五法、三自性、八识、二无我的道理，包括了大乘的法门。名和相，都是虚妄不实，由妄想分别所生都是无自性的。唯有正智和如如，才是圆成实相。）

尔时大慧菩萨复白佛言。世尊。如世尊所说句。过去诸佛．如恒河沙。未来现在．亦复如是。云何世尊。为如说而受．为更有余义。惟愿如来．哀愍解说。佛告大慧。莫如说受。三世诸佛量．非如恒河沙。所以者何。过世间望．非譬所譬。以凡愚计常．外道妄想．长养恶见．生死无穷。欲令厌离生死趣轮．精勤胜进故。为彼说言．诸佛易见。非如优昙钵华．难得见故．息方便求。有时复观诸受化者．作是说言．佛难值遇．如优昙钵华。优昙钵华．无已见今见当见。如来者．世间悉见。不以建立自通故．说言如来出世．如优昙钵华。大慧。自建立自通者．过世间望。彼诸凡愚．所不能信。

自觉圣智境界．无以为譬。真实如来．过心意意识所见之相．不可为譬。大慧。然我说譬佛如恒河沙．无有过咎。大慧。譬如恒沙一切鱼鳖．输收魔罗．师子象马．人兽践踏。沙不念言．彼恼乱我．而生妄想。自性清净．无诸垢污。如来应供等正觉．自觉圣智恒河．大力神通自在等沙。一切外道．诸人兽等．一切恼乱。如来不念．而生妄想。如来寂然．无有念想。如来本愿．以三昧乐．安众生故．无有恼乱。犹如恒沙．等无有异。又断贪恚故。譬如恒沙．是地自性。劫尽烧时．烧一切地。而彼地大．不舍自性．与火大俱生故。其余愚夫．作地烧想．而地不烧．以火因故。如是大慧。如来法身．如恒沙不坏。大慧。譬如恒沙．无有限量。如来光明．亦复如是无有限量。为成熟众生故．普照一切诸佛大众。大慧。譬如恒沙．别求异沙．永不可得。如是大慧。如来应供等正觉．无生死生灭。有因缘断故。大慧。譬如恒沙．增减不可得知。如是大慧。如来智慧．成熟众生．不增不减．非身法故。身法者．有坏。如来法身．非是身法。如厌恒沙．油不可得。如是一切极苦众生．逼迫如来。乃至众生．未得涅槃．不舍法界．自三昧愿乐。以大悲故。大慧。譬如恒沙．随水而流．非无水也。如是大慧。如来所说一切诸法．随涅槃流。是故说言如恒河沙。如来不随诸去流转。去是坏义故。大慧。生死本际．不可知。不知故．云何说去。大慧去者断义．而愚夫不知。

大慧白佛言。世尊。若众生生死本际．不可知者．

云何解脱可知。佛告大慧。无始虚伪过恶妄想习气因灭。自心现. 知外义. 妄想身转解脱不灭。是故无边. 非都无所有。为彼妄想. 作无边等异名。观察内外. 离于妄想。无异众生. 智及尔焰。一切诸法. 悉皆寂静。不识自心现妄想. 故妄想生。若识则灭。尔时世尊欲重宣此义. 而说偈言。

观察诸导师　犹如恒河沙　不坏亦不去　亦复不究竟
是则为平等　观察诸如来　犹如恒沙等　悉离一切过
随流而性常　是则佛正觉

三世诸佛的有无

这时，大慧大士又问："您说过去、未来、现在诸佛，犹如恒河里的沙子，多至无量无数，这个道理，是否可信，或者另有涵义呢?"佛回答说："关于这个问题，你不要只听我说，不求语意的真谛。所谓三世诸佛的数量，并不止如恒河里的沙数那样多。为什么呢?凡是一件事情，超过了世间的见闻，便不是譬喻之所能比了。因为凡夫们，执著希望于生命的长存，外道们又以邪见，增加他们的妄想，所以便流浪生死，轮转无穷。现在为了使他们厌离生死而得解脱，努力精进而证真谛，便向他们说，诸佛是很容易见的，并不像优昙钵华①一样难得看见。有时为了止息他们太过随便的心理，又说佛是很难见到的，犹如优昙钵华一样。其实，世间

① 优昙钵华：译曰瑞应。按此花为无花果类，世称三千年开花一度，值佛出世始开。故今称不世出之物曰昙花一现。

偶尔亦现显优昙钵华，可是世人几曾亲见此花，或者失之交臂而不能见。所以有的便认为此花在过去现在未来三世中都没有见到的可能。但如来出世，世间都能见到，只因人们不能内证自觉，所以便不能建立如来的自通境界，因此又说如来出世，犹如优昙钵华一样，千载难逢。”

佛与恒河沙的譬喻

“大慧啊！所谓建立自通的境界，那是超过世间所能想象的，也不是一般凡夫们所能够相信的。须知内证自觉的圣智境界，实在是无以为譬的。真如实际的如来境界，不是心、意、识所能见的，所以也无以为譬了。可是我所说的三世诸佛，譬如恒河沙数一样，是并无语病的啊！例如恒河里的沙吧！一切鱼鳖龙蛇，象马人兽，都可加以践踏，而沙总不会抱怨说：他们恼乱了我，因此而生妄想。须知自性清净，本来没有一切污垢，如来应世，已内证自性自觉圣智之量，譬如恒河，具有大力自在的神通，又如恒河中的沙，虽然被一切外道人兽等践踏，也不会因此而生起恼乱的妄想。如来已证自性如如，本来便自清净寂然，无有念想。但是如来的本愿，却要以三昧法乐，使一切众生安乐，所以对于无知众生的践踏，毫无恼乱，他的厚德载物，犹如恒河里的沙粒一样。这也就是说明如来是已经断了贪欲和瞋恚的原因。又譬如恒河里的沙粒，它们便是地大的自性，当劫火燃烧之时，烧尽了一切地大，可是地大并不舍离了自性，因为地大是和火大互存的，只是一般愚痴凡夫，以为地大被烧，可是地大并不被烧，只是因火而起燃烧的作用罢了。大慧啊！如来的法身，也犹如恒河沙粒一样，是永不坏灭的啊！又譬如恒河，宽广无际，如来光明，也是无有限量的，为了成熟一切众生的善根，就普照一切诸佛大众。又譬如恒河的沙粒，更无别的沙粒。如来应世证得正觉，已了生死，也更无别的尘垢，因为他已经断了生灭的因缘了。又譬如恒河沙粒，或增或减，人却不可得而知之。如来智慧成熟众生，不增不减，却不能以世俗有为的色身之法可以推知他的究竟。因为世俗的有为色身之法是有成有坏的，如来的法身，并非有为色身之法，法身无相，所以无始终，不灭坏。又譬如恒河的沙粒，无论如何压榨，也始终压榨不出油来。一切众生，用种种极其苦恼的事来逼迫如来，但如来还是不会染污少许苦恼的，他仍然一味慈悲，济度众生。如果有一个众生未能证得涅槃，他是不会舍离法界的。因为他已经成就大悲之心，以三昧中的愿力为法乐。又譬如恒河沙粒，随水而流，并非无水。如来所说一切诸法，都从自性涅槃的法性中天真流露，所以譬喻说他如恒河之沙。但是如来随顺众生，并非是去同流合污，而是说他随宜开示，随顺众生的法性之流。而且法无来去，如果随顺而去，便是有所坏灭了。生死来去的本际，也本不可测，因为始终的边际，是毕竟不可得的。所以此中没有去来可说，如果有去，便是断见，无奈愚痴凡夫，不知其中真谛。”

生死的边际何在

大慧又问：“如果众生的生死本际，是本来不可知的，何以却说有解脱呢？”佛回答说：“如果能够将无始以来的虚伪妄想的习气之因灭了，了知自心现量，当下便知一切根尘外物的缘起真谛了。若能转识成智，就是转妄成真，变烦恼为菩提，方知解脱的境界，是并无什么可灭的。由此应知所谓无边无际，并非是绝对的无所有，这里所谓的无边无际，是和凡夫们妄想分别的无边不同啊！如能善于观察内外，离于妄想分别的作用，便知内外妄想分别，才是众生情智的成因。虽然外表仍然无异于一切众生，但内证智慧和妄想的光影，了知一切诸法，都本自寂静无为，了不可得。如果不识自心，便现妄想，所以妄想就生灭不停。如果识得自心，妄想便灭了。”这时，佛就归纳这些道理，作了一首偈语说：

“观察诸导师。犹如恒河沙。不坏亦不去。亦复不究竟。是则为平等。观察诸如来。犹如恒沙等。悉离一切过。随流而性常。是则佛正觉。”（这是说：观察一切诸佛如来，犹如恒河沙数，过去和现在，不坏也不去，未来也无穷尽时，这才是真正的平等法。如来便是自性法身，他是远离一切过患的，虽然恒随众生法性之流随缘示现，应机说法，但自性却常住不变，这便是佛的正觉法门。）

尔时大慧菩萨复白佛言。世尊。惟愿为说一切诸法．刹那坏相。世尊。云何一切法刹那。佛告大慧。谛听谛听。善思念之。当为汝说。佛告大慧。一切法者。谓善．不善．无记。有为．无为。世间．出世间。有罪．无罪。有漏．无漏。受．不受。大慧。略说心意意识．及习气．是五受阴因。是心意意识习气．长养凡愚．善不善妄想。大慧。修三昧乐。三昧正受．现法乐住。名为贤圣．善无漏。大慧。善不善者．谓八识。何等为八。谓如来藏．名识藏。心意．意识．及五识身。非外道所说。大慧。五识身者．心意．意识俱．善不善相。展转变坏．相续流注。不坏身生。亦生亦灭。不觉自心现．次第灭．余识生。形相差别．摄受意识．五识俱．相应生刹那时不住．名为刹那。大慧。刹那者．名识藏。如来藏意俱生。识习气刹那。无漏习气非刹那．非凡愚所觉。计著刹那论．故不觉一切法刹那．非刹那。以断见．坏无为法。大慧。七识不流转．不受苦乐．非涅槃因。大慧。如来藏者．受苦乐．与因俱．若生若灭。四住地．无明住地．所醉。凡愚不觉．刹那见．妄想熏心。复次大慧。如金金刚．佛舍利．得奇特性．终不损坏。大慧。若得无间．有刹那者．圣应非圣。而圣未曾不圣。如金金刚．虽经劫数．称量不减。云何凡愚．不善于我隐覆之说．于内外一切法．作刹那想。

大慧菩萨复白佛言。世尊。如世尊说．六波罗蜜满足．得成正觉。何等为六。佛告大慧。波罗蜜有三种分别。谓世间．出世间．出世间上上。大慧。世间波罗蜜者。我我所摄受计著。摄受二边。为种种受生处。乐色声香味触故．满足檀波罗蜜。戒忍精进．禅定智慧．亦如是。凡夫神通．及生梵天。大慧。出世间波罗蜜者声闻缘觉．堕摄受涅槃故．行六波罗蜜．乐自己涅槃乐。出世间上上波罗蜜者觉自心现妄想量摄受．及自心二故．不生妄想。于诸趣摄受非分。自心色相不计著。为安乐一切众生故．生檀波罗蜜．起上上方便。即于彼缘．

妄想不生戒．是尸波罗蜜。即彼妄想不生忍．知摄所摄．是羼提波罗蜜。初中后夜．精勤方便．随顺修行方便．妄想不生．是毗梨耶波罗蜜。妄想悉灭．不堕声闻涅槃摄受．是禅波罗蜜。自心妄想非性智慧观察．不堕二边．先身转胜而不可坏．得自觉圣趣．是般若波罗蜜。尔时世尊欲重宣此义．而说偈言。

空无常刹那　愚夫妄想作　如河灯种子　而作刹那想
刹那息烦乱　寂静离所作　一切法不生　我说刹那义
物生则有灭　不为愚者说　无间相续性　妄想之所熏
无明为其因　心则从彼生　乃至色未生　中间有何分
相续次第灭　余心随彼生　不住于色时　何所缘而生
以从彼生故　不如实因生　云何无所成　而知刹那坏
修行者正受　金刚佛舍利　光音天宫殿　世间不坏事
住于正法得　如来智具足　比丘得平等　云何见刹那
揵闼婆幻等　色无有刹那　于不实色等　视之若真实

刹那空和八识的现象

这时，大慧大士又问：“什么是一切诸法刹那空的情形？什么是一切诸法的刹那？”佛回答说：“所谓一切诸法，是包括善、不善（恶）、无记；有为、无为；世间、出世间；有罪、无罪；有漏、无漏；受、不受；等等。大慧啊！简略地说，心、意、识与习气，便是形成五阴（色、受、想、行、识）觉受的原因。这心、意、识的习气熏染了愚痴的凡夫，使他们产生分别善和不善的妄想。如果修行三昧法乐，得到三昧正受，现前便能住于法乐，这就是贤圣境界的无漏善业。所谓善和不善，都是根据于八识的作用。哪八个识呢？便是指第八的如来藏识（阿赖耶）、第七的末那识（俱生我执）、第六的意识，以及眼、耳、鼻、舌、身的前五识身，这都不是外道们所了解的。所谓前五识的五识身，它和意识同时俱生，它有善和不善的现象，一方面辗转变灭，一方面又流注不绝，而又不坏五识自身的生生不已。但却是亦生亦灭的，而凡夫们却不知这都是自心所现，都是次第生灭的，此识灭时，别的识便接着生起。当它执取各种差别形相的时候，意识也和前五识同时对境依他而起，产生相应的作用。但在念念之间，刹那不停，所以便名为刹那空。大慧啊！所谓刹那，是指藏识（阿赖耶）和意识俱生的前五识等，它因习气缘起而俱生，刹那坏灭。至于无漏善果的习气，却非属于刹那空的境界，但也不是愚痴凡夫之所能觉知的。如果只执著一切法都是刹那空的理论，就根本不能了解一切法是刹那坏灭、与无漏之法并不是刹那空的真义了。如一律以念念无常，刹那坏灭概括一切法，那便堕于断见的空，以为无为法也是会坏灭的。大慧啊！第七末那识（我执）和前五识身，如果不产生流转作用，便不会有苦乐的，但这也不能当作涅槃的因。第八藏识（阿赖耶），它是能受苦乐，而且也是苦乐之因，它有生灭，为四住地无明住地[①]所迷醉，只因愚痴凡夫不能觉知，被妄想熏心，执著偶现的刹那空相。再

---

① 四住地无明住地：三界见思之烦恼也。一、见一切住地，三界之一切见惑也。二、欲爱住地，欲界之一切思惑也。三、色爱住地，色界之一切思惑也。四、有爱住地，无色界之一切思惑也。于此加入无明住地称为五住地。皆言住地者，以此五法为生一切之过，恒沙烦恼之根本依处故也。

次，大慧啊！如来藏犹如金刚钻石和佛的舍利子一样，具有奇特的性能，始终不会破损坏灭的。如果它是断续和间隔的刹那生灭的话，那么，已经证圣的人，也有时候会进入非圣，但这也不足以妨碍他之所以为圣啊！譬如金刚钻石，虽然历经尘劫，可是仍然不减损它原来的成分。为什么愚痴凡夫，不善于了解我的密义，却把内外有漏无漏一切法，误作刹那坏灭呢？”

六度的差别目的

大慧大士又问：“您说如果证得六波罗蜜（度到彼岸）的圆满具足，便能成正觉。请问，是哪六种呢？”佛回答说：“波罗蜜有三种分别，就是世间、出世间、出世间上上。所谓世间波罗蜜，便是执著我和我所的作用，仍然落于有无二边，为生前身后种种受生处所着想，追求色、声、香、味、触的欲乐，所以他修布施功德的满足。同样地，他修持戒、忍辱、精进、禅定、智慧，也是为了同一目的。或者是以此求得凡夫的五种神通，或者是为了祈求往生梵天。所谓出世间波罗蜜，是说声闻、缘觉们执著涅槃寂灭的境界，为了自己证得涅槃寂灭之乐，而修行六波罗蜜。所谓出世间上上波罗蜜，便是说自觉内证一切法都是自心现量的妄想所生，自证此心的不二法门，便不再生分别妄想，也不在各类中执取非分之法，也不执著自心和内外色相的差别，为了使一切众生得到安乐，所以便生起布施波罗蜜。以上上的方便，而在一切外缘中不生妄想分别，这便是持戒波罗蜜。就此不生妄想分别，知道能忍和所忍皆无自性，自然随顺而能于忍，这便是忍辱波罗蜜。昼夜十二时中，精勤不懈，随顺修行于方便道，得使妄想分别不生，这便是精进波罗蜜。妄想分别都灭，而不堕在声闻、缘觉的涅槃寂灭境界，这便是禅定波罗蜜。了知自心妄想，都无自性，以智慧观察，不堕在空有二边，净化身心，辗转增胜而不致坏灭，得到内证自觉的圣趣，这便是般若波罗蜜。”这时，佛就归纳这些道理，作了一篇偈语说：

“空无常刹那。愚夫妄想作。如河灯种子。而作刹那想。刹那息烦乱。寂静离所作。一切法不生。我说刹那义。”（这是说：念念皆空，一切无常，这便是刹那不住的道理，愚痴凡夫，却在这里产生空的妄想。譬如河流和灯光，都由前相后相，前念后念，刹那刹那之间，相续不断而形成，粗看便有整个河流和灯光的存在，愚夫无知，却在这里产生现有的妄想。如果能在刹那之间，自息烦恼，得到寂静的境界，远离于一切能作和所作，一切内外诸法，寂然不生，这便是我说的刹那的道理。）

“物生则有灭。不为愚者说。无间相续性。妄想之所熏。无明为其因。心则从彼生。乃至色未生。中间有何分。”（这是说：万物有生便会有灭，这却不是愚夫们所能知了。人们所看见的万物，生生不已，好像没有间歇性似的相续不断，其实这都是由念力妄想熏习而成，人们却习惯地以为万物是恒常存在的。人们之所以如此，都因为自心无明为它的基本初因，于是分别妄想就由此连续生起。如果世间万物色相，尚未产生之前，试问，妄想又在哪儿停留，谁是我？我又在哪里呢？）

“相续次第灭。余心随彼生。不住于色时。何所缘而生。以从彼生故。不如实因生。云何无所成。而知刹那坏。”（这是说：妄想分别是念念相续，次第而生的，前念灭了，后念便接着生起。当色相不存在的时候，妄想又何所缘而生呢？因为妄想分别，是依他而起的，是虚妄不实的，并无另外的生因使它生起。它也本来就没有形成真实的东西，而只知它在刹那之间，必然会坏灭的。）

“修行者正受。金刚佛舍利。光音天宫殿。世间不坏事。住于正法得。如来智具足。比丘得平等。云何见刹那。揵闼婆幻等。色无有刹那。于不实色等。视之若真实。”（这是说：修行人所证得的三昧正受境界，像金刚钻和佛的舍利子，及光音天上的宫殿等等，这些在世人的眼光看来，好像都是永久不坏的。但是住于如来正法，具足如来智慧，已得平等性智的佛看来，也只是随时偕进，程度的差别，实际上仍是刹那间会坏灭的。因为万物存在的久暂问题，只是时间上的比较观念，千秋和一瞬，也都是刹那间的事而已。例如海市蜃楼，刹那之间，偶然形成色相，但本来没有实在的色相可得，只是人们肉眼看来似乎有真实存在似的。）

尔时大慧菩萨复白佛言。世尊。世尊记阿罗汉．得成阿耨多罗三藐三菩提．与诸菩萨等无差别。一切众生法不涅槃．谁至佛道。从初得佛至般涅槃．于其中间不说一字．亦无所答。如来常定故．亦无虑．亦无察。化佛．化作佛事．何故说识．刹那展转坏相。金刚力士．常随侍卫。何不施设本际。现魔魔业。恶业果报。旃遮摩纳。孙陀利女。空钵而出。恶业障现。云何如来得一切种智．而不离诸过。佛告大慧。谛听谛听。善思念之。当为汝说。大慧白佛言。善哉世尊。唯然受教。佛告大慧。为无余涅槃故说．诱进行菩萨行者故。此及余世界．修菩萨行者．乐声闻乘涅槃．为令离声闻乘．进向大乘。化佛授声闻记．非是法佛。大慧。因是故．记诸声闻．与菩萨不异。大慧。不异者。声闻缘觉．诸佛如来．烦恼障断．解脱一味。非智障断。大慧。智障者。见法无我．殊胜清净。烦恼障者。先习见人无我断．七识灭。法障解脱．识藏习灭．究竟清净。因本住法故．前后非性。无尽本愿故．如来无虑无察．而演说法。正智所化故．念不妄故．无虑无察。四住地．无明住地．习气断故．二烦恼断．离二种死．觉人法无我．及二障断。大慧。心意意识．眼识等七。刹那习气因。善无漏品离．不复轮转。大慧。如来藏者。轮转涅槃苦乐因。空乱意慧．愚痴凡夫所不能觉。大慧。金刚力士所随护者．是化佛耳。非真如来。大慧。真如来者．离一切根量。一切凡夫．声闻缘觉．及外道根量悉灭。得现法乐住．无间法智忍故．非金刚力士所护。一切化佛．不从业生。化佛者．非佛．不离佛。因陶家轮等．众生所作相．而说法。非自通处．说自觉境界。复次大慧。愚夫依七识身灭．起断见。不觉识藏故．起常见。自妄想故．不知本际。自妄想慧灭故．解脱。四住地．无明住地．习气断故．一切过断。尔时世尊欲重宣此义．而说偈言。

三乘亦非乘　如来不磨灭　一切佛所记　说离诸过恶
为诸无间智　及无余涅槃　诱进诸下劣　是故隐覆说
诸佛所起智　即分别说道　诸乘非为乘　彼则非涅槃
欲色有及见　说是四住地　意识之所起　识宅意所住
意及眼识等　断灭说无常　或作涅槃见　而为说常住

关于佛的存在和佛法与唯识的几个怀疑问题

这时，大慧大士又问："您曾提示阿罗汉们[①]，说他们将来也会得到无上正等正觉，和一切诸大菩萨们平等，并无差别。而且一切众生和诸佛，本来就法尔涅槃，并不是另有一涅槃境界可以出入。然则又有谁能成佛呢？您又说：从开始成佛，到最后进入涅槃，在这中间，并没有说过一字，也没答过一句。因为诸佛如来，本来常定，无思无虑。可是，您为什么说：有化身佛的妙用，化作种种佛事？为什么又说识的作用，是刹那辗转坏灭之相呢？您又说：如来的法身，本际难知。而且又有密迹金刚力士，经常维护如来。为什么您不现出本际的妙用，消除苦恼，自己却也遭遇魔难，还受恶业果报的困扰，例如被旃遮婆罗门女，孙陀利外道女，冤诬毁谤您玷污了她。以及您到婆罗门村中，竟乞食不到，结果空钵而出。在这个时候，为什么金刚密迹不来维护？既然如来已得一切种智，却也逃不了业障，离不了这些祸患呢？"佛回答说："因为世间诸人，有些专志于小法，以得到声闻、缘觉二乘的有余依涅槃，便自以为满足。诸佛如来为了化度

① 阿罗汉：此云无生，乃诸欲净尽，烦恼不生，为小乘之极果也。

他们进入大乘的菩萨道，所以用种种诱导，使其进入佛道。至于为声闻、缘觉等人的授记，那只是说化身佛的化法之事，都不是法身佛究竟本际的事。因为这样，便告诉他们声闻和菩萨一样。所谓一样，是声闻、缘觉，和诸佛如来，都是断了烦恼障，在烦恼中得到一味解脱，但还没有断除所知障。所谓所知障，就是见到一切诸法的本体，原来无我，转了第六意识，便得殊胜清净之果。所谓断了烦恼障（包括我执），是指无始以来的人我习气已断，证得人无我的境界。转了第七末那识（俱生我执），灭除烦恼，再进而使人法二障都得解脱，藏识（阿赖耶）的习气根本转灭，便得究竟清净。而且一切众生和诸佛如来，都本来住在自性清净之中，不增不减，不生不灭，不垢不净，法尔常住。所以这前后所说的，无非都是教化的方便，并非自性有了差别。诸佛如来，都以自发的无尽本愿之力，所以在无思无虑之中而演说一切法门，虽然在演说各种差别的法门，但仍然是正智的开示，并非妄念所生，依然住在无思无虑之中。因为诸佛如来已经断了四住地和微细顽固的无明住地的习气，根本烦恼和随烦恼的两种烦恼也已经断了，而且已经远离分段生死和变易生死，证觉人无我和法无我，这二障之业都完全断除。大慧啊！末那（俱生我执）、意和眼、耳、鼻、舌、身等七个识，都由习气所生，念念之间，刹那不住，除了证得无漏善果，才能远离虚妄习气，再也不受轮转所苦了。至于如来藏的藏识，便是生死涅槃（寂灭），和苦乐等所依的因，只因一切凡夫们不觉不知，而且执著它是空的，谁知执空仍然是堕于虚妄颠倒之中而不自觉。大慧啊！密迹金刚力士所追随护卫的，是化身佛的事，并非指真如境中的如来法身的事。如来在真如境中的法身，远离一切根、尘、量，不是一切凡夫、声闻、缘觉以及外道们所能测度的。因为根尘识量都灭了，真实如来才得现法乐，住在无间法智法忍之中，鬼神亦难窥其境界，也非密迹金刚力士之所能维护的。并且一切化身佛，并不从业力而生，化佛并非真佛，但也不离于法身报身之所化生的。譬如陶工制器皿，只是用模型制物。同理，化身佛乃幻生众生的形相，来示现说法。大慧啊！愚痴凡夫们，依于七个识身的作用，认为七种识是有灭的，便生起空无所有的断见。或者因为不自觉知藏识的作用，便生起永恒存在的常见。这都是由于妄想的缘故，所以不能了知心识的本际。如果自身慧力灭了妄想，便得解脱，如此乃至四住地，顽固的微细无明住地等的习气也根本断灭，那才能断除一切过患。”这时，佛就归纳这些道理，作了一篇偈语说：

“三乘亦非乘。如来不磨灭。一切佛所记。说离诸过恶。为诸无间智。及无余涅槃。诱进诸下劣。是故隐覆说。”（这是说：佛法所说的大小三乘——声闻、缘觉、菩萨等，并非真实有乘的存在，无非都是法界自性的差别，佛就加以方便说法。自性如来，本来便是不生不灭，无物可以磨灭的。一切诸佛所说的三乘以及成佛的授记，也无非都是方便说法，为了使众生脱离一切祸患，使他们证得无间法智，以及住于无余依涅槃，由于大慈大悲，而用种种方便法门，诱进一切下劣的众生，使他们进入佛道。所以有许多说法，便是不了义的隐覆之说。）

“诸佛所起智。即分别说道。诸乘非为乘。彼则非涅槃。”（这是说：一切诸佛，都以缘起所生的分别智来说各种佛法。所谓三乘等等，根本就无所谓有乘的存在。即如所谓涅槃，就是本来清净，并非另有一涅槃的境界，如有境界，便是心识现象，不能算是真正的涅槃。）

“欲色有及见。说是四住地。意识之所起。识宅意所住。意及眼识等。断灭说无常。或作涅槃见。而为说常住。”（这是说：欲、色、有、见，这四种作用，便是四住地，所谓住地，就是存在的意义。这四种住地，都是意识所生的，也就是识的窟宅，意的住所。可是一切凡夫们，有的觉得意和眼识等等，是有断灭的作用，便在这里生起无常的感觉，执著而为断见。或者有的觉得意识清净，便认为这是涅槃的境界，就认为这是常住的，因此生起常住的常见了。）

附论十七：（本经到此，大慧大士又引出世间凡夫们的想法，提出对佛法的几个怀疑问题，大要已经见于上文的问答中了。唯对于释迦牟尼佛亲身的经历，仍然遭遇九难的苦恼一事，在原经解说的答案外，也许仍有申述的必要。所谓九难，如《大智度论》所说：一是梵志女孙陀利的谤佛，及五百罗汉也同时遭谤。二是旃遮婆罗门女，系木盂作腹谤佛玷污。三是提婆达多，推山压佛，伤及佛的大趾。四是逆木刺脚。五是毗琉璃王兴兵杀诸释迦种族。六是受阿耆达多婆罗门邀请而食马麦。七是冷风发背病痛。八是雪山六年苦行。九是入婆罗门村乞食，不能得食，空钵而还。还有冬至前后，入夜寒风破竹，索三衣以御寒。又发高热，阿难在身后扇佛等等。为什么成佛者仍然遭遇世间俗事的苦恼，而不能自用神通，或遣护法金刚力士来维护？和凡夫俗子一样，遭遇种种困苦呢？佛便告诉大慧，所谓神力护法，乃属于化身神通之事，至于佛所显示世间的报身，和内证自觉真际的法身自性，既不需要护法，也根本是无法可护。既然进入如来境界，所谓逆行顺行，绝不是凡人和天人们的心眼智力所能推测。即此入世之身，便足以完成出世之法，于极平常中具有极奇特的大威德，于奇特中却不抹煞平凡的本色，所以毫无标奇立异之处。何况内证自觉者的如来，心具无比法智法忍的悲愿。纵然遭逢拂逆，正好为大智忍度的功德而利他。其中意义，已完全在上段的佛如恒河沙的譬喻之中，到此何须天神维护，装妖作怪。明知其不可为而为之，明知其不可度而度之，此乃是佛心佛行。外缘魔恼，固然难忍却必须能忍，即如佛弟子中，不明正法，愠然退席，也只好默然任化。须知人间有此身时，尽为旧时报果，报身仍受善恶业力支配而必然有所缺憾。只有圆满法身的真如自性的真际，才是具足万法的全能，毕竟了然清净。至于化佛神通，被百万龙天、金刚密迹所护卫的，都为化身佛事。若直取无上菩提，内证自觉，体会第一义者，就不随便起用了。极高明而道中庸，佛法原是人生心性的极平常事，切不要仅向神秘处去钻取。南泉禅师说：王老师修行无力，被鬼神觑见。正好作此注脚。）

尔时大慧菩萨．以偈问曰。

彼诸菩萨等　志求佛道者　酒肉及与葱　饮食为云何
惟愿无上尊　哀愍为演说　愚夫所贪著　臭秽无名称
虎狼所甘嗜　云何而可食　食者生诸过　不食为福善
惟愿为我说　食不食罪福

大慧菩萨说偈问已．复白佛言。惟愿世尊．为我等说食不食肉．功德过恶。我及诸菩萨．于现在未来．当为种种希望食肉众生．分别说法。令彼众生．慈心相向。得慈心已．各于住地．清净明了。疾得究竟无上菩提。声闻缘觉．自地止息已．亦得速成无上菩提。恶邪论法．诸外道辈．邪见断常．颠倒计著．尚有遮法．不听食肉。况复如来．世间救护．正法成就．而食肉耶。佛告大慧。善哉善哉。谛听谛听。善思念之。当为汝说。大慧白佛言。唯然受教。佛告大慧。有无量因缘．不应食肉。然我今当为汝略说。谓一切众生．从本已来．展转因缘．尝为六亲。以亲想故．不应食肉。驴骡骆驼．狐狗牛马．人兽等肉．屠者杂卖故．不应食肉。不净气分所生长故．不应食肉。众生闻气．悉生恐怖。如旃陀罗．及谭婆等．狗见憎恶．惊怖群吠故．不应食肉。又令修行者．慈心不生故．不应食肉。凡愚所嗜．臭秽不净。无善名称故．不应食肉。令诸咒术不成就故．不应食肉。以杀生者．见形起识．深味著故．不应食肉。彼食肉者．诸天所弃故．不应食肉。令口气臭故．不应食肉。多恶梦故．不应食肉。空闲林中．虎狼闻香故．不应食肉。令饮食无节故．不应食肉。令修行者．不生厌离故．不应食肉。我尝说言．凡所饮食．作食子肉想．作服药想故．不应食肉。听食肉者．无有是处。复次大慧。过去有王．名师子苏陀娑．食种种肉．遂至食人。臣民不堪．即便谋反．断其俸禄。以食肉者．有如是过故．不应食肉。复次大慧。凡诸杀者．为财利故．

杀生屠贩。彼诸愚痴食肉众生．以钱为网．而捕诸肉。彼杀生者．若以财物。若以钩网。取彼空行水陆众生．种种杀害．屠贩求利。大慧。亦无不教．不求不想．而有鱼肉。以是义故．不应食肉。大慧。我有时说．遮五种肉．或制十种。今于此经．一切种．一切时．开除方便．一切悉断。大慧。如来应供等正觉．尚无所食．况食鱼肉。亦不教人。以大悲前行故．视一切众生．犹如一子。是故不听令食子肉。尔时世尊欲重宣此义．而说偈言。

曾悉为亲属　鄙秽不净杂　不净所生长　闻气悉恐怖
一切肉与葱　及诸韭蒜等　种种放逸酒　修行常远离
亦常离麻油　及诸穿孔床　以彼诸细虫　于中极恐怖
饮食生放逸　放逸生诸觉　从觉生贪欲　是故不应食
由食生贪欲　贪令心迷醉　迷醉长爱欲　生死不解脱
为利杀众生　以财网诸肉　二俱是恶业　死堕叫呼狱
若无教想求　则无三净肉　彼非无因有　是故不应食
彼诸修行者　由是悉远离　十方佛世尊　一切咸呵责
展转更相食　死堕虎狼类　臭秽可厌恶　所生常愚痴
多生旃陀罗　猎师谭婆种　或生陀夷尼　及诸食肉性
罗刹猫狸等　遍于是中生　缚象与大云　央掘利魔罗
及此楞伽经　我悉制断肉　诸佛及菩萨　声闻所呵责
食已无惭愧　生生常痴冥　先说见闻疑　已断一切肉
妄想不觉知　故生食肉处　如彼贪欲过　障碍圣解脱
酒肉葱韭蒜　悉为圣道障　未来世众生　于肉愚痴说
言此净无罪　佛听我等食　食如服药想　亦如食子肉

知足生厌离　修行行乞食　安住慈心者　我说常厌离
虎狼诸恶兽　恒可同游止　若食诸血肉　众生悉恐怖
是故修行者　慈心不食肉　食肉无慈慧　永背正解脱
及违圣表相　是故不应食　得生梵志种　及诸修行处
智慧富贵家　斯由不食肉（卷四终）

素食的理由

这时，大慧大士又问佛说："为什么学大乘菩萨道的人不吃酒肉和葱韭蒜等等？希望佛再告诉我们这些问题，及其中的罪福作用。"

佛回答说："有很多因缘，不应该吃肉，我现在但简略地为你说些。（1）因为一切众生，从本以来，自性同体，而且都会辗转互为因缘，彼此做过六亲[①]眷属。所以基于亲亲同体的观念，就不应该吃肉。（2）驴、骡、骆驼、狐、狗、牛、马、人、兽等肉，屠者互相杂卖，所以不应吃肉。（3）肉类都从吞食不洁净的气味而生长的，所以不应吃肉。（4）其余众生，闻到肉食者的气味，都生恐怖心，例如屠户与猎者，狗见到了，都生出憎恶恐怖心，群起而吠之，所以不应吃肉。（5）又肉食使修行的人，不能生起慈悲心，所以不应吃肉。（6）凡夫愚痴所嗜，以臭秽不净，当作甘香，此中无善可言，所以不应吃肉。（7）使你学一切咒术，不能成功，所以不应吃肉。（8）因此而喜欢杀生．看见了动物形状，便生起贪瞋意识，贪欲不舍，所以不应吃肉。（9）食肉的人，

① 六亲：父母妻子兄弟也。

是被诸天人所舍弃的，所以不应吃肉。(10) 食肉的人，口气很臭，所以不应吃肉。(11) 食肉的人，会多做噩梦，所以不应吃肉。(12) 食肉的人，如果在山林之中，虎狼都会闻到他的肉香，所以不应吃肉。(13) 肉食会使你对于饮食没有节制，所以不应吃肉。(14) 使修行的人，没有厌离之心，所以不应吃肉。(15) 我曾说过，我们对于所有饮食，都作为是自食子女的肉着想，但是为了疗饥，所以便作为服药着想，所以不应吃肉。总之，听信可以食肉的话，是绝无是处的。大慧啊！过去有一位国王，名叫师子奴，因为贪吃种种肉类，渐渐地至于吃食人肉，弄得众叛亲离，臣民谋反，最后至于国亡禄绝。吃肉的人，有这许多过患，所以不应吃肉。再者，凡一切杀生的人，还是为了钱财，所以才去做杀生屠贩的事。那些愚痴的食肉者，自己虽然不亲自去杀生，却用钱来做网，使为了钱财的人，肯去捕捉一切动物。那些杀生的人，便用财物，乃至用种种手段，如以钩网等东西，来捕取空中水陆等处种种众生，用不同的杀害方法，来达到屠贩求利的目的。但你要知道，世界上绝没有不教以食肉，不贪求食肉，不希望食肉，生而便有食鱼食肉的人。由于这些道理，所以不应食肉。我有时候，为了地理环境，与其他原因，制立遮戒[①]，允许比丘们可以食五净肉[②]，或说除了象、马、龙、蛇、人、鬼、猕猴、猪、狗、牛等十种以外，其余的肉是可以吃的。但那是时间地区等等原因的不得

① 遮戒：佛所遮止之事也。

② 五净肉：一、我眼不见其杀者。二、不闻为我杀者。三、无为我而杀之疑者。四、诸鸟兽命尽自死者。五、鸟残，鹰鹫等食他鸟兽所余之肉也。

已的说法。现在于此经中，却绝对地断除食肉，不论何种肉类，任何时间，都不可以吃它，除了疗病等不得已的原因以外，方便开遮，其余的便一切应断。佛法修行的究竟处，甚至可断一切饮食，何况食鱼食肉呢！所以佛绝不叫人食肉。因为佛是以大悲心为前提的，应该视一切众生，犹如独子，所以不令人们自食子肉。”这时，佛就归纳这些道理，作了一篇偈语说：

“曾悉为亲属。鄙秽不净杂。不净所生长。闻气悉恐怖。一切肉与葱。及诸韭蒜等。种种放逸酒。修行常远离。亦常离麻油。及诸穿孔床。以彼诸细虫。于中极恐怖。饮食生放逸。放逸生诸觉。从觉生贪欲。是故不应食。由食生贪欲。贪令心迷醉。迷醉长爱欲。生死不解脱。为利杀众生。以财网诸肉。二俱是恶业。死堕叫呼狱。若无教想求。则无三净肉。彼非无因有。是故不应食。彼诸修行者。由是悉远离。十方佛世尊。一切咸呵责。展转更相食。死堕虎狼类。臭秽可厌恶。所生常愚痴。多生旃陀罗（以屠杀为业者）。猎师谭婆种（食狗肉者）。或生陀夷尼。及诸食肉性。罗刹猫狸等。遍于是中生。缚象与大云。央掘利魔罗①。及此楞伽经。我悉制断肉。诸佛及菩萨。声闻所呵责。食已无惭愧。生生常痴冥。先说见闻疑。已断一切肉。妄想不觉知。故生食肉处。如彼贪欲过。障碍圣解脱。酒肉葱韭蒜。悉为圣道障。未来世众生。于肉愚痴说。言此净无罪。佛听我等食。

① 央掘利魔罗：佛陀在世时，住于舍卫城者。信奉杀人为得涅槃，乃至欲杀其母。佛怜悯之，为说正法，即改过而入佛门，后得罗汉果。有《央掘魔罗经》，说佛济度央掘魔罗事。

食如服药想。亦如食子肉。知足生厌离。修行行乞食。安住慈心者。我说常厌离。虎狼诸恶兽。恒可同游止。若食诸血肉。众生悉恐怖。是故修行者。慈心不食肉。食肉无慈慧。永背正解脱。及违圣表相。是故不应食。得生梵志种。及诸修行处。智慧富贵家。斯由不食肉。”（这个偈语的道理，意义已由平易的文词字句中，明白地说了，而且大要已如上文所讲，所以不须再加译述。）

东方出版社南怀瑾作品

论语别裁
话说中庸
孟子与公孙丑
孟子与离娄
孟子与滕文公、告子

孔子和他的弟子们
原本大学微言
孟子旁通
孟子与万章
孟子与尽心篇

维摩诘的花雨满天
《瑜伽师地论·声闻地》讲录
金刚经说什么
药师经的济世观
圆觉经略说
楞严大义今释
楞伽大义今释
禅话
禅海蠡测
静坐修道与长生不老
人生的起点和终站

禅与生命的认知初讲
南怀瑾与彼得·圣吉——关于禅、生命和认知的对话
禅宗与道家
答问青壮年参禅者
定慧初修
如何修证佛法
学佛者的基本信念
中国佛教发展史略述
大圆满禅定休息简说
洞山指月

老子他说(初续合集)

庄子諵譁

列子臆说

我说参同契

中国道教发展史略述

易经系传别讲

小言黄帝内经与生命科学

漫谈中国文化——金融 企业 国学

廿一世纪初的前言后语

易经杂说

新旧教育的变与惑

南怀瑾讲演录 2004—2006

历史的经验(增订本)

中国文化泛言(增订本)

Basic Buddhism: *Exploring Buddhism and Zen*(《中国佛教发展史略述》英文版)

Tao and Longevity(《静坐修道与长生不老》英文版)

图书在版编目(CIP)数据

楞伽大义今释/南怀瑾著.—北京:东方出版社,2019.9

ISBN 978-7-5207-0762-6

Ⅰ.①楞… Ⅱ.①南… Ⅲ.①大乘—佛经②《楞伽经》—注释 Ⅳ.①B942.1

中国版本图书馆 CIP 数据核字(2019)第 005236 号

楞伽大义今释
南怀瑾 著

责任编辑: 孙 涵 张莉娟
出　　版: 东方出版社
发　　行: 人民东方出版传媒有限公司
地　　址: 北京市朝阳区西坝河北里 51 号
邮　　编: 100028
印　　刷: 鸿博昊天科技有限公司
版　　次: 2019 年 9 月第 1 版
印　　次: 2019 年 9 月第 1 次印刷
开　　本: 640 毫米×960 毫米 1/16
印　　张: 22.5
字　　数: 232 千字
书　　号: ISBN 978-7-5207-0762-6
定　　价: 42.00 元
发行电话: (010)85924663 85924644 85924641